企業課税をめぐる最近の展開

証券税制研究会編

公益財団法人 日本証券経済研究所

は　し　が　き

　本書は，日本証券経済研究所において「企業課税をめぐる最近の展開」を
テーマに行ってきた「証券税制研究会」の成果を取りまとめたものである。わ
が国経済の現状や税制に関する経済分析を踏まえて，11名のメンバーが，2018
年３月から2019年12月のほぼ２年間にわたって議論を重ねた。研究テーマや方
法については，あえて方向付けすることなく，研究メンバーが共通課題のなか
から最も関心のある問題を取り上げ報告し，それをメンバーのほか，日本証券
経済研究所や日本証券業協会，日本取引所グループからの参加者も加わって，
活発に議論を行った。

　ここでは，研究成果として提出された論文を以下の３つの課題に整理した。
これはまた，企業課税を巡る現在の論点を抽出したものであるといってもよい
であろう。すなわち，

・税・社会保険料が企業の意思決定に及ぼす効果
・企業課税の国際的展開
・税制が投資家に及ぼす効果

　以下では，各課題について論文執筆者とその概要について触れることにす
る。まず第１課題の「税・社会保険料が企業の意思決定に及ぼす効果」につい
て述べる。わが国では，古くから法人成りと呼ばれる，個人事業主の事業体選
択を通じる税負担への対応について議論がなされてきた。田近栄治「事業体選
択と社会保険料―増大する社会保険料への事業主の対応と帰結―」は，この問
題を税だけではなく，増大する社会保険料も視野において，新しい法人成りに

ついて論じたものである。イギリスと日本の場合を取り上げ，具体的な負担回避の仕組みと実態を検討し，それへの対策について論じている。

八塩裕之「税制が中小法人オーナーの節税行動に与える影響—法人企業統計個票を用いた分析—」は，社会保険料率が引き上げられる一方，法人税率が下げられてきた結果，中小法人はこれまでの欠損金を通じた節税から，黒字化を図り，内部留保の積み増しによって節税を実現していることを指摘している。実態分析を行い，中小法人の軽減税率については，企業の節税行動を見据えた検討が必要であるとしている。

國枝繁樹「企業貯蓄と税制：予備的考察」は，わが国においても，海外の分析と同様に，法人税率引下げの直接的な影響に加え，配当政策，負債政策，企業投資等を通じ，税制が日本企業の貯蓄や現金保有の増加をもたらした可能性があることを指摘している。内部留保課税については，内部留保のストックに課税するのは難しく，フローへの課税として，法人税の税引き後利益から投資額および配当額を控除した額を課税標準とするのであれば，事実上，キャッシュフロータックスと似た効果を持つことになるとしている。

布袋正樹・細野薫・宮川大介「中小企業税制が租税回避行動と企業成長に及ぼす影響」は，軽減税率，欠損金の繰越控除限度額の特例，外形標準課税の免除などが資本金1億円以下の中小法人に適用されていることに着目して，その効果を分析している。分析の結果，資本金1億円超から資本金1億円以下に減資する法人が増加したこと，減資により1法人当たり249万円～729万円の節税が行われていたことなどが示されている。これらを踏まえて，社齢など資本金以外の要因を考慮して，優遇税制を本来適用すべき対象に近づけていくことが重要であるとしている。

山田直夫「ACE の税率—産業別財務データによる試算—」は，企業の投資や資金調達に中立的な税制である ACE（Allowance for Corporate Equity）の実証を試みたものである。ACE は，負債利子だけでなく，株主基金にみなし利子率を乗じた株式の機会費用も法人税の課税ベースから控除することで中立性を実現する。論文では，ベルギーやイタリアにおけるみなし利子率や ACE

課税ベースの変更など最近の改正について説明した上，税収中立を仮定して，わが国で現行制度から ACE に移行した時に必要となる税率を産業別に推計している。

　続いて，第2の課題「企業課税の国際的展開」を課題とした論文について述べる。渡辺智之「電子化経済と「国際課税原則」」は，デジタル化した経済における国際課税のあり方を検討した論文である。従来のサプライチェーン型のビジネスモデルからプラットフォーム型ビジネスモデルに移ることにより，事業拠点（PE）の認定や独立企業原則に基づく移転価格制度の適用が困難となってきている。そうしたなかで，現在 OECD で新しい国際課税ルールが模索されている。こうした動向を踏まえて，各国における法人税の存在を前提に，電子化経済の発展を妨げることなく，市場国が税収を確保できるような国際課税ルールとは何か，そしてそれは実現可能であるかなどについて論じている。

　鈴木将覚「法人税はどこへ向かうのか？」は，経済のグローバル化・デジタル化が生じるなかで，今後の法人税の向かうべき方向性を抜本的な改革の視点で考えたものである。具体的には，租税競争や租税回避といった経済のグローバル化に伴う問題を解決する法人税として，DBCFT（Destination-Based Cash Flow Tax）と FA（Formula Apportionment）や RPA（Residual Profit Allocation）といった定式を用いた課税方法があるとしている。そして，グローバル化・デジタル化といった経済の変化に対応できる法人税を突き詰めて考えていくと，最終的にはこれらの仕向地主義課税に行き着くとしている。

　長谷川誠「利益移転の実証分析」は，多国籍企業の利益移転行動を実証的に分析した最近の経済学の主要な研究を紹介し，その分析手法や結果について検討したものである。具体的には，利益移転に関して，タックスヘイブンや低税率国に立地する子会社，無形資産集約的な子会社，規模の大きな子会社は他の子会社よりも高い税の弾力性を示すことが明らかとなっている。また，移転価格税制や過少資本税制が利益移転を抑制する効果があることなどが研究で示されている。こうしたことから，税制の設計は，多国籍企業の過度な利益移転による節税を抑止するための重要な手段になりうるとしている。

　最後に第3の課題である，「税制が投資家に及ぼす効果」を扱った論文について述べる。研究会は企業課税をテーマとしているが，ここではそれをより広く，資本所得課税ととらえて，投資家サイドの税制とその効果について検討を行っている。大野裕之「2014年税制改正が，個人投資家の投資意識・行動に与えた影響—マイクロデータによる株式投資に関する実証分析—」は，「2014年税制改正」により，株式と株式投信の配当・分配金，譲渡益の10％の軽減税率が20％に引き上げられた結果，個人投資家の需要が押し下げた可能性を検証したものである。分析の結果は概ね，事前の予測と整合的で，株式保有の減少，株式保有の意向の減退，株式保有額の縮小などが示された。また，株式投資方針も，配当狙い，譲渡益狙いという明確な方針から，「わからない」という不明確な方針へとシフトしたことが示された。株式投資信託についても株式と同様に，保有は減少し，保有額も縮小した。

　折原正訓「税制と企業統治—企業金融・ファイナンス論の視点—」は，税制が投資家と経営者間の利害対立それ自体，あるいは利害対立を緩和するメカニズムである企業統治にもたらす効果について，日本の文脈で議論したものである。株式譲渡益課税や配当課税が企業統治に及ぼす効果について検討を行い，その政策的含意について述べている。具体的には，株式保有比率を基準に配当税率を変えるべきではない。また，上場企業の事業承継にも政策的対応がなされるべきであり，株式譲渡益課税の税率は低い方が望ましい。税務面での企業統治の質の高めることが必要であり，そのために租税回避地の海外子会社利用に関する情報開示が一案であるとしている。

　高松慶裕「異質な収益率と資本所得課税—正常収益と超過収益—」は，家計によって資本収益率が異なる状況で，あるべき課税について理論的に論じたものである。家計の間に生産性や能力の相違がある場合は，正常収益には課税せず，超過収益に課税するべきだというこれまでの理論とは異なり，超過収益部分のみを課税すべきとは必ずしも言えないことを示している。この理論を背景として，つみたてNISAについて，第1に非課税期間を撤廃し，恒久的な非課税少額貯蓄・投資勘定を設けること，第2に非課税範囲を安定的な資産形成に

資するリスクの低い金融商品に限定していくこと，第3に個人口座以外の貯蓄またはその上限額を超えた部分に通常課税することなどを提案している。

　以上が本書で展開される議論である。現在の企業課税を巡る諸問題を様々な視点から論じた。企業課税の抱える問題の所在，それに対するふさわしい対策とは何かを考える上で参考となれば幸いである。

2020年3月

証券税制研究会座長

田　近　栄　治

証券税制研究会メンバー

（2020年3月31日現在）

目　　次

第1章　事業体選択と社会保険料
——増大する社会保険料への事業主の対応と帰結——

田　近　栄　治

I．事業体選択を通じた税・社会保険料負担回避

　少子高齢化を反映して社会保険料が増加している。厚生労働省の「国民生活基礎調査」を使った，勤労世帯の税（所得税と個人住民税）と社会保険料負担の推計を通じて，10からなる所得階層のうち，下から9階層まで所得に占める税負担より社会保険料負担の方が大きいことが明らかとなってきている（田近・八塩［2018］）。制度的にみても現在，国民年金は月額16,490円，厚生年金の保険料率は18.3% である。また，組合間で料率の格差はあるが，協会けんぽや健康保険組合の介護保険分を含めた医療保険料率は，10% を超える水準である。

　そうした社会保険料の実際を考えるとほとんどの勤労世帯にとって，税負担より社会保険料負担が大きいことは納得がいく。さらに，社会保険料は多くの場合所得に対して定率であるので，その負担は低所得者に重くかかる。こうした負担の公平を図るうえで，税だけでは不十分で，税と社会保険料を一体的にとらえた負担調整を図る必要がある。

　問題は事業主にとっても同じである。個人分に加えて事業主負担が生じるので負担は，さらに重くなる。こうした事態のなかで事業主が負担軽減を図ることは当然であり，そのための重要な方策の一つが事業体の選択である。具体的には，事業主は個人事業に代わって会社を設立して，その役員となることによって，会社からの自分への報酬である給与所得を下げる。これによって社会

保険料負担軽減を図ることができる。

　問題はその程度である。そのもっとも先端を行くと思われるのは，イギリスである。イギリスでは個人事業主だけではなく，被用者や契約職員などとして働いていたかもしれない幅広い個人が，自らを雇う会社（PSC, Personal Service Company）を設立して，所得税と社会保険料負担の軽減が図られている。この問題は偽装雇用（disguised employment）と呼ばれ，その対策，すなわち課税強化が日本の国税庁にあたる，歳入関税庁（HMRC, Her Majesty's Revenue and Customs）で現在進められている。

　日本の場合はどうであろうか。これまで日本版事業体選択である，「法人成り」によって，個人事業主が税負担軽減を図ってきたことは，知られている。そこでの主たるポイントは，法人成りによって可能となる，事業主報酬の法人における損金算入と所得税における給与所得控除の二重控除であった。それと所得が上がるにしたがって，法人税率が所得税の限界税率より小さくなることが合わさって，個人事業と比べて，法人成りを有利にするというものである。

　しかし，それに対してここで主張したいことは，現代版の法人成りは「経費の二重控除」を目的としたものではないということである。上にみたような大きな社会保険料負担のなかで，わが国においても法人成りのより重要なねらいは，社会保険料負担の軽減ではないのかということである。この場合には，事業主は報酬を大きくして経費の二重控除を図るのではなく，イギリスのケースと同じように，報酬をできるだけ小さくして，社会保険料負担の軽減を図ることが最適な戦略となるはずである。以下では，このことをわが国の現代版法人成りを具体的なケースを通じて示す。

　本章の構成は次の通りである。次節では，イギリスのケースを取り上げ，上に述べた「個人サービス会社（PSC）」によって税と社会保険料負担がどのように軽減されるかを示す。また，こうした税・社会保険料回避に対して歳入関税庁がどのような取り組みを図っているかをみる。第III節は，日本の現代版法人成りの説明である。最後にこうした事業主の対応に対して必要となる政策について述べる。

Ⅱ．イギリスのケース：「個人サービス会社（PSC）」を通じた負担回避

1．偽装雇用による税・社会保険料負担回避の仕組み

　ここではイギリス版法人成りに相当する，会社設立による税・社会保険料負担回避の仕組みについて述べる。この仕組みでは上に述べたように，個人事業主だけではなく，被用者や契約労働者など幅広い個人が「個人サービス会社」（以下，PSC）を設立して，所得税と社会保険料を回避することから，偽装雇用と呼ばれている。以下ではまた，イギリスの社会保険料をNIC（National Insurance Contribution）と呼ぶことにする。

　イギリスにおいてもNICは，雇用主と被用者・請負契約者の両方から徴収されている。図表1は，偽装雇用によって雇用主Aと雇用主に役務を提供する個人BのNICの負担がどのように回避されるかを示したものである。その手順は下記の通りである。

・個人Bは，役務提供にあたり仲介企業（intermediary）を設定する。もっ

図表1　偽装雇用の仕組み

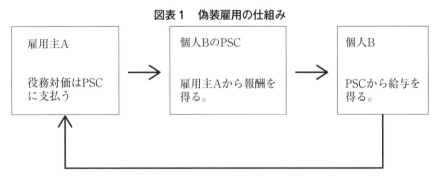

役務提供

〔出所〕筆者作成

ともシンプルには，個人Bは自分が役員となっている一人法人であるPSCを作る。

・雇用主は，個人BのPSCと役務提供契約を結び，PSCに役務対価を支払う。

・個人Bは，PSCの契約に基づき，雇用主Aに役務を提供する。

　ここで，個人Bは雇用主Aに役務提供を行っているが，図表ではPSCが役務提供の契約をして，個人BはPSCから雇用主Aに派遣される。同じ労働を行っていても個人Bは，雇用主Aの被用者ではなく，PSCの被用者となって役務対価を得る。このように個人Bが，雇用主Aの仕事をしているにも関わらず，PSCの被用者となって働いていることから，「偽装雇用」と呼ばれている。

　この仕組みによって，雇用主AはNICの負担を免れることができる。それは，役務提供契約に対するPSCへの支払いは，被用者への対価（労働報酬）ではないからである。個人BはPSCから給与を得ることになるが，その額を個人のNIC負担が免除される範囲に設定することで，イギリスではNICのみならず，個人所得税も免れることができる。このようにしてPSCというイギリス版法人成りによって，雇用主Aと個人Bは，ともにNICの負担を回避することができる。

2．PSCによる負担回避のケーススタディ

　イギリスのケースを含めて中小企業課税のあり方と実態については，Mirrlees Review［2011，第13章］やInstitute of Fiscal Studies［2017］で詳しく論じられている。ここではそこでの議論を念頭に置きつつ，Financial Times誌に掲載されたLewis［2018］の事例を参考にして検討を進める。

　図表2は図表1で示されたPSCによる負担軽減の仕組みを具体化したものである。ソフトウエア技術者であるGorge Haynes（GH）は，ABCX Corpの仕事を請け負うことになった。この時，GHはPSC，Gorge Hayes Limited（GHL）を設立する。GHはこの法人の役員であり，また唯一の構成員である。

図表2　PSC を通じた取引事例

〔出所〕　筆者作成

請負金額は10万ポンドであり，GHL のかかる事業費用は2万ポンド，そして GHL は GH に役員報酬として8,424ポンドを支払う。この仕組みによって，GH は ABCX Corp から仕事を請負うのではなく，仕事は PSC である GHL が受注し，GH は GHL から役員報酬を受取ることになる。

　GH がその PSC である GHL を設立することによって，まず ABCX Corp の NIC 負担はなくなる。それは，ABCX Corp はソフトウエア開発にともなう費用を GH の役務対価としてではなく，GHL からのサービス購入費（物件費）として支払うからである。次に問題となるのは，GH が GHL から受取る報酬をどう設定するかである。イギリスの NIC では，年収6,032ポンド以下であれば社会保険適用除外となり，それを超えても年収8,424ポンド以下であれば，社会保険は適用される一方，労使とも NIC の負担はない。さらに所得税の課税最低限は12,500ポンドであるので，GHL は GH の報酬を8,424ポンドに設定することによって，GH の将来の年金を確保できると同時に，GH の税と社会保険料の負担を完全に回避することができる。一方，GHL は10万ポンドの売上から，2万ポンドの費用と GH への報酬8,424ポンドを引いた課税前利益に19% の法人税を支払う。

　こうした負担回避の結果生じる，税，社会保険料額および GH の手取額は以下の図表3のようになる。図表は，GH が PSC を設立しないで ABCX Corp の請負労働者として働く場合と PSC である GHL を設立する場合を示している。GHL を設立する場合のプラン1は，法人税支払い後の所得を全額内部留保する場合，プラン2は，法人税支払い後の所得は全額配当する場合である。

図表3　GH の税・社会保険料負担額と手取額（ポンド）

		GH 請負労働		GHL 設立 プラン1 全額内部留保	GHL 設立 プラン2 全額配当
個人負担	所得税（給与）	27,000	個人負担	0	0
	所得税（配当）	0		0	8,953
	NIC	7,000		0	0
			GHL 法人税	13,599	13,599
ABCX Corp	NIC	12,650	NIC	0	0
歳入関税庁			歳入関税庁		
	税金	27,000		13,599	22,552
	NIC	19,650		0	0
	合計	46,650		13,599	22,553
GH の手取額		46,000		66,400	57,446

（注）　GHL 設立プラン1　法人税支払い後の所得は全額内部留保
　　　　GHL 設立プラン2　法人税支払い後の所得は全額配当
〔出所〕　イギリスの所得税，法人税と NIC に基づいて筆者推計。

　この図表からまず明らかなことは，GH が ABCX Corp の請負労働をする場合と GHL を設立する場合を比べると，請負労働の場合の税・社会保険料負担がはるかに大きく，GH の手取額がずっと小さくなることである。図表の下段をみると，請負労働の場合の手取額は46,000ポンドであり，GHL を設立する場合のプラン1とプラン2の手取額はそれぞれ66,400ポンドと57,446ポンドである。

　負担の中身をみると，GHL の設立によって負担する税金が，所得税から法人税に代わることによって全額所得税の場合の27,000ポンドから13,599ポンドへと下がることがわかる。これは所得税と法人税の税率格差による古典的な法人成りの効果である。それだけではない。GH は GHL から受取る自らの報酬

を8,424ポンド，日本円にしてほぼ120万円程度に下げることによって，所得税
とNICの負担を回避することができる。さらに，イギリスの制度では一定程
度の年金受給権も確保することができる。

　このように，GHはGHLを発足させることで，請負時にかかっていた所得
税27,000ポンドとNIC7,000ポンドの合計34,000ポンドの負担額を法人税の
13,599ポンドに変えることが可能となった。このいわば錬金術よって，負担は
半分以下となった。一方，請負時に19,650ポンドあったABCX CorpのNIC
は，GHLが設立されることでゼロとなる。PSCを通じる偽装雇用によって，
イギリスの社会保険料徴収額が非常に困難になっていることがうかがえる。

　さらにイギリスの場合，配当収入に対して控除枠がある。その結果，GHは
GHL設立後，法人税支払い後の所得を全額配当しても，配当への所得税は
8,953ポンドである（図表3，GHL設立，ケース2）。法人税額との合計額は，
22,552ポンドであり，請負時の所得税とNICの合計である34,000ポンドより
はるかに小さい。したがって，GHはGHL設立によって報酬を最小限に抑え
つつ，GHLの税引後利益を配当所得で受取ることで，より大きな額を手にす
ることができる。

3．偽装雇用に対する歳入関税庁の取組み

　こうした仕組みがあまりにも横行し，イギリス歳入関税庁は，PSCを使っ
た報酬支払に対する取締に乗り出した。取締法案は2000年4月から施行される
ことになった。この法案は，当時の内国歳入庁（Inland Revenue）を冠して
IR35と呼ばれている。この法律の適用にあたり"Friday to Monday
phenomenon"という言葉が使われた。それは金曜日に仕事場を離れた契約労
働者（contractor）が，月曜日に仕事場に戻ってくることを揶揄したものであ
るが，IR35はこうした実態的には被用者であるにもかかわらず，雇用を偽装
することによって，雇用主と労働者本人がNICの支払いを逃れている状態を
正すことを目的としている。具体的には，偽装雇用と認定された場合は，PSC
に雇用主のNIC負担を求め，個人にも報酬相当分に対するNICを求めるもの

である。

　しかし，IR35は偽装雇用によるNIC不払いを是正するには程遠かった。それは，雇用主に代わってPSCにNICの負担を求めるため，雇用が偽装であるか否かの判定が困難だったためと思われる。そこで，イギリス歳入関税庁は，取締を強化して，2017年4月からは，公企業（公共放送のBBCや医療のNHSなど）に対しては，PSCを介した役務提供であっても，偽装雇用の場合には，雇用主である公企業に直接NICの負担を求めることにした。さらに，偽装雇用によるNIC不払いの取締を強化することを目的として，歳入関税庁は2020年4月から，民間企業にも公企業と同じく，偽装雇用の場合には，本来の雇用主である会社本体にNICの支払いを求めることを提案し，現在法案の準備が進められている（HM Revenue and Custom［2019］）。

Ⅲ．日本のケース：「法人成り」の新しい展開

1．法人成りのオールドビューとニュービュー

　以上，イギリス流法人成りである，PSC設立による税・社会保険料負担の軽減についてみてきた。ここでは，日本の場合を考える。本章のはじめに述べたように，日本でもこれまで法人成りについて多くの議論がなされてきたが，そこで対象となったのは税負担であり，事業主にかかる社会保険料は考慮されてこなかった。そして，税負担の面からみた法人成りの問題は「経費の二重控除」が問題とされた。この点は，法人成りを論じた税制調査会の以下の指摘からも明らかである。

　「いわゆる「法人成り」について
　　個人事業主か法人形態かの選択に税制が歪みを与えるべきではない。個人・法人間の税制の違いによって法人形態を選択する「法人成り」の問題は，その歪みを是正する必要がある。「法人成り」の実態を踏まえ，給与所得控除など個人所得課税を含めた検討を行う必要がある。」（財務省［2014］）

　このように「経費の二重控除」が法人成りに深く関わっていることが指摘されている。また，法人成りを誘発しているより根本的原因である，個人所得税と法人税の税率格差については以下のように論じ，内部留保金課税の検討を求めている。

　　「また，個人所得課税の税率と法人税率の差が拡大した場合，配当を恣意的に抑制して利益を法人内に留保し，個人所得課税を繰り延べる誘因が大きくなる。特定同族会社[1]の内部留保に対する留保金課税は，中小法人については適用除外とされているが，内部留保への過度の誘因を避ける観点から，法人税率引下げにあわせて適用を検討する必要がある」（財務省［2014］）

　中小企業の内部留保については，法人税減税によって個人所得課税と法人税の税率格差が拡大した場合，内部留保を積み増す誘因が増大するとの指摘は重要である。しかし，それへの対応として，たんに内部留保金課税の復活・強化ではなく，内部留保金の社外活用の増進などを図る必要があると思われる。

　このように，法人成りに関して日本ではこれまで，二重の経費控除，所得税と法人税の負担格差，内部留保金課税を核とした議論がなされてきた。しかし，これは日本の法人成りに関する古い見方で，現在では，増大する社会保険料負担を前にして，日本の法人成りもイギリスと同じように，社会保険負担の回避のためになされているのではないだろうか。以下では，二重の経費控除に端を発する日本の法人成りの古い見方を「オールドビュー」，社会保険料までを考えたイギリス流の法人成りを「ニュービュー」と呼び，ニュービューにもとづく税・社会保険料負担回避が現実となっていることを示す。

２．最適戦略は報酬最小化

　社会保険料負担の現実から始める。個人事業主が社会保険料を個人で負担した場合と，法人を設立してその役員として負担する場合を比較する。推計にあたっておいた前提は田近・横田［2018］によることとして，ここでは結果のみを示す。図表4は個人事業主と法人役員が同額の事業所得を得た時の社会保険

図表4　2018年度の事業所得に対する医療と年金保険料（国保・国年と健保・厚生年金）（万円）

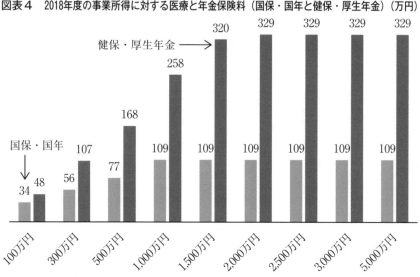

(注)　図表中，国年は国民年金，国保は国民健康保険，健保は健康保険組合である。
〔出所〕　田近・横田［2018］，図2による。

料負担（2017年9月）を示したものである。ここで法人役員は一人であるとしている。個人事業主は，国民健康保険と国民年金（国保・国年）の保険料を負担し，法人役員は健康保険（協会けんぽ）と厚生年金（健保・厚生年金）の保険料を負担するとした。

　この図表から直ちにわかるように，国保・国年の保険料と比べて健保・厚生年金の保険料ははるかに大きい。それは国保保険料には89万円の上限が設定され（東京都23区の場合），また国年保険料は定額（197,880円／年）であるのに対して，協会けんぽの医療保険では標準報酬月額139万円まで，厚生年金も標準報酬月額62万円までの給与に保険料が課されるからである。その結果，500万円の事業所得では，国保・国年の保険料が77万円であるのに対して，法人成り後の健保・厚生年金の保険料は168万円にもなる[2]。事業所得2,000万円では，国保・国年の保険料109万円に対して，健保・厚生年金の保険料は329万円にもなる。

　社会保険料にこれだけ大きな格差があるなかで，個人事業主が法人成りを選

択し，法人成りのオールドビューにしたがって，「経費の二重控除」を可能と
するために事業所得を給与で受け取るとする。そうすると上に示したように，
事業所得500万円の場合には社会保険料負担は91万円増加する。事業所得2,000
万円では210万円の増加となる。法人成りしたあとの社会保険料がこれだけ増
加しても，個人事業主は法人成りを選択するであろうか。

　答えは否であろう。給与にかかる高額の社会保険料を前にして，個人事業主
にとっては，給与はむしろ減らして，それによって社会保険料負担を軽減し，
より多くの所得を資本所得（法人所得）とするのがより合理的だと思われる。
法人税を払うとしても，その税率が累進的な個人所得税率より低いならば，個
人事業主にとって依然，法人化は魅力的な選択である。

　ここで注目すべきことは，法人成りのオールドビューとは違って，給与所得
控除を利用して給与をしっかりとって税負担を軽減するのではなく，給与は下
げて社会保険料負担を小さくしつつ，法人化するのが個人事業主の選択となる
ことである。これが法人成りのニュービューである。税だけではなく社会保険
料までを個人事業主の負担としたうえで，法人成り後，給与水準の設定によっ
て負担がどのように変化するかみていくことにする。

　そこで以下では，法人成りを考えている個人事業主を考える。この事業主は
法人成りに当たって二つの戦略のうちから，一つを選択することとする。第1
の戦略は，オールドビューに従って，法人化後の役員給与をできるだけ多くし
て，「経費の二重の控除」を最大限活用することである。第2の戦略は，ニュー
ビューに従って，社会保険料の負担まで考え，役員給与はできるだけ小さくす
ることである。この二つの戦略を（A）と（B）と呼ぶことにする。すなわち，

戦略（A）　全額役員報酬：法人化後，事業所得全額を役員給与とする。
戦略（B）　ミニマムインカム：役員給与を最低限（ミニマムインカム）に設
　　　　　定する。

　戦略（A）と（B）ともに役員は一人とする。イギリスの場合と違って日本

では法人成りした事業主は社会保険料負担を回避することができないので，戦略（B）を選択する場合のミニマムインカムとは，個人所得税も住民税もかからない所得となる。個人住民税の課税最低限が個人所得税より低いので，ここでは最低所得を個人住民税の課税最低限，すなわち115万円に設定した[3]。この額はイギリスの場合，8,424ポンド，日本円にしてほぼ120万円程度であった。その他，法人化前の個人事業の税と社会保険料負担，および法人化後の個人の税と社会保険料負担，法人の税負担の推計に当たっておいた前提は，田近・横田［2018］の通りである。

　個人事業主として税・社会保険料を負担する場合を起点として，法人成り後，戦略（A）と戦略（B）を選択した場合の税・社会保険料負担率は図表5に示した。図表では，戦略（A）は全額役員報酬，戦略（B）はミニマムインカムと記している。この図表から明らかとなるのは，以下の通りである。

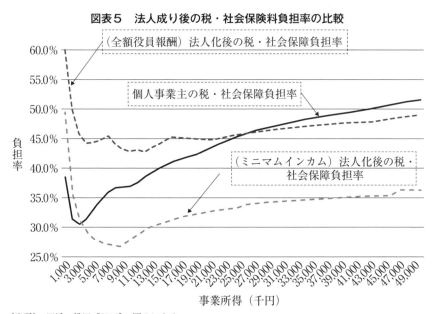

図表5　法人成り後の税・社会保険料負担率の比較

（全額役員報酬）法人化後の税・社会保障負担率

個人事業主の税・社会保障負担率

（ミニマムインカム）法人化後の税・社会保障負担率

事業所得（千円）

〔出所〕　田近・横田［2018］，図5による。

・「二重の経費控除」に基づくオールドビューに従えば，全額役員報酬によって税負担は小さくなるはずであった。しかし，事業所得が約2,600万円となるまでは，税・社会保険料負担は，個人事業を選択したほうが法人成りを選択するより小さい。これは，法人成り後に役員にかかる社会保険料の方が，個人事業主にかかる社会保険料より大きいため，個人所得税の限界税率が法人税率よりも相当程度大きくなる事業所得（ここでは2,600万円程度）までは法人成りしないほうが有利となるからである。したがって，オールビューは現実的には，通用しないとみるべきである。

・ニュービューに従って戦略（B），すなわちミニマムインカムが選択された場合，事業所得が300万円を超えるあたりから，法人成りした場合の税・社会保険料負担額が個人事業主負担より小さくなり，その後負担はさらに小さくなる。こうした結果となるのは，法人成り後の役員報酬が低い水準に設定されたため，事業所得の多くは法人に配分されることになり，そこに比例的にかかる法人税負担が，個人事業主を選択した時に累進的にかかる所得税負担よりも小さくなることによっている。それに役員報酬をミニマムとしたことから生じる社会保険料負担の軽減効果が重なり，300万円を超えた事業所得からでも法人成りが有利となる。税負担だけではなく，社会保険料負担まで考えると，個人事業主の最適戦略は，戦略（B），すなわち法人化後の役員報酬をミニマムインカムとすることである。

　個人事業主が，法人成りして役員報酬をミニマムインカムにすることによって得られる利得，すなわち税・社会保険料の軽減額は図表 6 に示されている。法人成りが選択される400万円を超える事業のうち，1,000万円，2,000万円，3,000万円，4,000万円および5,000万円の各事業所得で，89万円，206万円，384万円，570万円および762万円の利得がある。これは，事業所得の 9 ％から15％程度に相当し，利得の事業所得に対する割合は，事業所得が大きくなるのにしたがって増大する。以上から明らかなように，日本においても増大した社会保険料負担の下，個人事業主はイギリスと同様に法人成りして，報酬を最

図表6　役員報酬をミニマムインカムとして場合の税・社会保険料の軽減額（万円）

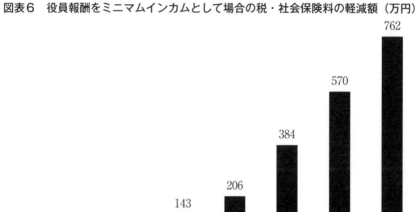

事業所得

(注)　戦略（B）の下では事業所得が300万円を超えたところで法人成りが選択される。図表は，法人成り選択後の事業所得別にみた，税と社会保険料の軽減額を示している。
〔出所〕　田近・横田［2018］，図6による。

小限に設定するのが最適となる。「二重の経費控除」を目的とした法人成りの時代は終わったのである。

Ⅳ．必要となる政策

　増大する社会保険料への個人事業主の対応について検討した。税・社会保険料負担回避の程度に大きな差はあるが，イギリスでも日本でも，負担回避の仕組みは同じである。第Ⅱ節で説明したイギリスの場合では，個人事業主として登場したのは，被用者として働いていたかもしれない Gorge Haynes（GH）であった。GH は自分自身を雇う PSC である Gorge Haynes Limited（GHL）を設立して，GHL が雇用主である ABCX Corp から仕事を請負う。GH は，GHL から報酬を受けるが，その額は，所得税も NIC もかからない最低水準と

する。このスキームによって，ABCX Corp も GH も NIC の負担を完全に回避
することができた。

　日本では一人で事業を営む個人事業主をイメージして検討を行った。この場
合も個人事業主が法人を設立して，自らの報酬を所得税・個人住民税のかから
ないミニマムインカムにすることで，税・社会保険料負担を大幅に回避ができ
た。このように，イギリスの場合も日本の場合も，増大する社会保険料への対
策として個人事業主は，事業体として法人を選択し，社会保険料の課される報
酬（給与所得）を最小限とすることで負担を回避することができる。

　以下では，本章のむすびとして，こうした負担回避に対して必要な政策につ
いて考える。取り上げる論点は二つである。第1は負担回避を阻止するための
対策であり，第2は設立される法人の利益留保金の扱いである。イギリスでは
PSC を使った負担回避への対抗措置として，上に述べたように IR35が伝家の
宝刀となっている。

　GH のケースを続ければ，この法律は GH の請負労働を本来は雇用労働だっ
たはずだとして否認して（偽装雇用），ABCX Corp からの請負額を給与とみ
なして所得税と NIC を課す。まずは，PSC である GHL に負担を求めるが，
それが困難な場合は，雇用主であったかもしれない ABCX Corp に負担を求め
る。課税強化は雇用主が公企業の場合から始まっているが，2020年4月には民
間企業にも及ぶことになっている。そうしたなかで，人気テレビ番組の司会者
が IR35の適用を免れたとか，製薬会社の GlaxoSmithKline では1,500人の請負
労働者が偽装雇用であると摘発されたとか，日々のニュースに事欠かない状態
となっている（Financial Times [2019a, 2019b]）。

　問題はこうしたイギリス流の社会保険料回避が日本でも横行するようになる
かである。すでに労働市場をフルタイム労働者が占有する時代は終わってい
る。パートタイムの労働者や請負労働者の割合が増加している。拡大している
プラットフォーマーを介した仕事の多くは，請負労働となっているとみてよい
であろう。そうしたなかで，フリーランサーを含む，雇用的自営として仕事を
している人たちが，日本版 PSC を作って，税や社会保険料負担の回避を図る

ようになっても不思議ではない。また，イギリスの場合から類推して，雇用主がそうした負担回避の手助けをするようになることも考えられる（Financial Times［2019c］）[4]。一方，日本のケースとして検討した，個人事業主から出発して法人成りを選択し，役員報酬をミニマムインカムとする負担回避も定着しつつあるのではないか。

　仮にそうした事態となった場合，日本版 IR35 を作って課税強化を図ったり，負担回避のために設定されたミニマムインカムの是正を求めることは可能だろうか。イギリスの現状から分かってきたことは，IR35 を適用するために偽装雇用であることを課税庁側が証明するハードルは高いということである。また，ミニマムに設定された役員報酬についても，適切な報酬とは何か定めるのは容易ではないだろう。こうした現状をみると，非常に高い社会保険料負担がある限り，編み出される負担回避のためのさまざまな方策をすべて抑え込むことは容易ではない。

　ここで対策についてこれ以上紙幅を割くことは避けるが，将来的には，社会保障と税の一体化を進めて，社会保険料を社会保険税として所得税の一部とする改革が避けられないのではないか。これは多様化する働き方のなかで，負担の公平を図るためにも必要である（田近・相川［2020］）。そして，この改革はけっして机上の空論ではなく，1990年に行われたオランダの所得税と保険料の一体化の事例があることも指摘しておきたい（島村［2014］）。

　事業体選択を通じる税・社会保険料負担の回避に関する第2の政策課題は，設立される法人の内部留保金の扱いである。イギリスの場合には，個人段階で相当の配当課税の控除枠が設定されているため，PSC の法人税支払い後利益を全額配当に回しても，負担軽減効果があることをみた。しかし，日本の中小企業税制では，内部留保金を配当という形で社外に流出させると，それを受け取る個人サイドでは，総合課税されることになっている。

　仮に役員は一人であり，この役員が内部留保金を配当という形で受け取るとすると，役員は配当とその他所得とを合算した所得に対して所得税を支払うことになる。その場合，多くの場合，所得税の限界税率が法人税率より大きいの

で，利益の社外流出に歯止めがかかって，内部留保が増大する。これに対して，たんに内部留保金課税の復活や強化を図るのではなく，中小企業の機動的な事業展開を推進するために，内部留保金の有効な活用の増進を図る必要もあると思われる（田近・八塩［2016］）。

そのための一つの工夫は，配当課税を分離課税とし，法人税と配当課税を合わせた税率が，個人サイドの所得税の限界税率と等しくなるように配当税率を設定することである。これにより税の公平を保ちつつ，内部留保金を配当に誘導し，より有効な活用を実現できるかもしれない。いわゆる二元的所得税のもと，これに近い配当課税が行われているが，この点については，機会を改めて論じることとしたい（Sorensen［2003, 2007］）。

［注］

1) 特定同族会社は，株主等の1人及びその同族関係者等で，持株割合が50％を超える会社のことである。
2) 法人成りした後の役員の社会保険料はいわゆる会社負担分と本人分から構成されるが，ここでは個人事業主が法人役員となることを想定しているので，その二つの合計としている。
3) 個人住民税の課税最低限とは，住民税から控除される給与所得控除額（65万円），住民税の基礎控除額（33万円）および社会保険料の合計が給与所得額と等しくなる給与水準のことである。2017年9月の東京都の社会保険料を使って計算すると住民税課税最低限は，ほぼ115万円となる。
4) BBCのニュース番組の担当者たちが，偽装雇用の疑いで歳入関税庁から税と社会保険料の追徴がなされた。これを不服として裁判が行われたが，原告は敗訴し，追徴が決定した。しかし，裁判の過程でBBCが原告たちにPSCの設立を強要したことが明らかにされている。

［参考文献］

財務省［2014］「税制調査会（法人課税DG⑤），［法人成り問題を含めた中小法人課税］，税制調査会，2014，「法人税の改革について」

島村玲雄［2014］「オランダにおける所得税と社会保険料の統合の意義について」『財政研究』第10巻，日本財政学会，165-180頁。

田近栄治・八塩裕之［2016］「中小企業課税の新展開―資本と労働間の所得移転にどう対応すべきか」『フィナンシャル・レビュー』第127号，96-122頁。

田近栄治・八塩裕之［2018］「家計の税・保険料負担の実態―『国民生活基礎調査』

の個票による分析―」『租税研究』6月号，161-177頁。

田近栄治・横田崇［2018］「日本の中小企業課税―増大する社会保険料負担に企業は
　どう対応するか―」『経済研究』222号，成城大学，75-89頁。

田近栄治・相川陽子［2020］「多様な働き方への税・社会保険制度の対応―負担の公
　平をどう実現するか―」『租税研究』1月号，97-112頁。

Financial Times［2019a］TV star Lorraine Kelly wins tax case against HMRC, 3月21
　日.

Financial Times［2019b］HMRC targets GSK contractors in UK tax crackdown, 8
　月26日.

Financial Times［2019c］BBC presenters forced into 'disguised employment' lose
　tax case, 9月20日.

HM Revenue & Custom［2019］Off-payroll working rules from April 2020. Policy
　paper and consultation document.

HM Treasury［2019］Section 95 of the Finance Act of 2019: report on time limits
　and the charge on disguised remuneration loans.

Institute of Fiscal Studies［2017］"Tax, legal form and the gig economy," Chapter
　7, *Green Budget*.

Lewis, Paul［2018］"Treasury ramps up the pressure on contractors' tax," *Finan-
　cial Times*, 4月12日.

The Mirrlees Review［2011］"Small Business Taxation," Chapter 19 in *Tax by De-
　sign*, pp.451-469.

Sorensen, Peter Birch［2003］"Neutral Taxation of Shareholder Income: A Norwe-
　gian Tax Reform Proposal," *CEF IFO Working Paper* No. 1036.

Sorensen, Peter Birch［2007］"The Nordic Dual Income Tax: Principles, Practices,
　and Relevance for Canada," *Canadian Tax Journal*, vol. 55, No, 3, pp.557-602.

第2章　税制が中小法人オーナーの節税行動に与える影響[1]
—— 法人企業統計個票を用いた分析 ——

八 塩 裕 之

Ⅰ．はじめに

　所得課税制度では所得をカテゴリーに分割して課税する。例えば法人の所得には法人税，個人の所得には所得税を課し，さらに所得税でも労働所得（給与など）と資本所得（配当，利子およびキャピタルゲイン）の税率は一般的に大きく異なる。

　こうした所得カテゴリーによる税率の違いは，中小企業，とくに家族経営の零細企業のオーナーの節税を誘発しうる。すなわちオーナーは経営者であると同時に労働者であり株主でもあるため，事業形態（法人か個人か）や所得の形態（所得を配当で受け取るか給与で受け取るかなど）などを選択し，税率の低いカテゴリーに所得を移して税負担を軽減できる。こうした「インカム・シフティング」と呼ばれる節税は，労働供給などよりもかなり弾力的であることが知られる（Slemrod [1995]）。その実態が近年，世界中の多くの研究や政府の報告書で報告され，注目を集めている（de Mooij and Nicodème [2008]，Crawford and Freedman [2008]，Edmark and Gordon [2013]）。

　とくに最近の世界的な傾向として，高齢化の影響による社会保険料率引上げで労働所得の税率（保険料率も含む）が高くなる一方，グローバル化で法人税率が引き下げられるなど，資本所得の税率が下がっている。その結果，中小企業オーナーが事業からの所得を給与で受け取らず配当で受け取り，税率の低い資本所得税を払って節税する[2]といった事例が，アメリカ・イギリス・北欧

で相次いで報告されている（田近・八塩［2016］）。

　以上の問題意識を踏まえ，本稿では日本の中小企業，とくに家族経営の零細法人のオーナーによるインカム・シフティングの実態を個票データで分析する。用いるのは22年間の「法人企業統計年報」（財務省）である。この統計は，中小法人についてはパネルデータでなく繰り返しクロスセクションデータである。またデータに特有の問題があるため，分析対象を資本金1,000万円未満や従業員が一定数以上いる法人に限定する必要がある。しかし節税が起きやすい家族経営の零細法人のデータは日本では入手が難しく，本研究では有用な統計である。

　日本の中小法人オーナーの節税について長く言われてきた問題は，いわゆる「欠損法人問題」であった。かつて日本では法人税率が高く，一方で給与に対する所得税率は寛大な給与所得控除が適用されることもあり低くなっていた。そこで，多くのオーナーが法人税負担を避けるため，事業で得た所得をすべて自身の給与で受け取ってしまい法人の利益をゼロにする結果，日本では法人税を払っていない中小法人（いわゆる「欠損法人」）の比率が非常に高くなっていると言われた（田近・八塩［2005］，財務省［2014］，伊田［2016］）。ただし，オーナーが受け取った給与を再び法人に貸し付ければ法人は資金を調達でき，欠損が続いても存続が可能であった（水野他［2000］）。

　しかし近年，日本でも上述した多くの欧米諸国と同様の税制改革が行われ，この状況は変化した。すなわち，社会保険料率が毎年引き上げられて給与への税・保険料率が高まる一方で，法人税率は断続的に下げられた。

　とくに2009年の税制改正は，中小法人向けの法人税軽減税率を地方税も含めて約4.5％引き下げ，比較的大きかった。これにより多くの零細法人のオーナーにとって，事業の所得を自身の給与で受け取るよりも，法人に留保し税率の低い法人税を払うほうが有利となった。すなわち，多くの法人が意図的に決算をゼロから黒字に転換させる契機となった可能性がある[3]。

　以上を踏まえ本稿では，オーナーが法人の活動で得た所得を自身の給与と法人の利益でどう分割するかという選択に税制が与えた影響について分析す

る[4]。まず,「法人企業統計年報」の22年間のデータを使って日本の税制の実態などを論じた後,2009年の法人税率引下げがオーナーの節税行動に及ぼした効果に絞って,簡単な計量分析を試みる。

　分析の論点を2点述べる。第一の論点は,法人税率が高かった2009年以前,オーナーの節税行動の結果,多くの法人の利益がゼロ近辺に集中する,いわゆるバンチング（bunching：Saez［2010］）のような状況[5]が起きていた可能性があることである。先述のように当時は高い法人税率を避けるために,多くのオーナーが法人の事業で得た所得をすべて自身の給与で受け取っていたが,一方で法人利益が大きくマイナスになるほど給与を多く受け取ってしまうと,むしろ給与に課される所得税や社会保険料の負担が重くなってしまう。税負担最小化のためには,オーナーは法人利益がちょうどゼロになるように給与を調整する必要があり,こうした調整を多くのオーナーが行えば,法人利益ゼロ近辺でバンチングが発生する。

　実際,データによると通常の所得分布としては不自然なほど,法人利益ゼロ近辺に多くの法人が集中している実態が見られた。そして2009年に法人税率が引き下げられて黒字が有利になると,その集中はかなり解消され,決算を黒字にする法人が増加した。こうした分布の変化が税制改革で引き起こされたといえるかどうかが,本稿で注目するポイントとなる。

　分析の第二の論点は,創業から日が浅かったりかつての業績不振などで比較的多額の繰越欠損金を抱える法人は,今期,正の法人利益があっても繰越控除が可能なため,法人税率は実質的にゼロ（すなわち欠損)となることである。そのため理論的には,これらの法人オーナーは,法人税率の引下げ有無にかかわらず常に,給与を少なくとって今期の法人利益を正にするインセンティブを持った（堀［2017］)[6]。すなわち,先に述べた2009年の法人税率引下げ前後の分布変化（バンチングとその解消)は,繰越欠損金を有する法人には起きなかった可能性がある。

　本稿ではこの点を分析に利用する。すなわち,分析対象法人を繰越欠損金を有する法人とそれ以外（繰越欠損金がない法人)に分け,2009年の法人税率引

下げがこれら2グループの法人の所得分割行動に与えた影響について分析する。これまでの説明を用いて述べれば，繰越欠損金を抱える法人は法人税率引下げの影響をほとんど受けない一方で，それ以外の法人は税率引下げ直後に法人利益ゼロ近辺でのバンチングが崩れて黒字の法人が増加する。こうした変化がデータで実際に観察できるかを計量分析で確認する。そして分析の結果を踏まえて，政策インプリケーションについて検討する。

　本稿の構成は以下である。次のⅡではデータを説明する。続くⅢでは節税のメカニズムを理論的に述べ，Ⅳでは22年間の日本の税制の実態を分析する。Ⅴでは所得分布の状況をグラフで示した後，Ⅵで計量分析を行う。最後にⅦで政策インプリケーションを検討しつつ，議論を総括する。

Ⅱ．データ

　本稿で使用するデータは，1996年度から2017年度まで22年間の「法人企業統計年報」（以下では「法企」と記す）の個票であり，このうち一定規模以下（詳細は後述）の中小法人を分析に用いる。この統計は，日本の各法人について貸借対照表や損益計算書の項目，役員数や従業員数などを報告する。「はじめに」で触れたように，節税がおきやすい家族経営の零細法人の個票データは日本では入手が難しく，法企は本研究において貴重である[7]。ただし，以下で述べるようにこのデータにはいくつかの制約があり，分析対象の法人を限定せざるをえないと考えた。それについて以下で3点述べる。

　第一に，法企では従来，中小法人は毎年度，無作為抽出される繰り返しクロスセクションデータであった[8]。ただし2010年度より対象法人を毎年，全数入れ替えず，半数ずつ入れ替える「ローテーション・サンプリング」が開始された。この場合，2年目になると様々な事情でデータから脱落する法人がでて，サンプリング・バイアスが生じる可能性がある[9]。この問題への対処として，宇南山［2015］は1年目のデータのみを分析対象にすることを述べており，本稿では計量分析の際，2010年度以降は1年目のデータのみを使用することとした。

　第二に，法企では資本金の大きさによってデータの数値単位が異なり，資本金1,000万円未満の法人では千円単位だが，資本金1,000万円以上の法人は百万円単位となる。例えばオーナーの給与が450万円の場合，その法人の資本金が1,000万円未満なら4,500と記載されるが，資本金1,000万円以上なら四捨五入されて5と非常におおまかになってしまう。このように単位が異なるデータを一緒に分析することは難しいため[10]，本稿では零細で節税が起きやすく，細かい単位までデータがとれる資本金1,000万円未満の法人を分析対象とする。

　第三に，社員（役員＋従業員）が5人以上の法人に分析対象を限定した。その理由を述べると，日本では法人は本来，社会保険加入が必須だが，社員が少ない零細な法人の多くは実際には未加入であり，厚生労働省［2017］によるとその大半は社員5人未満である。しかし，ある程度の数の社員を抱える法人は社会保険に加入せざるを得ず，そのオーナーは自身の給与に課される社会保険料負担も考慮して節税行動を行うと考えられる。法企から各法人が社会保険に加入しているかどうかは直接わからないため，本稿では分析対象を社員が5人以上いる法人に限定し，法人として社会保険に加入していると仮定した。そして，オーナーは自身の給与に社会保険料がかかることを前提として節税行動を行うと仮定した[11]。

　以上のような対象法人の限定に加えて，後述する分析手法の都合でも限定を行う結果，各年度の法人のサンプル数は平均で1,000社強となる。ただし，抽出率が22年間の途中で変更されたり，2010年度以降，先述したローテーション・サンプリングの影響で2年目のデータを外すなどの結果，最大の1998年度は1,767社，最小の2012年度は386社と年度によって法人数の偏りがある。

　最後に法企のデータ項目について少し述べると，この統計は各法人の貸借対照表や損益計算書の項目，役員数や社員数などの情報を持つ。ただし税務の項目を持たない。「はじめに」で述べたように分析では，繰越欠損金がある法人は法人利益が正でも法人税率は実質的にゼロになる点に注目するが，法企からは税務の項目である繰越欠損金の情報を直接得ることができない。この問題への対処は後で述べる。

Ⅲ．税制がオーナーの節税行動に及ぼす影響

　次に税制が零細法人のオーナーによるインカム・シフティング（所得分割行動）に及ぼす影響について，理論的に説明する。本稿では図表などを用いて，できるだけ直観的な説明を行う。

1．モデルの説明

　オーナーは法人の1年間の事業活動を通じて，当期の「企業所得」を稼ぐ。オーナーが個人自営業者の場合，企業所得はそのまま個人の「事業所得」となり，所得税申告される[12]。しかし法人の場合は，オーナーが企業所得を法人の「税引き前当期純利益」とオーナー自身の「役員給与」に分割する。すなわち，企業所得は売上からオーナー給与以外の必要経費を引いたものである。ここでは Sivadasan and Slemrod［2008］や Harju and Matikka［2016］にならって企業所得を外生とし，その金額を「$kinc$」と記す[13]。

　説明の簡単化のためにここでは役員はオーナー1人とすると，企業所得 $kinc$ は次のように書ける。

　当期の企業所得（$kinc$）＝税引き前当期純利益＋オーナーの役員給与　　　（1）

　税引き前当期純利益に対し「法人税」，役員給与に対し「所得税」が課税される[14]。なお用語の簡単化のため，「法人税」には法人住民税や法人事業税，「所得税」には個人住民税や会社負担・本人負担の社会保険料をすべて含めて考える[15]。また，以下では「税引き前当期純利益」を「当期の法人利益」，または単に「法人利益」とよぶ。

　オーナーは法人税と所得税の両方を考慮したうえで，税負担を最小化するように（1）を分割する。その際にキーとなるのが法人税率（t）と所得税率（s）の差である。以下ではtとsの関係がオーナーの所得分割行動に及ぼす影響について，理論的に説明する。説明を簡単にするため，ここでは所得税は比例税

とする。結論を先に述べると，次の２で示すようにオーナーの税負担最小化行動の下で，t＞sのとき法人利益の密度分布において，図表１①のように法人利益ゼロ近辺でバンチングが起きる。一方，３で述べるように，t＜sのときは図表１②のようにバンチングは消える。また４で述べるように，比較的多額の繰越欠損金を有する場合，今期の法人税率は実質的にゼロ，すなわち常にt＝0＜sであり，図表１②になる。

２．t＞sのケースの税負担最小化行動

まずt＞sのケースを考える。（１）に示したように当期の企業所得＝*kinc*（外生）のもとで，オーナーが法人利益を正にすると，役員給与は *kinc* より少ない値になる。しかし正の法人利益に対して高い法人税率tが課されるため，節税の点からは法人利益を減らしてゼロにし，企業所得 *kinc* の全額を役員給与で受け取って税率sの所得税を払ったほうがよい。すなわちオーナーは，法人利益を正にせずゼロにするインセンティブをもつ。

一方，オーナーが企業所得 *kinc* 以上に役員給与を受け取り，法人利益を大きくマイナスにすると，法人税はゼロの一方で[16]，役員給与が多い分，余分な所得税を払わねばならない。節税の点からは，役員給与を *kinc* まで減らし法人利益をゼロまで増やせば，法人税の負担はゼロのまま所得税負担を軽減できる。

すなわちt＞sのケースでは，税負担最小化の点からは法人利益をゼロとすべきである。このときの法人利益の密度分布を図表１①に記すと，法人利益ゼロ近辺で法人が集中し，バンチング（Saez［2010］）が発生する。なお，申告調整がある場合，それを考慮して法人利益（税引き前当期純利益）を正にしたり負にしたりすることがありうるが，零細法人ではこの後触れる繰越控除以外，一般的には大きな申告調整は起きにくいと思われ，以下ではこの点は考慮しない[17]。また，法人利益がゼロだと法人の事業資金を確保できない問題があるが，オーナーが受け取った給与の一部を再度法人に貸し付ければ，資金確保が可能となる（水野他［2000］）[18]。

図表1　①t＞sのときの所得分割行動

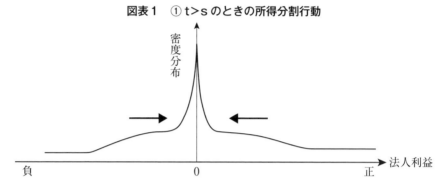

②t＜sのときの所得分割行動

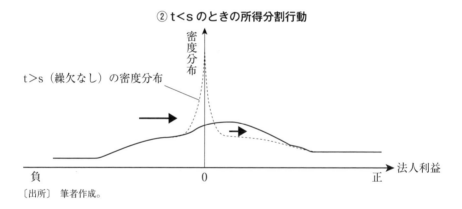

〔出所〕　筆者作成。

　1990年代から2000年代前半にかけて日本では法人税率が高い一方，給与には給与所得控除が適用されて課税ベースが圧縮されるため所得税率が低くなっていた。そこで後述のように，多くのオーナーがt＞sに直面し，上記のような節税を引き起こした可能性がある。これが，「はじめに」で述べた「欠損法人問題」のメカニズムと考えられる。

3．t＜sのケースの税負担最小化行動

　次にt＜sのケースである。まず，オーナーが給与を当期の企業所得 *kinc* より多く受け取って法人利益をマイナスにする場合，先のt＞sと同じになる。

すなわち，法人税負担ゼロの一方で役員給与に所得税が課税されるが，役員給与を kinc まで減らし法人利益をゼロまで増やせば，法人税負担はゼロのまま所得税負担を軽減できる。

しかし t＜s の場合は，オーナーは法人利益をゼロからさらに増やすべきである。すなわち，法人利益を正にして，役員給与を kinc より少なくすれば，税率 s の所得税負担を減らし税率 t の法人税を払って節税できる。最も極端なケースでは，企業所得 kinc の全額を法人利益とし，役員給与をゼロにできる。ただしこの場合，給与ゼロのオーナーは生活資金を法人から貸りることになるが，実際には金融機関から融資を受けている場合などでこうした資金操作は難しいといわれる[19]。したがって給与ゼロは極端と思われるが，少なくとも法人の事業資金は，法人利益として法人に留保したほうが税制上有利である。すなわち，黒字の法人が増えると考えられる。

このときに予想される法人利益の分布を図表１②で描いた。すなわち，図表１①で描いた法人利益ゼロ近辺のバンチングは消え，法人利益が正になる法人が増えると予想される。後述のように日本では2009年の法人税率引下げ以降，多くのオーナーにとって t＜s が明確となり，こうした分布変化が誘発された可能性がある。

４．比較的多額の繰越欠損金がある法人の t と s の関係

これまでの説明は，創業から日が浅かったり過去の業績不振などで比較的多額の繰越欠損金が残る法人に対しては当てはまらないと考えられ，この点が本稿では重要となる。なお，以下では繰越欠損金がある法人を「繰欠あり法人」，それ以外の法人を「繰欠なし法人」とよぶ。

ポイントは，繰欠あり法人は今期，正の法人利益があっても繰越控除ができるため実質的な法人税率はゼロ，すなわち t＝0＜s となる点である。そのため，こうした法人は節税の観点からは2009年の法人税率引下げ前から一貫して，（単に業績が悪く赤字である法人を除くと）給与を過少にして決算を黒字にするインセンティブを持ったと考えられる（堀［2017]）。この結果，当期の

法人利益の密度分布は常に図表1②のようになり，法人利益ゼロ近辺のバンチングも生じないと考えられる。

　このように繰欠なし法人と繰欠あり法人は，所得分割に関して異なるインセンティブに直面していたと考えられる。以下ではこの点に注目して分析を進めていく。

Ⅳ．日本における22年間の税制変化（tとsの変化）

　前節では，所得税率（s）と法人税率（t）の大小関係がオーナーのインカム・シフティング（所得分割行動）に及ぼす影響について，理論的に説明した。そこで以下では，法企の各法人ごとにオーナーが直面した所得税率と法人税率を計算し，それを集計して日本全体でsとtの大小関係がどのように変化してきたかを概観する。1で所得税率，2で法人税率の計算方法を述べた後，3で結果を示す。

1．所得税率の計算方法

　まず，法企の各法人のオーナーが直面した所得税率の計算方法を述べる。Ⅲの説明では簡単化のため所得税を比例税とした。しかし実際の所得税制度は累進税率構造であり，また個人住民税に加えて，負担に上限がある雇用主負担分・本人負担分の社会保険料率も含めるため，税率構造は複雑になる。そこで以下の方法で，データの各法人のオーナーが直面する所得税の限界税率を計算する。

　考え方は，企業所得（$kinc$）をすべて役員が給与で受け取ってしまい法人利益をゼロとしたときにオーナーが直面する所得税率を計算する。具体的にはまずデータの各法人について，企業所得を（2）で計算したあと，法人利益ゼロの時のオーナーの役員給与を（3）で計算する。

　　　　企業所得＝税引き前当期純利益（法人利益）＋役員給与総額　　　（2）

法人利益ゼロの時のオーナーの役員給与＝企業所得／役員数　（3）

　先の（1）では役員はオーナー1人としたが，実際は役員が複数の法人も多く，また法企は個別の役員が受け取った役員給与額のデータを持たず，各法人の「役員給与総額」と「役員数」のデータしかない。そこで企業所得を，（2）のように法人利益に役員給与総額をたしたものとし，それを役員全員で均等に給与として配ったときの給与額をオーナーの役員給与とした（（3）式）。本来は役員ごとに給与が異なるケースも多いはずだが，そうした情報はなく，一方で，資本金1,000万円未満の法人は家族経営のケースも多いため，税負担最小化の観点から役員間で給与を均等に分けると仮定した。

　（3）に対し各年の税・保険料制度をあてはめて，オーナーが直面する所得税の限界税率を計算した。その際，所得控除は，給与所得控除に加え基礎控除と社会保険料控除を適用した。また社会保険料率は，先述のように社会保険加入を前提として，給与額に各年の料率や負担上限をあてはめて計算した（医療保険は全国管掌健康保険を想定した。また社会保険料控除にもこの値を用いた）[20]。節税の点からは，この所得税率（s）がこのあと説明する法人税率（t）より低ければオーナーは当期の法人利益をゼロにし，所得税率が法人税率より高ければそれを正にする。

2．法人税率の計算方法

　次に法人税率は，当期の法人利益の最初の1円に対する限界税率を用いた。すなわち中小法人向けの軽減税率を採用し，また法人住民税や法人事業税も考慮した法人実効税率を計算した。法人事業税率は所得ブラケットが一番下（400万円以下）の税率を用いた。

　ただし，この法人実効税率は，これまで述べてきたように，比較的多額の繰越欠損金が残る法人には適用されない。すなわち，当期に正の法人利益があっても繰越欠損金を控除できるため，実質的に法人税率はゼロとなる。こうした繰欠あり法人と繰欠なし法人における税のインセンティブの違いを，以下では

反映したい。

　ただし，法企は税務上の繰越欠損金の情報を持たないため，データから直接，繰欠あり法人と繰欠なし法人を区分できない。そこで法企の貸借対照表の情報より，代わりに会計上の「繰越利益剰余金」を利用した。

　具体的にはまず，繰越利益剰余金がマイナスで，その絶対値が法人の資産の1割を超える法人を「繰欠あり法人」とした。すなわち，会計上の繰越利益剰余金のマイナスが大きい法人は繰越欠損金を抱えていると考え，当期の法人利益の最初の1円に対する法人税率をゼロと考えた。

　一方，期初の繰越利益剰余金がゼロ以上の法人を「繰欠なし法人」とした。すなわち，繰越利益剰余金が正の法人は赤字続きの法人ではないといえ[21]，繰越欠損金はあったとしても多額ではないと考えて，正の法人税率に直面すると考えた。上記の定義で「繰欠なし法人」でも「繰欠あり法人」でもない法人（繰越利益剰余金がマイナスで，その絶対値が資産の1割以下の法人）は，法人税率の扱いが難しいため分析から除いた。

　もちろん会計上の繰越利益剰余金と税務上の繰越欠損金は一致しないため，こうした区別には問題もある。そこでその妥当性を22年間の法企で実際に確認した。当期の法人利益（税引き前当期純利益）がわずかに黒字（50〜100万円）の法人でも，上記の定義に基づく「繰欠あり法人」の場合，約8割が（法人住民税の均等割を除く）法人税の負担ゼロであった。一方，上記の定義に基づく「繰欠なし法人」では，当期の法人利益が同じ水準でも，逆に6割以上が法人税を払っていた。このように，繰越利益剰余金は比較的，法人税率の実態を反映しうると考えた。

3．22年間の税率の推移

　データの各法人に対し，上記で計算した税率を用いて（4）の「税率差」を計算する。

$$\text{税率差} = \text{所得税率 (s)} - \text{法人税率 (t)} \tag{4}$$

　そして繰欠なし法人と繰欠あり法人ごとに，各年度で税率差に関する100％
積上げグラフを描いた。その際，財務省が毎年，公表する法企の集計表に示さ
れる業種・資本金階級ごとの法人数を，個票の業種・資本金階級ごとのサンプ
ル数で割って，各法人のウェイトを計算し反映した。ここでの分析対象法人
は，Ⅱで述べた理由により，資本金1,000万円未満で社員が5人以上の法人で
ある。ただし，このⅣと次のⅤでは，ローテーション・サンプリングが開始さ
れた2010年度以降について，2年目のデータも分析に含めた。

　図表2は①で繰欠なし法人，②で繰欠あり法人について，（4）の税率差を
5％刻みにして作成した100％積上げグラフの結果である。①の繰欠なし法人
からみると，まず注目するのは1996・97年であり，約8割の法人がt（法人税
率）＞s（所得税率）であった。当時は中小法人でも法人実効税率が36.6％と高
く，一方で給与所得控除の適用により所得税の課税所得が圧縮されることもあ
り所得税率が低くなっていた。すなわち約8割の法人が，決算をゼロにするイ
ンセンティブを持っていた。

　その後日本では98・99年に法人税率が下げられて実効税率も約30％になった
が，所得税率も下げられた（定率減税など）ため，しばらくの間，約8割の法
人でほぼ同じ水準（5％以内）で推移した。多くの法人にとって所得税率のほ
うがわずかに高いものの，ほとんど同じ水準であり，また法人税の実効税率が
高かったこともあって，多くの法人が決算をゼロにするインセンティブは，あ
まり変化しなかったと考えられる。

　図表をみると，2006年ごろから毎年の社会保険料率引上げなどの影響で所得
税率が上がり，t＜sの傾向が強まった。そして，2009年の法人税の軽減税率
引下げが比較的重要であった。地方税なども含む法人実効税率が約4.5％下げ
られて約25％となり，大半（約80％）の法人オーナーで税率差は5％以上と
なった。毎年少しずつ引き上げられる社会保険料率と違い，11年ぶりに行われ
た法人税率の引下げは報道などを通じて広く伝えられ，オーナーの行動を変え
る契機となった可能性がある。

　その後も社会保険料率が毎年引き上げられる一方，法人税率は2012年，2015

図表２　①繰欠なし法人の税率差分布の推移

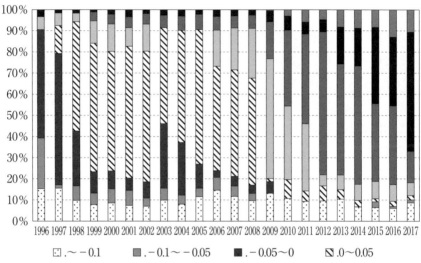

②繰欠あり法人の税率差分布の推移

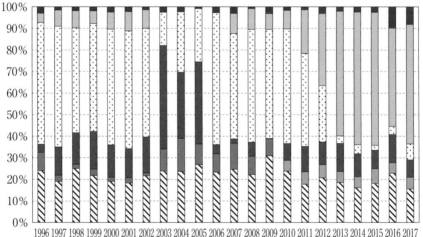

〔出所〕「法人企業統計年報」個票データより筆者計算。

年（復興増税の廃止）と二度にわたって引き下げられ，実効税率は約22％と
なった。その結果，直近では約8割の法人で税率差は10％以上となった。

一方，図表2②は繰欠あり法人である。ここでは法人税率をゼロで計算した
ため，全期間で大半の法人は税率差が大きくプラス（すなわち，t＝0＜s）で
ある。また2009年以降の法人税率引下げの影響ももちろんない。このように，
繰欠なし法人と繰欠あり法人が直面した税制のインセンティブは，大きく異
なっていた可能性がある。

V. 実質法人利益の密度分布変化

1. 1996・97年度と2016・17年度の実質法人利益の密度分布変化

次に法人利益の密度分布がどのように変化したかを，繰欠なし法人と繰欠あ
り法人で分けて描く。Ⅲの理論分析によると，繰欠なし法人の場合，t＞sな
ら法人利益ゼロ近辺でバンチングが起き，t＜sになるとそれは緩和されて黒
字法人が増える。一方，繰欠あり法人ではバンチングは一貫して起きない。前
節で示した22年間の税率差の変化に合わせて，こうした分布の形状変化が実際
に観察されるかに注目する。

まずt＞sが顕著であった1996年度と97年度，逆にt＜sが顕著であった2016
年度と17年度の4年間に絞って，実質法人利益の密度分布を示す。図表3①が
繰欠なし法人，②が繰欠あり法人である。密度分布の階級幅は50万円とした。
ここでも前節同様に，業種・資本金をもとに計算したウェイトを反映して分布
を描いた。

最初に図表3①の繰欠なし法人について述べると，1996・97年度と2016・17
年度で分布に明確な違いがあるように見える。t＞sであった96・97年度は，
両年度とも法人利益0〜50万円の部分（以下では「50万未満」などとよぶ）に
20％以上の法人が集中し，バンチングに近い状況が起きている（Saez［2010］
などではピンポイントの所得額に申告が集中する状況を「バンチング」とよぶ

図表3　①1996・97・2016・17年度における繰欠なし法人の法人利益の密度分布

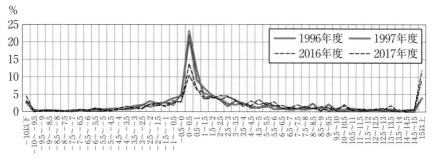

百万円

②1996・97・2016・17年度における繰欠あり法人の法人利益の密度分布

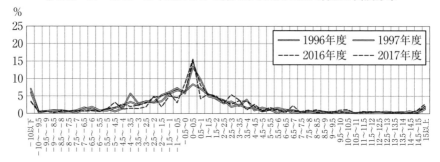

百万円

〔出所〕「法人企業統計年報」個票データより筆者計算。

　が，図表3①の場合，所得に少し幅があるので「バンチングに近い」と表現した[22]。表現を簡単化するため，以下では単に「バンチング」とよぶ）。一方，t＜sとなった16・17年度でも分布の集中は起きているが，程度は緩やかであり，50万未満の比率は2つの年度とも15％を明確に下回った。

　一方，図表3②の繰欠あり法人では，1996・97年度と2016・17年度で分布の違いがあまりないように見える。いずれの年も50万未満で若干，分布の集中が起きてはいるが，集中の程度は15％以下にとどまった。

　22年間全体の分析に進む前に上記の結果を簡単に論じると，繰欠なし法人で

法人税率が高かった1996・97年度に顕著だったバンチングが2016・17年度で緩和されたことや，繰欠あり法人で分布が変化しなかったことは，Ⅲの理論分析と一致する。ただ一致しない点もあり，それを2点述べる。第一に，先の議論では分布の集中は法人利益ゼロ近辺で起きるとしたが，実際にはそれは法人利益が少し正（50万未満）の部分で起きたことである。第二に，先の議論でt＜sでは消えるとされた分布集中が，依然残っていることである。

　これらの理由の解明は今後に委ねたいが，例えば金融機関から借入をする法人は，金融機関への体裁から，なりでいくと法人の決算が赤字になる場合でも，ぎりぎりで黒字にするように決算調整する傾向があるという（木村・山本[2013]）。また，申告調整で損金算入される項目がある法人は，法人利益がわずかに正でも法人税率はゼロになるため，決算をわずかに正にするインセンティブをもつ[23]。法人利益が正の部分で分布が集中した理由として，これらが考えられる。

2．22年間の実質法人利益の密度分布変化

　以上は4年間の結果であるが，次の図表4は①と②の2つの図表で22年間全体について，年度ごとにデータの法人を繰欠なし法人と繰欠あり法人に分けたうえで，実質法人利益の分布状況を示した。分析対象の全法人を実質法人利益（税引き前当期純利益）で「赤字（0未満）」，「50万未満の黒字（0以上50万未満）」，「50万以上の黒字」の3つに分け，先に述べたウェイトも考慮したうえで，その比率を100％積上げグラフで示した。

　図表によると繰欠なし法人・繰欠あり法人ともに，先述した4年間の傾向が22年間全体にもあてはまっており，また，その変化が，前節で述べた税率差の変化とかなり整合的である。これらの点を順番に説明する。

　まず①の繰欠なし法人では，1996年度以降，2005年度までのすべての年で「50万未満の黒字」の部分に分布が集中している。その比率は，2004年度まで常に20％以上，2005年度も19％であった。

　この分布集中は2006〜08年度ごろに少し緩和され，15％程度にまで減少し

図表4 ①繰欠なし法人の22年間における法人利益の密度分布（100%積上げグラフ）

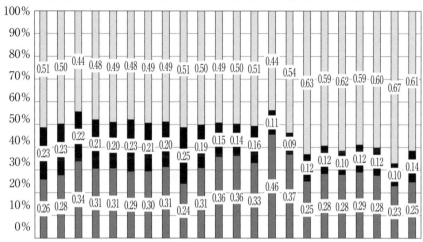

■ 赤字法人比率　■ 50万未満黒字法人比率　□ 黒字法人比率

②繰欠あり法人の22年間における法人利益の密度分布（100%積上げグラフ）

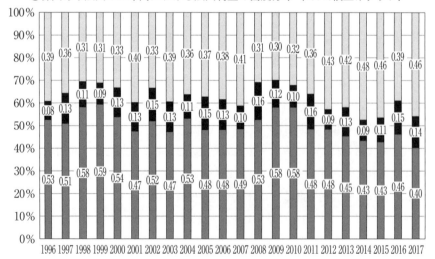

■ 赤字法人比率　■ 50万未満黒字法人比率　□ 黒字法人比率

〔出所〕 「法人企業統計年報」個票データより筆者計算。

た。前節の税率差の分析で示したように，2006年度頃から保険料率引上げなどの影響で t＜s の傾向が強まっている。

　そして，図表によると2009年度に「50万未満」の分布集中は大きく緩和された。2009年度以降はすべての年で，「50万未満」部分への分布集中が10％強にとどまっている。一方で「50万以上の黒字」の法人は，2009年度のみリーマンショックの影響で減少したが，その後は急激に増加した。2000年代前半では「50万以上の黒字」比率は常に約50％だったが，2011年度ごろ以降，常に60％程度で推移する。ただし，「赤字」の法人の比率は，リーマンショックの影響が強かった2009年度を除くと，2015年度ごろまで一貫して28〜29％であり，約30％だった2000年代前半とあまり変わっていない。すなわち，「50万以上の黒字」法人が大きく増えた理由として，それまで「50万未満」の部分にたまっていた法人が黒字に転換した可能性が考えられる。2009年の法人税率引下げ以降，t＜s が明確となり，これが節税を誘発して図表のような分布変化を引き起こした可能性がある。

　一方，図表4②の繰欠あり法人では，22年間を通じて図表4①ほど目立った変化がおきていない。「50万未満の黒字」での分布集中も一貫して10％強程度にとどまり，また法人税率の引下げがあった2009年前後で変化も生じていない。この点もⅢの理論予測と整合的である。1点だけ，2013年度ごろから「50万以上の黒字」の法人が増加傾向にあるが，近年の社会保険料の引上げによる所得税率（s）の上昇を反映した可能性もある。いずれにしろ，繰欠あり法人は法人税率引下げの影響を受けにくく，22年間一貫して t＝0＜s であることが，この結果を招いた可能性がある。

Ⅵ．計量分析

1．分析の方法

　Ⅴでは繰欠なし法人に関して，「50万未満」の部分で起きていたバンチング

が2009年の法人税率引下げ以降に緩和され，一方で「50万以上黒字」の法人が増えたことを示した。もっとも2009年ごろはリーマンショックが起きた時期であり，単純にそれ以降，繰欠あり法人に比べて繰欠なし法人の業績が上向いたことを反映した可能性がある。また，企業所得や業種構成の変化などが影響を及ぼした可能性もある。本稿では2009年の法人税率引下げに絞り，その前後のデータを用いてこれらをコントロールしつつ簡単な計量分析を行う。

　分析対象の年は2006・07・10・11年度の４年間とした。2008・09年度は税制改正の直前直後であり，またリーマンショックの直接的な影響も大きいため分析から外した。ただし，2007と10年度の２年間で分析するケースも示した。

　これまで同様，対象の法人は資本金1,000万未満，社員数５人以上の法人であり，また「繰欠なし法人」と「繰欠あり法人」のいずれにも含まれない法人は，法人税率の扱いが難しいため対象外とした。さらにここでは，ローテーション・サンプリングが始まった2010年度以降では２年目の法人を外し，１年目の法人のみを使用した。この結果，分析対象の法人数は，４年間の場合3,580社，２年間の場合1,767社になる[24]。これまでと同様のウェイトを適用した。

　「50万未満」でのバンチングの変化を分析するため，以下の線形確率モデル，並びにプロビットモデルを用いる。ただし内生性をもつ説明変数があり，操作変数法を用いる[25]。

$$d_{corpi \geq p} = \beta_1 lnkinc + \beta_2 lnyakuin + \Sigma \beta_3^y d_{year} + \beta_4 d_{kuriketsunashi}$$
$$+ \beta_5 (d_{after09} \times d_{kuriketsunashi}) + \Sigma \beta_6^r d_{region} + \Sigma \beta_7^i d_{industry} + a + \varepsilon \qquad (5)$$

　まず被説明変数（$d_{corpi \geq p}$）は，実質法人利益がp万円以上ならば１，p万円未満ならば０をとるダミー変数である。pの水準として，100（第一モデル）と50（第二モデル），０（第三モデル）の３通り設定する。分布の集中は「50万未満」で起きており，p＝100とp＝50はその上限，p＝0はその下限にあたる。モデルの考え方はこの後説明するが，３つのモデル，とくにp＝100 or 50とp＝0の間で説明変数の係数推定値がどう違ってくるかが重要となる。

　次に説明変数はまず，実質企業所得の対数値（*lnkinc*）と役員数の対数値

（*lnyakuin*）を入れた。*lnkinc* は，法人が得た企業所得（（2）式）を実質値に直して対数をとったものである。企業所得が大きいほど，法人利益が100万や50万，0を超える確率は高まるため，係数 β_1 は常に正となる。

　先のⅢでは企業所得 *kinc* を外生変数として説明したが，実際には内生変数の可能性がある。まず外生的な要素として，企業所得はオーナーの経営能力や企業の収益性などと強く相関し，それらが高いほど（被説明変数である）法人利益も正となる（Tsuruta [2015]）。しかし一方で決算調整により，（被説明変数である）法人利益がゼロ（または黒字）になるようにオーナーが企業所得を調整するという逆因果関係が存在し，これが内生変数の要素となる。そこで，決算調整の影響は受けないがオーナーの経営能力や収益力などとは相関するような操作変数が必要である。これについては後述する。

　次に役員数の対数値（*lnyakuinsu*）であるが，実質企業所得（*kinc*）を一定とすると，役員数が多いほど役員給与総額が大きくなり，法人利益がマイナスになる確率が高まる。そのため，係数 β_2 は負と想定される。役員数がかなり多い（最大で24）法人もごく一部に含まれるため，対数をとった[26]。

　次に3種類のダミー変数を入れた。d_{year} が年度ダミー，$d_{kuriketsunashi}$ は繰欠なし法人ダミー，$d_{after09} \times d_{kuriketsunashi}$ は税制改正後（すなわち2009年度以降）ダミーと繰欠なし法人ダミーの交差項である。年度ダミーは年ごとの景気状況などを反映する。また繰欠なしダミーは，繰越欠損金の有無で法人の業績が異なる点を反映する。

　そのうえで，本稿で注目するのは交差項 $d_{after09} \times d_{kuriketsunashi}$ の係数 β_5 である。まず被説明変数を $d_{corpi\geq50}$（p＝50，すなわち法人利益50万円以上ダミー）とする第二モデルから述べると，2009年の法人税率引下げが繰欠なし法人に「50万以上黒字」化を促したなら，係数 β_5 は有意に正となる。また $d_{corpi\geq100}$（p＝100，すなわち法人利益100万円以上ダミー）とする第一モデルでも，ほぼ同様の結果が期待される。

　ただ，これだけだと税とは無関係に，例えばリーマンショック後に繰欠なし法人の業績が繰欠あり法人よりも全般的に改善したことを反映する可能性があ

る。この点を確認するために，被説明変数を$d_{corpi \geq 0}$（p＝0，法人利益0以上ダ
ミー）とする第三モデルを用いる。ポイントは，第三モデルの被説明変数のダ
ミー水準がバンチングの下限であり，またpの水準が第二モデルとわずか50
万しか離れていない点である。すると，それまで「50万未満黒字」の部分に溜
まっていた法人が税制改正を受けて「50万以上」に転じた場合は，第一・第二
モデルのβ_5は有意に正になるが，第三モデルでは正にならないことが想定さ
れる。一方で，税とは無関係に単に繰欠なし法人の業績が全体で改善したなら
ば，（2つのモデルでpは50万しか離れていないため）第一～第三モデルのす
べてでβ_5は有意に正になると考えられる。このように本稿では，3つのモデ
ルのβ_5に注目する点に特徴がある。

　最後の説明変数として，地域ダミーd_{region}と業種ダミー$d_{industry}$を入れた。も
ともと法企では地域は53，業種は30以上（年度によって変わる）に分類される
が，これをすべてダミー変数にするとプロビットモデルで収束が得られない
ケースが非常に増える。そこで地域ダミーは8，業種ダミーは7に集約した。

　分析に進む前に，実質企業所得の対数値（$lnkinc$）の操作変数を説明する。
先に触れたように操作変数としては，外生的な要素であるオーナーの能力や企
業の収益性などと相関するが，内生変数である決算調整の影響を受けない変数
が必要である。家族経営法人では，オーナーの経営能力や収益力が高いと企業
活動が拡大して資産も大きくなると考え，期初の法人資産額（実質値）の対数
値（$ln\text{-}asset$）を操作変数に用いた。これは期初の値なので，期末の決算調整
時ではすでに値が決まっており，その影響を受けないと考えた。これについて
弱操作変数の検定を行うと，Kleibergen-Paap rk Wald F 統計量は124.09であ
り，弱操作変数の仮説は有意に棄却された[27]。

2．分析結果

　分析結果を図表5①に示した。図表の左6列（ⅰとⅱ）は線形確率モデル
（2SLS）で，このうちⅰは分析対象年度が4年間（2006，7，10，11），ⅱが
2年間（2007，10）のケースである。一方，図表の右6列（ⅲとⅳ）は，操作

図表5　①回帰分析結果その1

	i-1	i-2	i-3	ii-1	ii-2	ii-3	iii-1	iii-2	iii-3	iv-1	iv-2	iv-3
分析手法	線形確率モデル（2SLS）						IVPROBIT（最尤法），限界効果					
被説明変数	法人利益>100万	法人利益>50万	法人利益>0	法人利益>100万	法人利益>50万	法人利益>0	法人利益>100万	法人利益>50万	法人利益>0	法人利益>100万	法人利益>50万	法人利益>0
実質企業所得対数値	0.262***	0.240***	0.215***	0.253***	0.201***	0.184***	0.317***	0.289***	0.233***	0.30***	0.245***	0.207***
	0.026	0.025	0.024	0.035	0.033	0.031	0.020	0.021	0.018	0.027	0.0339	0.030
役員数対数値	-0.127***	-0.120***	-0.141***	-0.152***	-0.097**	-0.116***	-0.140***	-0.128***	-0.144***	-0.164***	-0.101**	-0.121***
	0.026	0.026	0.025	0.038	0.039	0.037	0.025	0.026	0.023	0.034	0.0417	0.037
2007年度ダミー	0.005	0.022	0.005				0.002	0.025	0.003			
	0.026	0.026	0.026				0.024	0.025	0.024			
2010年度ダミー	-0.071*	-0.056	-0.043	-0.099**	-0.116**	-0.087***	-0.081	-0.062	-0.044	-0.095**	-0.117**	-0.077*
	0.040	0.041	0.042	0.443	0.047	0.037	0.039	0.040	0.039	0.043	0.047	0.046
2011年度ダミー	-0.025	0.006	0.046				-0.02	0.015	0.049			
	0.040	0.041	0.041				0.039	0.040	0.037			
繰越欠損ダミー	-0.068**	-0.056*	-0.028	-0.102**	-0.076*	-0.037	-0.09***	-0.075***	-0.034	-0.11***	-0.083*	-0.038
	0.029	0.030	0.030	0.040	0.042	0.041	0.027	0.028	0.027	0.037	0.043	0.041
2010年度以降ダミー×繰欠なしダミー	0.123***	0.085*	0.026	0.158**	0.152**	0.094	0.111***	0.074*	0.018	0.132**	0.133**	0.068
	0.044	0.045	0.044	0.062	0.064	0.063	0.043	0.044	0.041	0.061	0.066	0.063
定数項	-0.031	0.048	0.214***	0.149	0.228***	0.348***	–	–	–	–	–	–
	0.068	0.066	0.066	0.094	0.094	0.094						
業種ダミー	○	○	○	○	○	○	○	○	○	○	○	○
地域ダミー	○	○	○	○	○	○	○	○	○	○	○	○
prob>F	0.00	0.00	0.00	0.00	0.00	0.00	–	–	–	–	–	–
prob>chi2	–	–	–	–	–	–	0.00	0.00	0.00	0.00	0.00	0.00
データ数	3580	3580	3580	1767	1767	1767	3580	3580	3580	1767	1767	1767

注1）下段は t 値を示し，＊＊＊ p<0.01，＊＊ p<0.05，＊ p<0.1。
　2）線形確率モデルの標準誤差は robust standard error で評価する。

②回帰分析結果その2（2010年度以降ダミー×繰欠なしダミーの係数推定値のみ記す）

	被説明変数のダミー水準										
	法人利益>150万	法人利益>125万	法人利益>100万	法人利益>75万	法人利益>50万	法人利益>25万	法人利益>0	法人利益>-25万	法人利益>-50万	法人利益>-75万	法人利益>-100万
線形確率モデル（2SLS）	0.101**	0.110**	0.123***	0.117***	0.085*	0.076*	0.046	0.054	0.040	0.033	0.031
	0.043	0.043	0.044	0.045	0.045	0.045	0.044	0.044	0.043	0.042	0.041
操作変数プロビット（最尤法），限界効果	0.093**	0.101**	0.111***	0.107**	0.074*	0.066	0.037	0.047	0.029	0.023	0.024
	0.041	0.043	0.043	0.044	0.044	0.044	0.043	0.043	0.042	0.041	0.040

〔出所〕「法人企業統計年報」個票データより筆者計算。

変数プロビットモデル（iv-probit, 最尤法）で得られた限界効果を示した（iii が4年間, iv が2年間）。i ～iv ごとに第一モデル（p＝100万）, 第二モデル（p＝50）, 第三モデル（p＝0）の結果を示す[28]。

　すべてのケースで同じパターンの結果が得られており, 結果をまとめて論じる。まず実質企業所得対数値（*lnkinc*）の係数符号は常に正, 役員数対数値（*lnyakuinsu*）の係数符号は負であり, ともに大きく有意であった。これらは予想通りの結果である。

　次に本稿で注目する「2010年度以降ダミー×繰欠なしダミー」（$d_{after09} \times d_{kuriketsunashi}$）の係数をみると, 第一モデル（p＝100万）と第二モデル（p＝50万）では常に10％水準もしくは5％水準で正で有意だが, 第三モデル（p＝0）では有意にならなかった。この結果は, 単純に繰欠なし法人の業績が全体的に改善したわけではないことを示す。そして, これまで「50万未満黒字」の部分に溜まっていた繰欠なし法人が, 税制改正を受けて黒字に転じ, その結果「50万以上」の法人が増えたとする仮説と一致する結果である。

　次の図表5②ではこの結果をさらに補強するために, 被説明変数のダミー水準をいろいろ変えて分析した結果を示した。具体的には, ダミー水準を－100万円から150万円まで25万ずつ区切って, それぞれ分析を行い, 仮説と整合的な結果が得られるかどうかを確認した。図表には4年間で分析したケースの交差項 $d_{after09} \times d_{kuriketsunashi}$ の係数推定値（操作変数プロビットは限界効果）を記したが, 仮説とかなり整合的な結果が得られた。まずダミー水準を0以下にした5ケース（－100万から0）では, 係数推定値は常に有意にならなかった。一方でダミー水準を50万以上にした5ケース（50万～150万）では, 全てのケースで有意となった。これは, これまで述べてきた仮説と整合的な結果である。

　本稿では2009年度の前後の期間に絞って分析を行ったが, 先に示したように2006年ごろからバンチング自体は少し緩和傾向にあり, 本来はよりバンチングが強かった1996年度以降も含めて分析を行うべきかもしれない。また, 法人税率引下げ後に依然,「50万未満黒字」で溜まっている法人がどのような法人な

のか，などを明らかにする必要がある。このように課題は残っているものの，上記の分析結果はインカム・シフティングの可能性を示唆する興味深いものといえる。

Ⅶ．おわりに

　近年，高齢化やグローバル化の影響で世界的に，社会保険料率引上げによる労働所得への課税強化と法人税率引下げが進んでいる。それにより，中小企業オーナーが所得を労働から資本に移す節税（インカム・シフティング）が，世界中の多くの研究で報告された。本稿では，日本でも2009年以降の法人税率引下げが，オーナーの行動に影響を与えた可能性を示した。従来は，法人が事業で得た所得をオーナーが給与ですべてとってしまい，法人の利益をゼロにして法人税負担を避ける節税が行われていたが，法人税率の引下げ以降，むしろ法人に所得を留保するオーナーが増えた可能性があることを示した。

　得られる政策インプリケーションの一つは，法人税の中小法人向け軽減税率の扱いである。多くの先行研究は，中小企業への税制優遇措置は投資促進などにつながらない一方で，節税を誘発する傾向が強いことを主張する（例えばGaricano et al [2016]，Tsuruta [2018]）。また，法人が税制優遇の適用範囲にとどまろうとする結果，成長を阻害する問題などもあり，多くの論者が優遇措置に否定的な見解を示す。日本では本則税率と並行して軽減税率が引き下げられ，中小法人の法人実効税率は22％程度にまで下げられた。軽減税率が適用されるのは法人の課税所得800万円までとはいえ，給与に対しては社会保険料率（会社負担分含む）だけで30％近くの税率が課される状態であり，こうした軽減税率がオーナーの節税を誘発するとすれば，その在り方を検討する必要がある。

　とくに懸念される問題は，富裕層の一部のオーナーが所得税の累進課税や社会保険料負担を避けるために法人に過剰な留保を貯めこむ節税である。アメリカでは，一部の富裕層が社会保険料負担を避けるためにＳ法人をタックスシェ

図表6　①各項目の資産に対する比率の上位10%値の推移

— ■ — 繰越利益剰余金／資産　　— ▲ — 税引き前利益／資産　 — ⊖ — 役員給与／資産

②各項目の資産に対する比率のメディアンの推移

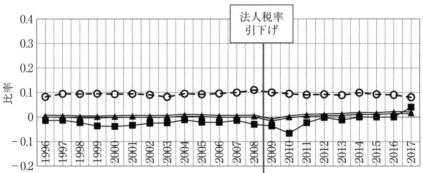

— ■ — 繰越利益剰余金／資産　　— ▲ — 税引き前利益／資産　 — ⊖ — 役員給与／資産

〔出所〕「法人企業統計年報」個票データより筆者計算。

ルターとして活用する実態が問題となったが（U.S. Treasury ［2005］），日本でも富裕層が節税手段として法人を活用する実態が横行すれば，税制への不公平感が高まり大きな問題となる恐れがある。

　その実態分析は今後の課題だが，関連データを最後に一つ示しておきたい。図表 6 ①は本稿の分析対象法人（資本金1,000万円未満，社員 5 人以上の法人）について，「資産に対する役員給与比率」「資産に対する税引き前当期純利益比率」「資産に対する繰越利益剰余金比率」の 3 項目を計算し，各項目について（これまで同様のウェイトを反映しつつ）年度ごとに上位10％の値を抜き出した。次の図表 6 ②は比較のため，同じ 3 項目のメディアン（中央値）を示した。

　図表によるとメディアンは22年間で 3 項目ともほとんど変化がない一方で，上位10％の値は近年，変化がみられる。すなわち2009年ごろ以降，継続して「資産に対する役員給与比率」が緩やかに減少する一方，「資産に対する税引き前当期純利益比率」が20％近くに上昇し，この結果，「資産に対する繰越利益剰余金比率」の上昇が加速している。2009年度で約30％だった値は2017年度では50％を超え，20％ポイント以上も上昇した。1996年度から2008年度の上昇幅が10％ポイント強（約20％から30％への増加）であったことを考えると，近年の増加はかなり急激なものである。

　こうした上位層の留保の増加が法人税率引下げを受けた節税の結果だとすれば，将来的に大きな問題となる可能性もある。更なる実態分析が必要である。また，イギリスでは法人税の本則税率引下げにあわせて軽減税率が廃止されたが，日本でもそうしたことが検討されるべきかもしれない。

［注］

1 ）　証券経済研究会での報告でいただいたコメントは大変有意義であった。また，本稿作成にあたり，科研費（学術研究助成基金助成金，課題番号16K03721）による補助を受けた。これらに対し深く感謝したい。
2 ）　かつては配当に対する法人税と所得税の二重課税が問題となったが，近年は二重課税調整がなされ，この問題はなくなってきた。むしろ給与に課される社会保険料が配当には課されないことが，

オーナーの配当受取を促進させていると考えられる。

3） 日本では上場株式以外の配当に対し法人と個人で二重課税が課される（配当税額控除は存在するが）ため，税務統計などによると中小法人の配当分配は極めて少ない。この状況は法人税率引下げ以降も基本的に変わっていない。

4） 現在の会社法では，役員給与の変更は原則，期が始まってから3か月以内に株主総会を開いて決める必要があり，また毎月同じ金額を受け取る必要もある（定期同額給与）。ただしこの条件を満たせば給与額を自由に変更でき，そのための届け出なども不要である。期が始まってから3か月では期末の決算を完全に見通すことはできないとしても，ある程度の予想に基づいて，節税の観点から給与を余分にとったり少なめにとったりすることは十分可能であると考えた。

5） 日本の中小企業が利益調整を行う結果，法人利益ゼロ近辺での申告が集中する実態は，金・安田［2017］によっても報告されている。

6） 実際，インターネットのブログなどでは繰越欠損金を有効に活用して節税すべきだ，といった主張が頻繁にみられる。

7） 中小企業の分析では「企業活動調査報告」がよく使われるが，この対象も資本金3,000万円以上，従業員数50人以上の法人であり，家族経営の零細法人とは言えない。また，この統計は本稿の分析で必要な役員給与の項目を持たない。

8） 法企では大企業は毎年，対象になるため，パネルデータとなる。

9） 宇南山［2015］は「アンケート疲れ」などを理由に挙げている。法人の場合はこれに加えて，倒産や廃業などの影響があるかもしれない。

10） 資本金1,000万円未満法人のデータを100万円単位で四捨五入すれば，資本金1,000万円以上の法人と一緒に分析できる可能性もある（データに誤差は生じるが）。

11） オーナーが社会保険への加入を嫌がって社員の雇用を抑えてしまうケースがあるかもしれない。ただこの問題への対処は難しく，本稿ではこうした方法をとった。

12） もちろん個人の事業所得と法人の課税所得は異なるため，そのまま申告できるわけではない。しかし通常，それらの値が大きく変わることは考えにくいといえる。

13） 後述のように企業所得は実際は内生変数になるので，計量分析では操作変数を用いる。

14） ここではオーナーが受け取る賞与はゼロとした（税務統計によると，実際にオーナーは賞与をほとんど受け取っていない）。中小法人オーナーは賞与を受け取ると，以下の理由で税・保険料負担が増えるためである。まず2005年度以前は役員賞与の損金算入が認められず，賞与に対して所得税＋法人税を払う必要があった。一方2006年度以降は，賞与であっても「定期同額給与」や「事前確定届出給与」であれば損金算入を認める方式となった。しかし一方で，2003年以降の社会保険料総報酬制導入により，給与の上限（年収換算で744万円）と別枠で年間300万（150万×2回）までの賞与に社会保険料が課されることになった。オーナー社長で744万円を超える給料を得る場合，賞与をゼロとして全額給与とすればそれ以上社会保険料はかからず，負担を減らすことができる。

15） 家族経営法人のオーナーが自身の給与の税率を考える場合，本人負担だけでなく会社負担の社会保険料率まで考慮する点は注意が必要である。

16） 2009年度より中小法人は1年間に限り繰り戻し還付が認められることになり，当年の法人の決算を赤字にすれば前年に収めた法人税の還付を受けることができる。ただし2009年以降は法人税率が大きく下げられたので，そのメリットは小さくなった。少なくとも，給与を余分にとって法人を赤

字にした場合，所得税（保険料を含む）の負担がむしろ増えてしまうため，税制上はむしろ不利になってしまう。

17)　頻繁に起こる申告調整として，かつては交際費が全体の90％までしか損金算入できず，その総額も400万円に制限されていた。ただ税務統計によると，当時の損金不算入額の値は大きくない。なお，現在では交際費は800万円まで全額損金算入を認められる。

18)　もちろん，銀行等から資金借入ができれば，こうした操作は不要である。

19)　法人が金融機関から資金を借りている場合などでは，金融機関としては，融資した資金がオーナーの私的な生活費に使われてしまうことになり，融資を引き揚げられてしまう可能性があるという。

20)　2009年以降は都道府県ごとに保険料率が異なるため，それについても反映した。

21)　長い間利益を計上し続けたが前期の決算だけ赤字を計上したような法人は，繰越利益剰余金は正だが繰越欠損金を保有することになる。

22)　脚注4で述べた理由により，ピンポイントでのバンチングは難しいと考えられる。

23)　実際，法人利益が50万未満の法人でも，法人税の負担ゼロの法人はかなり存在する。

24)　各年度の法人数は，2006・2007・2010・2011年度の順番に1338, 1383, 386, 477である。2010年度以降はローテーション・サンプリングで2年目のデータを除いたうえに，抽出率の変更もあったので，データの個数が少なくなっている。なお，2年目のデータを入れたケースでも分析を行ったが，結果は大きく変化しなかった。

25)　操作変数プロビットについてはWooldridge[2010]などに説明がある。

26)　なお，役員数の変更（就任や退任）には株主総会での承認のほか登記も必要である。したがって頻繁にできるものではなく，法人の決算調整のために役員数を調整するといった逆因果は基本的に生じないと判断した。

27)　被説明変数が質的変数なので，常に分散不均一が生じる。Kleibergen-Paap rk Wald F 統計量は，分散不均一に対して頑健なことが知られている。

28)　線形確率モデルでは誤差項の標準誤差を robust standard error で評価した。

［参考文献］

伊田賢司［2016］「中小企業をめぐる税制の現状と課題」『立法と調査』No. 381, 113-123頁。

宇南山卓［2015］「消費関連統計の比較」『フィナンシャル・レビュー』第122号, 59-79頁。

木村史彦・山本達司［2013］「倒産企業の資金調達と会計操作」『現代ディスクロージャー研究』第13号, 49-63頁。

金鉉玉・安田行宏［2017］「日本の中小企業における利益の質に関する実証分析」RIETI Discussion Paper Series 17-J-031。

厚生労働省年金局事業管理課［2017］「社会保険適用促進対策について」第29回社会

保障審議会年金事業管理部会資料（平成29年 3 月29日）。

財務省［2014］「政府税制調査会　第二回法人課税ディスカッショングループ」提出資料。

田近栄治・八塩裕之［2005］「税制と事業形態選択　―日本のケース―」『財政研究』第 1 巻，177-194頁。

田近栄治・八塩裕之［2016］「日本の所得税改革　―経済，財政と社会保障の現状を踏まえた提言―」『フィナンシャル・レビュー』第127号，7-30頁。

堀好一［2017］「繰越欠損金制度の改正と企業の利益調整行動　－繰越欠損金の解消可能性を考慮した検証」『産業経営』（早稲田大学産業経営研究所）第52号，27-49頁。

水野忠恒・井堀利宏・平川忠雄［2000］「座談会　企業の経済環境の変化と税制」『税研』Vol. 15 (6), 30-44頁。

Crawford, C. and J. Freedman [2008] "Small Business Taxation," In: Mirrlees J. et al. (Ed.) Dimentions of tax Design: The Mirrlees Review, Oxford University Press.

de Mooij, R and G. Nicodème [2008] "Corporate Tax Policy and Incorporation in the EU, " International Tax and Public Finance 1 (54), pp. 478-498.

Edmark and Gordon [2013] "The Choice of Organizational Form by Closely-held Firms in Sweden: Tax versus Non-tax Determinants," Industrial and Corporate Change 2 (21), pp. 219-243.

Garicano,L., C. Lelarge and J. Reenen [2016] "Firm Size Distortions and the Productivity Distribution: Evidence from France," American Economic Review 106 (11), pp. 3439-3479.

Harju, J. and T. Matikka [2016] "Business Owners and Income Shifting: Evidence from Finland," Small Business Economics 46, pp. 115-136.

Maire, D. and B. Schjerning [2013] "Tax Bunching, Income Shifting and Self Employment," Journal of Public Economics 107, pp. 1-18.

Saez, E. [2010] "Do Taxpayers bunch at Kink Points?" American Economic Journal: Economic Policy 2, pp. 180-212.

Sivadasan, J and J. Slemrod [2008] "Tax Law Changes, Income Shifting and Measured Wage Inequality: Evidence from India," Journal of Public Economics 92 (10-11), pp. 2199-2224.

Slemrod, J. [1995] "Income Creation or Income Shifting? Behavioral Responses to the Tax Reform Act of 1986," American Economic Review 8 (52), pp. 175-180.

Tsuruta, D. [2015] "Leverage and Firm Performance of Small Businesses: Evidence from Japan," Small Business Economics 44, pp. 385-410.

Tsuruta, D. [2018] "SME Policies as a Barrier to Growth of SMEs," Small Business Economics (forthcoming).

U.S. Treasury [2005] "Actions Are Needed to Eliminate Inequities in the Employment Tax Liabilities of Sole Proprietorships and Single-Shareholder S Corporation," Memorandum for Deputy Commissioner for Services and Enforcement, Reference Number 2005-30-080.

Wooldridge, J [2010] *Econometric Analysis of Cross Section and Panel Data*, 2nd Edition, The MIT Press.

第3章　企業貯蓄と税制：予備的考察

國 枝 繁 樹

Ⅰ. イントロダクション：企業貯蓄の増加とその政策的重要性

　マクロ経済学の教科書的理解においては，閉鎖経済においては，家計部門が行った貯蓄から，企業が投資を行い，政府が財政赤字の財源を調達することが想定されている。しかし，現在の我が国においては，高齢化が進み，2009年度以降，2017年度まで，家計部門の貯蓄よりも企業部門の貯蓄が大きく上回る状態が続いてきた。この間，我が国の巨額の財政赤字を支えてきたのも，企業部門の貯蓄である。具体的には，図表1のように，2017年度には，非金融法人企業部門が名目GDP比で4.4%の貯蓄超過（純貸付）で，家計部門は2.1%の貯蓄超過にすぎない。2018年度には，雇用者報酬が伸び，家計部門の貯蓄超過が急増した一方，民間企業所得の急減を反映し，非金融法人企業部門の貯蓄超過のGDP比が半減したため，久しぶりに，家計部門の貯蓄超過が，非金融法人部門の貯蓄超過を上回ることとなったが，この状態が一時的なものなのか，継続するかは，現時点では不明である。

　法人部門の貯蓄超過が増加したとしても，それが経済全体に有効な形で投資されていれば問題はないが，図表2に示されているように，民間非金融法人の保有している金融資産を見ると，株式等や企業間・貿易信用に加え，現金・預金の割合が多い。企業による過剰な現金・預金の保有は，非効率であり，弊害が大きい。

図表1　制度部門別純貸付・純借入

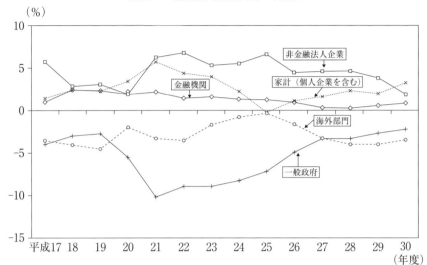

〔出所〕　内閣府経済社会総合研究所国民経済計算部「平成30年度国民経済統計年次推計（フロー編）
ポイント」（2019.12.26）

図表2　我が国の民間非金融法人の保有する金融資産（兆円）

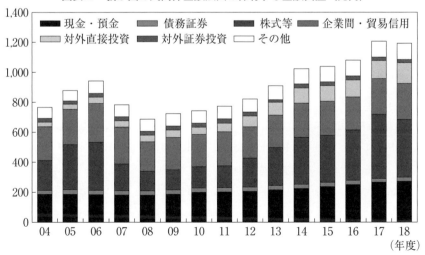

〔出所〕　日本銀行調査統計局「参考図表　2019年第3四半期の資金循環（速報）」（2019.12.20）

　このように，日本企業が内部留保を過剰に蓄積し，その相当部分を現預金として保有していることについては，批判がなされている。内部留保の蓄積を抑制するための内部留保課税の可能性についても論じられている。

　また，我が国の財政赤字の相当部分が，間接的に企業部門の貯蓄超過により支えられていることは，企業投資の増加により日本企業が投資主体に転換した場合，金利が急騰する可能性があることを意味する。我が国の財政赤字の影響を理解するためにも，日本企業の貯蓄超過の要因を理解することは不可欠である。

　実は，企業貯蓄の増加傾向は，日本企業に限らない。最近では，欧米各国で企業貯蓄の増加が観察されている。例えば，米国では，2000年代には法人部門は資金余剰に転じ，最近でもその基調が続いている。2000年代の米国の低金利の要因としては，中国の過剰貯蓄が有力視されていた（Bernanke［2005］）が，米国の法人部門の過剰貯蓄もその一因ではないかとの指摘もなされている（IMF［2006］）。法人部門の過剰貯蓄は，マクロ経済全体の過剰貯蓄をもたらしうる。

　また，Summers［2013］の提起した長期停滞論においては，投資・貯蓄バランスが貯蓄過剰または需要不足により崩れ，自然利子率が負になることが問題の核心である。長期停滞論を説明しようとする現時点の理論モデル（例えば，Eggertsson et al.［2019］）では，法人部門を明示的に区分していないが，長期停滞の可能性が高いとされる我が国においては，現実には2009〜2017年度の間，法人部門が貯蓄超過の中心になっており，企業貯蓄を理解することは，長期停滞論の是非を論じるためにも重要である。

　欧米企業に関しても，現金保有の増加につき関心が高まっている。米国の非金融法人の現金および市場性の証券の合計は増加し続けており，最近では，4兆ドルに達している（Faulkender et al.［2019］）。この現金保有の増加の要因については，多くの議論がなされている。

　政策面でも，フィナンシャルタイムズの著名エコノミストのMartin Wolfが，企業貯蓄が過剰であれば，法人税制において設備投資と利益還元を促進すべきとし，さらに，内部留保への課税強化や設備投資の即時償却や配当の全額控除等も考えられると指摘するなど，税制を活用した対策に，海外でも言及が

なされている。

　本稿においては，まず欧米における企業の貯蓄および現金保有の増加の要因
に関する先行研究，特に税制との関係に関する先行研究を紹介していく。さら
に，日本企業の純貸付増加の要因を，マクロデータに基づき探った後，我が国
における先行研究を紹介した上，税制の影響に関し論じる。最後に，日本企業
の貯蓄過剰に対する政策的な対応として，内部留保課税の可能性につき検討し
て，結語を述べる。

Ⅱ．世界的な企業の貯蓄および現金保有の増加の要因

　企業は，税引き後利益からの利益還元を差し引いた額を内部留保として蓄積
する。税引き後利益の増加は，労働分配率の低下，企業投資の減少，税負担の
減少等によりもたらされる。先進国の労働分配率は，トレンド的に低下してき
た一方，企業投資は1980年代と比較すると停滞している。法人税率について
も，国際的な法人税率引下げ競争の激化により，低下が続いている。他方，企
業からの利益還元（配当・自己株式取得）は，企業の配当政策・自己株式取得
政策の変化によって変わりうるが，その背景には，現預金保有需要の増加やコ
ーポレート・ガバナンスの変化等が指摘されている。

　以下，最近の研究において，企業貯蓄の要因として指摘されている事項につ
き，税制と直接関係ない要因の影響と税制による影響に分けて，説明してい
く。

1．税制と直接関係ない要因による影響

（1）　無形資産の重要性の増加

　現在においては，ネット関連企業に代表されるように，無形資産を主な資産
とする企業が増加している。米国の知的財産権投資の民間投資に占める割合
も，1970年代は10％程度だったものが，2010年代には，25％程度に上昇してい
る。このような無形資産の増加は，設備投資の重要性が低くなっていることを

意味する。さらに，無形資産の役割が大きい産業は労働分配率が低い。Autor
et al. [2017] は，経済全体の労働分配率の低下は，同一産業内での労働分配率
の低下よりも，労働分配率の低い産業へのシフトによって生じていることを示
した。

　無形資産の増加は，企業の現金保有の原因でもありうる。企業は，現預金を
自ら持たずとも，銀行借入により流動性を確保できるが，銀行借入のために
は，不動産や固定設備という有形の担保が必要となる。しかし，無形資産の場
合は，流動性が不足した場合でも，担保とすることが難しく，借入に依存する
ことができない。このため，企業が現預金を保有して，流動性不足の事態に備
えることが一つの選択肢となる。従って，保有資産中の無形資産のウエイトが
高い企業が増加することによって，米国企業全体で見た現金保有が増加するこ
とになる。Falto et al. [2013] は，モデルを構築し，無形資産増加による現金
保有増加が規模的にも重要であることを指摘した。

（2）　産業の独占・寡占化

　Gruton et al. [2019] は，1990年代後半以降，米国の75％を超す産業で集中
度が増加しており，利益率は増加した一方，営業上の効率は増加していないこ
とを指摘している。Gutiérrez and Philippon [2017] は，米国内の独占・寡占
化の進展の結果，設備投資が減少する一方，実質賃金は低く，労働分配率も低
くなっているとする。

（3）　不確実性拡大・将来の取引に備えた予備的動機

　企業は，将来に備えて，流動性に富む現預金を保有する予備的動機を有す
る。特に，リーマンショック後の不確実性が拡大した状況で，企業の現預金へ
の需要は高まった可能性がある。また，M&A等の投資機会の拡大が予想され
る状況では，迅速な対応が可能になるように，現預金を手元に置いておこうと
いうインセンティブが生じうる。

　Baker et al. [2016] は，新聞記事に現れる政策や不確実性と関連した語句

の出現回数に基づく経済政策不確実性の指標を開発し，米国の企業レベル・マクロレベルの両方において，経済政策不確実性の増加が，企業投資，生産，雇用に悪影響を与えていることを明らかにしている。この経済政策不確実性指標を世界に適用した世界経済政策不確実性指標（月次）は，リーマンショック以降，振幅はあるものの，2019年末時点で見て，増加傾向にあるように思われる。(Economic Policy Uncertainty の HP（www.policyuncertainty.com）に掲載されている指標の推移を参照されたい。)

（4）　コーポレート・ガバナンスとの関係

Gutiérrez and Philippon [2018] は，米国企業の株主にインデックスファンドが増えていることを重視する。年金基金等が，インデックスファンドを利用しているが，インデックスファンドは多くの場合，個別企業の経営には介入しない。このため，株主によるガバナンスが弱体化する。Jensen [1986] のフリーキャッシュフロー仮説が指摘するように，私的利益を図ろうとする経営者は，現預金の蓄積を好む。ガバナンスが有効であれば，巨額の内部留保を抱えたアップル社が株主の圧力で自社株式取得の大幅な拡大を余儀なくされたように，モノ言う株主が，利益還元を強く求めるが，ガバナンスが強力でなければ，経営者による現預金の増加を抑えることができなくなってしまう。

実際に，Dittmer et al. [2003] は，45か国の11,000超の企業のサンプルを調べ，投資家保護が良好な国の企業と比較して，投資家の権利が十分保護されていない国の企業は，2倍の現金を保有していることを示している。興味深いことに，資金へのアクセスが容易な場合の方が，企業は現金保有が多く，Dittmer et al. [2003] は，投資家保護が不十分な国においては，投資家が経営者による過剰な現金保有を阻止できないからではないかと解釈している。

2．税制の影響

税制が企業貯蓄に与える影響については，Poterba [1987] が先駆的な研究において，その重要性を指摘している。企業貯蓄は，税引き前・利払い前利益

から，負債利子を支払った後に，法人税を支払い，その後，配当を支払った残余であることから，税制は，次のように，いくつかのルートを通じて，企業貯蓄に影響を与える。以下，海外での先行研究を中心に紹介していく。税制の企業の財務政策への影響全般についての2000年代前半までの議論については，國枝［2003］を参照されたい。

（1）　法人税率引下げの直接的な影響

　税引き前利益が不変でも，法人税率が低下すれば，税引き後利益は増加する。これは，法人税率引下げの機械的な効果であり，対応して利益還元が増加しなければ，企業貯蓄が増加することになる。各国で，法人税率引下げが行われており，世界的に企業貯蓄が増加した要因となりうる。

　また，世界的な法人税率の低下が，世界的な労働分配率の低下の重要な要因とする見方もある（Kaymak and Schott［2018］）。法人税率の低下は，生産をより資本集約的な産業にシフトさせ，その結果，労働分配率を低下させる。Kaymak and Schott［2018］のモデルによれば，法人税率の低下によって，米国の製造業における1950年以降の労働分配率の低下の約40％が説明可能とされる。

（2）　負債比率と税制

　支払利子が法人税の課税所得から控除可能なことにより，負債は，株式と比較して税制上優遇されている。負債政策に係るトレードオフ理論は，企業は，この負債の節税効果と倒産時のコストを比較して，最適な負債政策を決定するとしている。節税効果の規模は，法人税率に比例するので，法人税率が低下すれば，最適な負債比率は低下する。負債圧縮の過程において，企業は負債返済のために，企業貯蓄を増加させる。また，低い負債比率で安定した場合，利子率が不変であれば，支払利子額が減少するので，相応の配当の増額がなければ，企業貯蓄は増加する。

　また，最近では，動的なトレードオフ理論も提案されている（例えば，Admati

et al. [2018]）。この理論においては，法人税率が引上げられたときには，企業は負債比率を引き下げようとするが，引き下げられた場合には，短期間では負債比率は引き下げられない。その理由は，負債比率が引き下げられると，デフォルトの可能性が減るので，債権者は保有する債権の評価が上がる形で得をするけれども，株主は得をすることはないため，（株主の利益に忠実な）経営者が負債比率の引下げを行う十分なインセンティブを有さないためである。もちろん，負債の償還期限が来れば，負債比率は低下していくが，それには時間を要することとなる。このため，法人税率の増加と減少に対し，負債比率は非対称な反応をすることとなる。

　負債政策に関するもう一つの有力な理論は，ペッキングオーダー仮説である。この仮説においては，情報の非対称性から企業が投資する際の資金源には内部留保の活用，負債による調達，株式の新規発行という優先順位があるとする。この理論においては，税制はあまり重要でないが，法人税の平均税率の増減により，税引き後利益が変わり，内部留保の額が変われば，その限りにおいて，企業投資に影響がありうる。

　現実に税制が企業の負債政策にどのような影響を与えるかは，実証研究によることになるが，その際，問題となるのが，ある国の大企業は同一の法人税率に直面することが多いため，異なる法人税率に対し，負債比率はどう変わるかを，クロスセクションで分析することが難しく，法人税率の変更が頻繁でない限りは，時系列による分析も難しいという点である。

　これに対し，Graham [1996] は，企業の利益と損失の法人税上の取扱いが非対称なことから，企業の今後の収益の見通しによって，当該企業に適用される限界税率の期待値が異なることを利用し，各企業の（期待）限界税率をシミュレーションで推計し，限界税率が負債比率に影響を与えるとの結果を得た。また，先行研究では，各国の法人税率とその国の企業の負債比率の関係を見る形の研究が行われてきた。2000年代までの実証研究の結果のメタ分析を行った de Mooij [2011] は，法人税率が1％上昇すると，負債／資産比率が，0.17～0.28％増加すると結論づけている。

　最近の研究では，Faccio and Xu［2015］が，1981〜2009年における OECD 諸国の法人段階と個人段階の両方の税率と各国企業の資本構成の関係を調べ，法人税と配当への個人課税の増税は負債比率を高めるが，利子所得への増税は負債比率を低くするとしている。

　また，Heider and Ljungqvist［2015］は，米国の法人に対する州税の違いに着目し，州税による税率の違いと，各州に本社を置く会社の負債比率の関係を調べた。その推計によれば，法人税率が1％上昇すれば，負債比率は0.4％増加する。さらに，同論文は，法人税率の引上げの場合には負債比率は増加するが，法人税率の引下げの場合には，負債比率はあまり反応しないことを明らかにしている。このような増税・減税に対する負債比率の変化が非対称なのは，上述の動的トレードオフ理論と整合的である。

　以上のように，法人税率の変更は，企業の負債比率の変化を通じ，企業貯蓄に影響を与えうる。

（3）　配当政策と税制

　配当政策と税制の関係については，一般に株主への利益還元の手法として，配当による利益還元が最も税制上不利と考えられるのに，現実には多くの企業が配当の支払いを続けていることが，配当パズルと呼ばれてきた。財政学においては，いわゆる old view と new view が存在し，old view においては，配当は，シグナリングその他の有益な効果を持っており，配当の税制上のコストとの間で，トレードオフの関係にあるとする。このため，配当課税が軽減されれば，配当性向は増加すると考える。これに対し，new view においては，自己株式取得が規制等で難しく，利益還元は配当の支払いで行うしかない状況を想定する。その場合には，配当課税の恒久的な変更は，投資額・配当額に影響を与えないことを示すことができる。さらに，Chetty and Saez［2010］は，企業の経営陣のエージェンシー問題を重視したモデルを提案した。同モデルにおいては，配当課税は経営陣による非効率な内部留保を促し，死荷重を生む一方，法人税は，配当性向に影響を及ぼさず，死荷重も限定的である。

　配当課税と企業貯蓄の関係については，Armenter and Hnatkovska［2017］が，配当課税の変化が米国企業の企業貯蓄を促進したと指摘している。負債政策に係るペッキングオーダー仮説では，情報の内部留保，負債調達，そして株式発行の順で資本調達を行うべきだとする。その場合，内部留保を残す一方，株式発行で資本を調達するのは合理的ではないこととなる。しかし，現実には，内部留保を蓄積しつつ，株式による資本調達を行う企業も多い。この点につき，Armenter and Hnatkovska［2017］は，配当は財務悪化時に無配・減配とすることが可能という利点があるが，他方，支払利子が控除可能な現行の法人税制下では，株式での資本調達は，負債による資本調達よりも税制上不利であるというトレードオフが存在する。このトレードオフの下，株式発行で資本を調達しつつ，同時に現金を保有することは合理的であるとする。従って，配当課税の変更により望ましい現金保有の額も変化する。Armenter and Hnatkovska［2017］は，Poterba［1987］が導入した配当の税制上の有利の指標を用いて，米国において配当の税制上の有利さが増したことを示した。配当課税が軽減されれば，株式による資本調達の有利さが増し，企業は負債圧縮を進めようとする。負債圧縮は，その過程で企業貯蓄の増加につながるため，配当課税軽減が企業貯蓄を促進することになる。

　配当政策への税制の影響の実証研究としては，米国の2003年の配当減税の効果の分析が多くなされている。Chetty and Saez［2005］は，NYSE，AMEXおよびNASDAQの3つの証券取引所の上場企業のデータを含むCRSPデータをCompustatsのデータで補完したデータを用い，配当減税後，多くの企業が配当の支払いを開始し，非金融・非公益法人の配当が20％増加したとする。特に，（非課税でない）機関投資家の大株主または多額の当該企業の株式を保有する独立した取締役がいる企業が最も強い反応を示しており，上記のエージェンシー問題を重視したChetty and Saez［2010］のモデルと整合的とする。

　他方，Yagan［2015］は，1996〜2008年の法人税申告書をランダムにサンプリングしたデータを用い，2003年の配当減税の対象であるC法人と配当課税のないS法人の設備投資と雇用者報酬につき分析を行い，配当減税は，設備投資

と雇用者報酬に影響をほとんど与えていないことを明らかにした，これは，new view と整合的な結果だが，Yagan［2015］は，old view が正しい場合でも，2003年の配当減税が2009年までの一時的な減税のため，効果が限定的だった可能性にも言及している。

（4）　海外子会社の利益送金への影響

　現在では，多国籍企業がタックスヘイブンを利用して，租税回避を図ることが一般化している。Zucman［2014］は，2013年の時点で，米国企業の利益の18％がタックスヘイブンにあり，そのうち，約20％は，本社のある米国に還流するが，残りの約80％の利益は，タックスヘイブンにおいて留保されていたと指摘している。

　Foley et al.［2007］は，米国の多国籍企業が，国外所得を本社に還流させる際にかかる税負担を避けるために，海外において現金を保有していると指摘している。最近のトランプ政権での法人税改正の前まで，米国は，国外所得も含めた全世界所得に課税を行う全世界所得課税を原則としてきたが，国外所得は，国内に送金されるまで課税されず，課税繰延となっていた。これに対し，本社に送金された利益は課税されるが，外国税額控除の対象となる。しかし，課税繰延による金利分のメリットや外国税額控除で二重課税が完全には排除されない可能性等から，本社への即時の送金の方が，税負担が重くなりうる。Foley et al.［2007］は，実証研究により，本社への利益送金に係る税負担が重くなる場合に，米国の多国籍企業による海外における現金保有が増加することを明らかにしている。また，その反応の度合いは，財務上の制約が弱い場合や技術集約度が高い場合に大きくなることも指摘している。これらの実証研究結果から，Foley et al.［2007］は，税制が，米国企業の現金保有増加の一因であるとしている。

　Faulkender et al.［2019］も，米国の多国籍企業の現金保有は，米国内ではなく，海外子会社に集中していると指摘し，海外の法人税率低下，所得移転の容易化等により，現金保有が増加しているとする。特に，無形資産に保有する

会社が所得移転を容易に行える能力を有しており，実際，そうした会社の海外子会社において，最大の現金保有が行われている。米国企業の現金保有につき，より長期的な観点から分析を行った Graham and Leary［2018］も，2000年以降の現金保有の増加は，主に海外からの利益送金に係る税制の影響で説明できるとしている。しかし，トランプ政権の下，米国の法人税制が全世界所得課税から国外所得免税方式に移行したことから，海外からの利益送金への課税の役割はなくなっていくだろうとしている。

　もっとも，海外子会社に蓄積された内部留保は，本社のある国の純貯蓄には含まれない。ただし，全世界所得課税から国外所得免税制度への移行等により，海外からの利益送金が増加したにもかかわらず，その資金が設備投資や配当に回らず，本社の内部留保増加につながる場合には，企業の純貯蓄は，移行前よりは増加することとなる。

（5）　企業投資と税制

　国民経済計算における法人部門の純貸付は，法人部門の純貯蓄と投資（固定資産形成）の差に等しいので，法人税制が企業投資にどのような影響を与えるかも重要である。税制の企業投資への影響は，法人税率のみならず，減価償却制度等も含めた限界税率の変化に依存する。各種の投資減税は，限界税率を引き下げ，企業投資を促進する。他方，法人税率の引下げ時に，投資減税の縮減により財源を確保した場合には，限界税率が増加し，企業投資が抑制されることもありうる。

　また，限界税率の低下により，国内投資が促進され，資本ストックが増加した場合，生産要素間の代替弾力性が1より大きい場合には，労働分配率が低下する。その場合は，労働分配率の低下を通じて，企業貯蓄が増加することになる。

　企業投資への税制の影響についての先行研究は，多く存在しているが，最近の研究としては，Ohrn［2018］が，米国の製造業の国内所得につきその一定の割合の額を課税所得からの控除を認める Domestic Production Activities

Deduction（DPAD）の導入により，国内・国外の所得の比率の異なる企業の間で，実質的に税率が異なってくることを活用して，内国歳入庁のStatistics of Income部門のデータに基づき，税率の投資への影響を分析している。同研究によれば，1％の税率引下げで，固定資本が4.7％増加する。また，一時的な投資減税の効果については，Zwick and Mahon［2017］が，減価償却の一時的割増（bonus depreciation）により，対象となる投資が2001～2004年では10.4％，2008～2010年では16.9％増加したとしている。その際，中小企業は，大企業よりも2倍近く大幅に反応しており，またすぐにキャッシュフローが生じる政策には強く反応するが，将来的にキャッシュフローが生じる政策にはそれほど反応しないことも指摘し，企業の反応の異質性を強調している。

3．各要因の重要性

　上記のような要因が，世界的な企業貯蓄増加の要因として指摘されているが，そのうち，どの要因が重要かについても，いくつかの研究がある。

　例えば，Gruber and Kamin［2015］は，法人部門の純貸付の増加については，世界金融危機の後，企業投資が低下した影響は大きいが，実は，世界金融危機前から企業投資は低調だったと指摘し，長期停滞論の主張する収益性の高い投資機会の欠如との説明と整合的に思えるとしている。また，世界金融危機で不確実性が増したことから予備的動機から企業貯蓄が増えたとの見方に対しては，配当と自社株買入が世界金融危機前よりずっと高水準であることから否定的である。

　他方，Chen et al.［2017］は，世界66か国のSNAデータおよび25か国の企業データを用いた分析において，税，配当，支払利子はあまり変化しておらず，法人貯蓄の増加は，労働分配率の低下による企業利益の増加を主に反映しているとしている。また，海外での利益が，利益全体の1％超を占める企業は，そうでない企業よりも法人貯蓄が増加しているが，税額や配当の付加価値に占める割合が減っているわけではないので，多国籍企業による租税回避が，法人貯蓄の原因にはなっていないとの見方を示している。

　同時に，Chen et al. [2017] は，資本市場の不完全性を織り込んだ一般均衡モデルを構築し，投資財価格低下，法人税率引下げおよび金利の低下の影響をシミュレートしている。投資財の価格低下は，資本を増加させるが，生産要素の代替弾力性を1より大きいと仮定しているので，労働分配率が低下し，その結果，企業貯蓄は増加する。法人税率の引下げも，資本増加を促進し，労働分配率を低下させるが，それ以上に，税引き前利益から差し引かれる法人税額が減るという直接的効果が大きい。同シミュレーションでは，米国の法人税率の低下（48％から25％）がなければ，1980～84年から2009～2013年の間の企業貯蓄の8.1％（モデル上の値。現実は8.5％）は，4.8％の増加に留まっていたと推計している。この一般均衡モデルでは，法人税率引下げは，企業貯蓄増加のかなりの部分を説明していることになる。さらに，金利低下も，資本の増加に資するのみならず，支払利子額の減少を通じ，企業貯蓄の増加に影響を及ぼしている。

　これに対し，Saibene [2019] は，Compustat の米国企業のデータを用いて，企業貯蓄増加につき，①米国企業の負債圧縮が原因とする見方については，大企業の負債比率はあまり変わっていないこと，②不確実性増加等に応じた予備的動機が原因とする見方については，キャッシュフローの不確実性等の高い企業の純貸付はむしろ小さいこと，③市場独占力の高い企業が投資を抑制しているとの見方については，市場独占度を示すハーフィンダール・ハーシュマン指標は企業の純貸出とあまり関係はないこと等を指摘し，これらの見方では説明がつかないとしている。

Ⅲ．日本企業の純貸付増加の要因

1．日本企業の純貯蓄増加の要因

　第Ⅰ節で述べたように，日本企業の投資・貯蓄バランスは，最近では大幅な純貸付の状況が続いている。本節では，マクロデータより，その要因について考える。

　まず，Chen et al.［2017］に従い，国民経済計算のマクロデータで，企業貯蓄増加の要因を考察する。非金融法人の純貯蓄は，次の式で計算できる。

　①　純営業余剰

＋②　受取財産所得

－③　支払利子

－④　支払配当等　（国民経済計算上の「配当＋純法人企業からの引き出し」）

－⑤　海外留保利益　（国民経済計算上の財産所得（支払）中の「海外直接投資に関する再投資収益」[1]）

－⑥　賃貸料

－⑦　法人所得課税　（国民経済計算上の「所得に課される税」）

－⑧　その他の経常的な税　（国民経済計算上の「その他の経常税」）

－⑨　純経常移転等　（国民経済計算上の「その他の社会保険非年金給付（支払）」と「その他の経常移転（支払）」から「帰属社会負担（受取）」と「その他の経常移転（受取）」を差し引いた額）

　1994年度から2018年度までのそれぞれの項目のGDP比（％）を取り，グラフとしたのが，図表3である。図表3においては，上記の計算式の項目の推移を積み立て縦棒グラフ（原則として，純営業余剰と受取財産所得からなる加算項目は正，他の控除項目は負）で示している。非金融法人部門の純貯蓄のGDP比については，図中の折れ線グラフで示している。

　1994年度には，非金融法人部門の純貯蓄は－1.4％であったが，2018年度には，純貯蓄が＋3.9％に転じている。その要因としては，まず，支払利子が，1994年度にはGDP比で6.7％を占めていたが，2018年度には0.6％にまで減少していることが指摘できる。他方，企業から支払われる配当は，1994年度に0.9％にすぎなかったものが，2018年度には4.9％まで増加しているが，支払利子の減少を補うまでには至っていない。他方，純営業余剰は，1994年度には8.5％だったが，2018年度には9.7％に増加している。さらに，法人所得課税は，1994年度の3.0％から2018年度の2.9％に微減となっている。海外留保利益は，2018年度で0.2％にすぎず，企業の純貯蓄への影響はGDP比ではほとんどない。

図表3　非金融法人の純貯蓄の要因

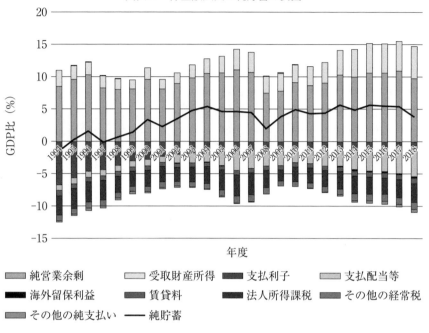

〔出所〕　平成30年度国民経済計算年次推計から筆者が作成

　次に，法人企業調査統計から，非金融法人の付加価値の構成について見たのが，図表4である。ここで営業純益は，営業利益から支払利息等を控除したものである。

　1990年代以降，営業純益は増加傾向にあるように見えるが，その要因は，人件費の低下であり，1990年代以降の労働分配率の低下が重要であることが確認できる。また，支払利息等の占める割合も大幅に縮小している。租税公課の占める割合も若干縮小している。

　2つのグラフより，非金融法人の純貯蓄が，労働分配率の低下に伴う営業利益の増加，支払利子の大幅な減少，法人税額の若干の減少等を主な主因として，増加したことがわかる。

　上述のように，Chen et al.［2017］では，OECD諸国全体において支払利子

図表4　付加価値の構成の推移

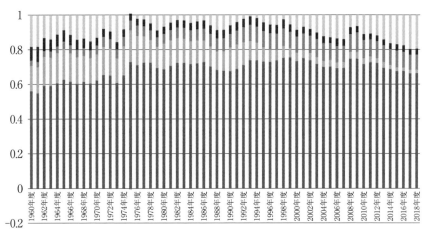

■人件費 ■支払利息等 ■賃借料 ■租税公課 ■営業純益

〔出所〕　法人企業統計より筆者作成

および配当の付加価値に占める割合が比較的安定していたとしている。また，Saibene［2019］は，米国企業につき，資本構成の変化は企業貯蓄にあまり影響を与えていないとしている。支払利子の減少が，企業貯蓄に大きな影響を与えている点は，他の先進国と我が国で異なる点のように思われる。

2．支払利子減少の要因

　支払利子の額は，金利×負債の残高により決まってくるので，その減少は，金利水準の低下および企業の負債比率の低下によって生じる。ここで問題となってくる金利水準としては，新規借入の際の金利水準を示すその時点での市場金利ではなく，法人部門が過去の債務を含め，当該年に支払っている平均的な金利水準の方が適当である。このため，法人企業統計の借入金利子率の推移を示したものが，図表5である。借入金利子率は，支払利息等を，「短期・長期借入金＋社債＋受取手形割引残高（期首・期末平均)」で除して，算出する。

図表5　借入金利子率の推移（%）

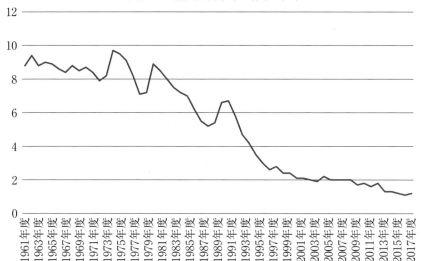

〔出所〕　法人企業統計より筆者作成

　図表5より，金利水準は，過去にはその時点の金融政策の影響で，上下の振れもあったものの，1990年代後半以降，長期にわたる金融緩和もあって，非常に低い水準で安定的に推移しているのがわかる。

　他方，かつては，負債比率の高さで知られていた日本企業だが，バブル崩壊以降，借入金の圧縮を続けてきた。日本企業の「負債／（負債＋純資産）」で見た負債比率の推移を見たのが，図表6である[2]。

　日本企業の負債比率は，1976年度には86.3%と非常に高い水準であったが，その後，低下に転じ，特に1990年代後半のバブル崩壊後は，着実に低下し，2018年度には，58.0%まで低下している。日本企業の負債比率低下の説明としては，バブル期の過剰債務の圧縮（クー［2019］）およびリーマンショック後の不確実性の増大への対応（福田［2017］）等の見方があるが，後述するように，法人税率の引下げの影響にも注目する必要がある。

　ただし，本稿執筆時点の直近の日本企業の資本調達において，低金利を活用

図表6　負債比率の推移（%）

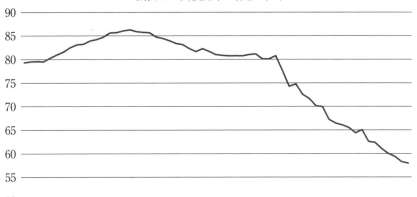

〔出所〕　法人企業統計より筆者作成

した社債での調達が活発化していると報じられており（「資金調達，10年ぶり
高水準　日本企業　今年16兆円　資本効率高める，株式から社債にシフト」
日本経済新聞2019.12.28朝刊），今後の負債政策の動向を注視していく必要が
ある。

3．純貸付の増加の要因

　法人部門の投資・貯蓄バランスを示すのは，法人部門の純貯蓄と，純投資に
当たる純固定資本形成の差である純貸付である。非金融法人企業の純貯蓄，純
固定資本形成および純貸付の推移を示したのが，図表7である。

　純貸付は，1990年代央まではマイナスであり，法人部門が企業投資のための
資金を他部門から調達するという伝統的に想定されてきた状況にあった。しか
し，1997年の我が国の金融危機の後，純貸出は，正の値に転じ，その後は，振
幅はありつつも，正の値を続けている。リーマンショック後の2010年度には，
6.8%に達し，2017年度においても，3.8%であったが，2018年度に1.9%に急

図表７　非金融法人部門の投資・貯蓄バランス

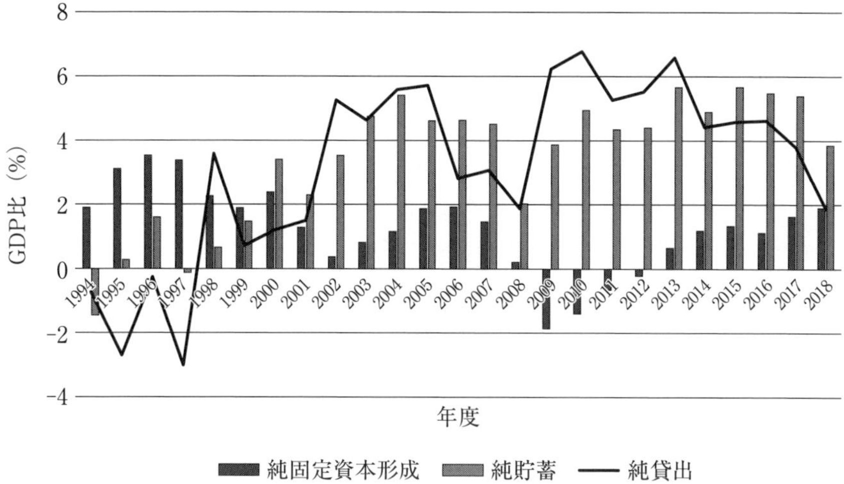

（注）1998年度については，一般会計（一般政府）による日本国有鉄道清算事業団（公的非金融企業）からの債務承継が資本移転（受取）（約24.2兆円）として計上されている。
〔出所〕平成30年度国民経済計算年次推計から筆者作成

落した。純貯蓄は，リーマンショックの時点の2008年度を除き，高水準で推移し，2017年度には，5.4％に達しているが，2018年度には3.9％となっている。

他方，純固定資本形成は，景気循環を反映して，増減を繰り返している。2000年代央には，２％近くまで増加したが，リーマンショック後の2009年度から2012年度にはマイナスに転じた。この後，景気の好転を反映して，正の値に戻り，2018年度には，1.9％に転じている。純固定資本形成については，景気循環に応じて，大きく増減しており，純貸付も，それに応じ，増減している。しかし，企業の純貯蓄については，若干の変動はあるにしても，2000年より前と全く異なる高い水準で安定している。支払金利の減少の要因の一つは，低金利であり，いずれ金融政策が正常化されれば，その影響で支払金利は部分的に圧縮されると予想されるが，企業の負債比率の低下が，構造的な変化であれば，支払金利の総額は，1990年代のように大きくはならない。

Ⅳ．日本企業の企業貯蓄の税制以外の要因に関する先行研究

　日本企業の内部留保と現預金保有の増加は，我が国の研究者の関心を集めており，様々な見方が提示されている。

　企業貯蓄の一因とされる労働分配率の低下については，田中・菊池・上野[2018]が，統計・算出方法を変えてみても，我が国の労働分配率は穏やかな低下傾向にあると指摘している。その要因としては，Autor et al. [2017] の米国に関する指摘と異なり，産業間のシフトではなく，産業内の労働分配率の低下の寄与が大きいとしている。阿部・Diamond [2017] は，日本企業につき内部留保増加と労働分配率低下の傾向が見られるとし，特にメインバンクを有する企業は雇用を維持すると同時に予備的貯蓄を行う一方，メインバンクを有しない企業は雇用とは関係なく過剰に現金を保有する傾向にあることを見出している。これに対し，祝迫[2017]は，我が国の労働分配率の変化は，一時的な循環要因によるもので，長期的な低下傾向はみられないとする。

　日本企業の現預金の保有の増加については，リーマンショック後の不確実性に対応した予備的動機からの現預金保有とする見方（福田[2017]）がある。Khan and Senga [2019] も，企業レベルのデータで，売上高のボラティリティで測定した不確実性と，現金保有比率が正の相関の関係にあり，また負債比率は負の相関関係にあるとし，最近の日本企業の現金保有比率の増加の背景に，売上高のボラティリティが2000年以降に増加し，その後，高止まりしていることがあると指摘している。

　これに対し，現預金の保有が多い企業の市場価値が高くなっていないこと，最近になって不確実性指標が増えた訳ではないこと（日銀展望レポート2018年1月）等の指摘がなされている。むしろ，現預金の増加は，日本企業のガバナンス構造が脆弱であることから，過剰に蓄積されているのではないかとの見方（中村[2017]，1990年代に関しては Kato et al. [2017]）も有力である。

　他方，祝迫［2017］は，日本企業の貯蓄の増加も，①1990年代末から2000年代半ばにかけての負債削減による利払低下，②リーマンショック後の一時的な配当支払いの減少，③2010年代に入ってからの企業利潤の回復によるものとし，一時的な要因を重視している。上記日銀展望レポートも，企業利益が急増したことから，設備投資や人件費の増加につながるにはタイムラグがあり，時間がかかるとの見方を示している。また，最近の企業利益の増加の相当部分が，円安による為替差益を反映したものだが，為替差益の発生が一時的なものだと認識されていれば，企業が恒常的な設備投資や人件費増加にあまり積極的にならないことも合理性がある。

　企業貯蓄や現金保有につき，企業間の異質性が重要であるとの指摘もなされている。祝迫［2017］は，労働分配率や企業貯蓄の増加が大企業を中心とするものであることを指摘している一方，Hosono et al.［2019］は，2000年代後半より日本企業は，平均的に現金保有比率を増やしているが，同時にそのばらつきも拡大していると指摘している。業況の良好なキャッシュフローの流入が多い企業の現金保有が増加している一方，少数の顧客や信用力が低下している顧客を抱えている企業でも，予備的動機から現金保有が増加しており，現金保有が増加した日本企業においても，その理由は同一ではないことを指摘している。

　最近の日本企業の国内での投資の回復が限定的であることについても，様々な見方があるが，最近の日本企業の収益状況が良好なのにもかかわらず，投資回復のスピードが遅いことから，より長期的な要因が背景にあるのではないかとの見方が出てきている。田中［2019］は，成長期待の回復の弱さに加え，不確実性の存在が重要と指摘する。リアルオプションを考慮した設備投資関数（Abel and Eberly［1994］）においては，不確実性が拡大すると，企業投資を実行する際に求められるハードルレートが高くなり，企業投資を抑制する。また，鶴・前田・村田［2019］は，能力増強投資から更新投資へのシフト，国内設備投資から海外直接投資へのシフトについても言及している。後者に関しては，日本企業の内部留保の相当部分は，対外直接投資に関わる分であり，対外直接投資分を除けば，日本企業の企業貯蓄は過剰ではないとの見方につながる

（金田ほか［2018］）。

V．日本企業の貯蓄過剰と税制

　企業貯蓄と税制については，Poterba［1987］以来，研究されており，米国企業の貯蓄過剰についても，上述のように，税制の影響が重要な役割を果たしていることが指摘されている。しかしながら，日本企業の貯蓄や現金保有の増加に，我が国の税制が果たした役割については，上述の先行研究においてはあまり注目されていない。そもそも，我が国においては，コーポレート・ファイナンスと税制の関係に関する研究自体が比較的少ないため，本稿においては，日本企業のコーポレート・ファイナンスと税制に関する既存研究にも言及しながら，日本企業の貯蓄および現金保有に影響を与えている可能性がある税制について概観することとする[3]。

1．法人税率引下げの直接的効果

　我が国の法人税率（基本税率）は，1985年に43.3％となった後，1999年度の30％まで徐々に引き下げられ，さらに2012年度以降，段階的に引下げが行われ，2018年度には，23.2％に引き下げられた。また，法人に課される地方税についても，大法人向け法人事業税所得割の税率が2015・2016年度に引き下げられた。国税・地方税を合わせたいわゆる法人実効税率は，1995年度には50.0％だったが，2018年度には29.74％に低下した。

　企業貯蓄との関連では，法人税率の引下げの最も直接的な効果としては，税引き後利益の増加がある。税引き前利益のGDP比が一定の場合，法人実効税率が50％から29.74％に低下すれば，税引き後利益のGDP比は，1.4倍に増加する。

　ただし，法人税減税時に財源として租税特別措置等が圧縮されることが通例であり，課税ベースが増加していることも考慮する必要がある。さらに，所得から控除の可能な支払利子の減少による課税ベースの拡大が重要と思われる。

　試しに，法人税の課税ベースに近いと思われる「純営業余剰＋受取財産所得－
支払利子－賃貸料」のGDP比を計算してみると，1994年度には，3.5％だっ
たが，支払利子がGDP比で6％程度減少したこともあり，2018年度には
13.3％まで増加している。上述のように，国民経済計算において，法人税率の
低下にもかかわらず，法人課税所得が1994年から2018年の間で微減となってい
るが，法人税率が低下しても，課税ベースが拡大していれば，法人税収が大幅
に変化しないことは不思議ではない。

　また，支払利子の減少には，日本企業の負債政策の変化も重大な影響を及ぼ
していることから，税制の企業貯蓄への影響の分析においては，法人税率引下
げの直接的な影響だけでなく，日本企業の負債政策・配当政策・設備投資政策
等への影響等も十分勘案する必要がある。

２．日本企業の負債政策と税制

　企業の負債政策への税制の影響については，上述のように，負債の節税効果
と負債増加によるデフォルト確率増加の影響を比較する（静学的または動学
的）トレードオフ理論や資金源の優先順位を想定するペッキングオーダー仮説
があるが，実証研究を行うためには，大法人の直面する法定税率が同一である
という問題点がある。日本企業の負債政策の実証分析の中には，「金利×法人
税率」を負債の節税効果を示す変数として分析を行ったものも少なくないが，
恒久的な負債比率の変更による負債の節税効果は，現在および将来の節税効果
（「金利×法人税率」）を現在価値に還元（「1／金利」を乗じる）した値となる
ため，金利は負債の節税効果とは関係なく，問題が多い。

　このため，将来の収益見通しをシミュレーションし，利益と損失の税制上の
非対称な取扱いを利用して，各企業の限界税率を推計するGraham［1996］の
手法が必要となる。Kunieda, Takahata and Yada［2011］は，そうした手法
で，各企業の（期待）限界税率を推計した上，当該企業の負債比率との関係を
調べた。その結果，Kunieda, Takahata and Yada［2011］は，トレードオフ理
論が想定するように，我が国においても，法人税率が低くなると，負債比率が

低下することを明らかにしている。

　我が国の法人税率が段階的に引き下げられてきており，日本企業の負債比率低下の一因になったと考えられる。今後とも，国際的な法人税率引下げ競争の下，日本を含めた各国の法人税率の引下げは続くと考えられ，日本企業の負債比率は，税制面からは低下圧力がかかることとなろう。法人税が日本企業の負債政策にどのような影響を与えるかを分析することは，日本企業の投資・貯蓄バランスの将来を考える上でも，不可欠のものとなる。

3．日本企業の配当政策と税制

　日本企業の配当政策と税制については，國枝・布袋［2008］が，Poterba［1987］の定義する「配当の税制上の有利さ」の指標（上述の最近の Armenter and Hnatkovska［2017］でも用いられている。）を，我が国の1970～2000年度につき推計した。配当の税制上の有利さに税制改革により大きな変化があったことが確認されたが，日本企業の配当政策は，配当の税制上の有利さの変化に反応しなかったことを示した。他の研究としては，青柳［2007］が，日本企業の財務データを用いた分析を行い，資本金別に成熟企業を分析した結果では，設備投資資金は主に内部留保で賄われ，配当はその残余であるとする new view を支持する結論を得ている。

　國枝・布袋［2008］は，当時の日本企業の配当額が株式の額面に連動していることを見出し，配当課税が配当政策に影響を与えない理由として，当時の日本企業の経営者が，株式の額面の一定割合を配当として支払えば，経営者としての責任を果たしているという我が国独自の考え方を持っていたことを指摘している。しかし，2000年代以降，現代ファイナンス理論の基本的考え方も，日本企業の経営者に浸透していると思われることから，2000年代以降，配当の税制上の有利さの変化が，日本企業の配当政策に影響を与えている可能性がある。國枝・布袋［2008］をアップデートし，日本企業の配当政策と税制の関係に変化があるかを確認することが求められる。

4．海外子会社からの利益送金と税制

　米国の研究では，上述のように，米国企業の現金保有増加の要因として，海外子会社からの利益送金に係る税負担を避けるために，海外子会社に現金が蓄積されることが指摘されている。我が国においても，かつては，米国同様に全世界所得課税が行われていたが，2009年度より，海外子会社からの利益送金の95％が免税となり，国外所得免税方式に転換した。この海外子会社からの利益送金の課税方式の転換の影響については，Hasegawa and Kiyota［2017］が，日本企業の海外子会社の中でも潤沢な内部留保を抱えた海外子会社の方が，課税方式の転換に反応し，本社への配当をより増額したことを明らかにしている。また，田近・布袋・柴田［2014］は，配当を受ける日本企業の本社側に着目し，設備投資，負債返済，配当の支払い等のために資金需要が高い企業については，課税方式の転換により，海外子会社からの配当が増加した本社の割合が増加したのに対し，資金需要が低い企業については，そうした影響はなかったとしている。

5．日本企業の設備投資と税制

　安倍政権下では，当初，2013年10月の消費税増税に伴う経済対策の一部として，投資減税が実施された。同減税には，生産性向上設備投資促進税制（生産性の向上につながる設備への投資に対し即時償却又は税額控除ができる制度。平年度税収約3,000億円），中小企業投資促進税制，研究開発税制の拡充，ベンチャー投資促進税制等が含まれる。これらの減税は，投資に係る限界税率を引き下げ，投資を促進するものである。しかし，その後，投資減税よりも法人税率引下げを重視する方向に転換し，投資減税を圧縮し，その財源により法人税率を引き下げる政策が進められた。具体的には，2015年度改正・2016年度改正において，生産性向上設備投資促進税制の縮減（2015年度末）・廃止（2016年度末），減価償却の見直し，研究開発税制の見直し等の投資減税の圧縮が行われ，加えて欠損金繰越控除制度の見直し，受取配当等益金不算入限度制度の見

直し等が行われ，それらを財源として，法人税率が2013年度の25.5％から2018年度の23.2％まで段階的に引き下げることになった。また，地方税においては，法人事業税において，外形標準課税が拡大され，その代わり，大法人向けの法人事業税所得割の税率が，2014年度の7.2％から2018年度の3.6％に引き下げられた。

2015年度税制改正からのこれらの改革は，「成長志向の法人税改革」と称されたが，経済理論的には，成長を促進する税制かは疑問がある。トービンのqを，税制を勘案して修正した tax adjusted q に基づく投資モデルにおいては，限界税率と平均税率（または法定税率）を分けて考えることが重要である。投資を1単位増加したときに，税負担がどれだけ増えるかが限界税率であり，企業投資に影響を与えるのは，この限界税率である[4]。即時償却等の投資減税は，限界税率に直接的に影響を与えるため，投資促進効果が大きいとされる。これに対し，平均税率の引下げは，既存の株主に株価上昇による wind fall の利益（経済全体の観点からは効率性を低下させる）を与える一方，企業投資に限定的な効果を与えるにすぎない。（Tax adjusted q に基づく投資モデルについては，國枝［2014a］を参照されたい。）企業が流動性制約下にある場合には，内部留保が投資の制約緩和に役立つため，平均税率（法定税率）を引き下げ，税引き後利益を増加させることは投資促進に役立つが，現在の我が国では，異次元の緩和により銀行からの融資を受けることが容易になっており，この効果は小さいと思われる。従って，企業の過剰貯蓄を回避するためには，限られた財源の下では，平均税率引下げではなく，積極的に投資減税を行い，限界税率の引下げを図ることが望ましい。現実には，上述のように，全く反対の投資減税を圧縮して，法人税率の引下げが「成長志向の法人税改革」として行われたが，そうした政策は，理論的には，むしろ投資を抑制し，内部留保を増加させるものである。

ただし，投資減税の多用は，Auerbach［1996］の批判のように，資本の産業間の歪みを大きくしてしまう懸念があり，また高い法人税率には海外から我が国への直接投資の阻害やタックスヘイブン等を利用した租税回避の促進とい

う問題があり，長期的には，法人税率の引下げが望ましい。従って，デフレ脱
却までは，積極的な投資減税で投資促進を図り，脱却後は投資減税を圧縮し，
その財源で法人税率を引き下げることが望ましいと考えられる[5]。

　上述のように，我が国の企業投資が業績改善にもかかわらず大幅な拡大を見
せないことについては，現在，不確実性の増加等に原因を求める研究がなされ
ているが，税制に焦点を絞った分析は見当たらず，今後，我が国の法人税改革
の効果も含めた本格的な分析が求められる。

　以上見てきたように，我が国においても，海外でのいくつかの先行研究で指
摘されているように，税制が，税引き後利益，配当政策，負債政策，設備投資
等に影響を与え，その結果，法人部門の純貸付の増加に寄与した可能性があ
る。しかしながら，これまでの日本企業の内部留保や現金保有の増加の既存の
研究においては，税制の影響は注目されてこなかった。税制が日本企業の内部
留保および現金保有の増加にどのような影響を与えているかにつき，新たな研
究が強く求められる。

Ⅵ．政策的対応の可能性

1．税制以外の政策的対応の可能性

　仮に日本企業の貯蓄や現金保有が過剰だとすれば，是正するための政策的対
応も考えられる。

　どのような政策が望ましいかは，過剰な貯蓄や現金保有の理由による。産業
の独占・寡占化が原因だとすれば，直接的には，競争政策の強化が必要であ
る。我が国においても，公正取引委員会等が，IT関連産業における独占・寡
占に対する競争政策の観点からの対策を講じ始めている。コーポレート・ガバ
ナンスが弱いことが原因であれば，コーポレート・ガバナンスの強化が直接的
な政策となる。金融庁等がコーポレート・ガバナンスの強化を推進している
が，さらなる強化が求められる。不確実性の拡大が問題であれば，政策的に不

確実性を小さくするための方策が検討されるべきであろう。

2．税制による対応

　それらの政策的対応では不十分な場合には，税制による対応も検討の対象となる。税制が，日本企業の貯蓄増加や現金保有増加の原因であれば，その是正も検討されるべきであろう。安倍政権の2017・2018年度の税制改正は，法人税率の引下げにより直接的に税引き後利益を増加させる一方，投資減税の縮小は企業投資を抑制するものであり，日本企業の貯蓄超過を促進しかねない。日本企業の内部留保増加を懸念するのであれば，企業投資の回復までは，積極的な投資減税を継続し，企業投資の回復後に投資減税の圧縮と法人税率の引下げを図るべきであった。

　GAFA等の世界的なIT関連産業における独占・寡占については，税制においても問題とされている。利益を海外に移転することが容易な無形資産を重要な資産とするIT企業は，巨額の利益をあげながらも，タックスヘイブン等に利益を移転することで，非常に低い税負担で済ましている。こうした事態に対処するのは，一国の税務当局では無理で，本書の他の章で詳しく説明されているように，現在，OECDを中心に望ましい課税のあり方について検討が行われている。世界的なIT関連産業に対し適正な課税がなされるようになれば，世界的な企業貯蓄や現金保有の増加が抑制される可能性がある。

　他方，海外子会社の利益送金については，2009年度の国外所得免税制度への移行によって，海外子会社での資金滞留等は避けられるようになったので，既に対応済みである。

3．我が国における内部留保課税導入の是非

（1）米国・韓国の内部留保課税

　税制による対応で，一番直接的なのは，内部留保課税である。その背景には，日本企業が過剰な内部留保を維持しているのであれば，内部留保残高に直接，課税を行い，企業が内部留保を減少するインセンティブを与えればよいと

の考え方がある。我が国においても内部留保課税の導入の提案がしばしばなされ，論者の中にも積極的な評価を与える者（諸富［2017］）もおり，政治的には，希望の党の公約とされたこともある。ただし，内部留保に課税するといっても，直接，バランスシート上の内部留保のストックに課税する方法は国際的には例がなく，数少ない実例の米国の1936〜37年度の留保利潤税（undistributed profits tax）および韓国が2015年度に導入した留保金課税制度（企業所得還流税制，2018年度からは投資・共生協力促進制度）においては，企業利益のうち，配当等に回らなかった部分（フロー）に対し，課税を行う方法が用いられている[6]。

　米国の内部留保課税においては，留保純所得に対し，累進課税がなされた。留保純所得の調整純所得に占める比率の最初の10％に7％，次の10％に12％，次の20〜40％に17％，次の40〜60％に22％，それ以上に27％の税率が課税された。すなわち，税引き後利益のうち，内部留保される割合が高くなれば，段階的に高い限界税率が課されるようになっていた。50,000ドル未満の所得の企業には，税額控除が適用される。

　米国の留保利潤税の影響についての代表的な分析は，Calomiris and Hubbard［1995］である。留保利潤税は，内部留保を配当として支払ってしまえば回避できる。確かに，留保利潤税導入で配当支払いは増加したものの，現実には，22％または27％の限界税率を支払った企業も少なくない。これらの企業は，何らかの資金需要が実際にあって，内部留保を続けたと考えられる。その場合，内部留保を全額配当で支払ってしまい，資金需要には，外部から資金調達をして，対応することも考えられるが，現実には，外部資金の調達には，情報の非対称性等から追加的なコストがかかる。従って，内部留保を続けている企業にとっては，その追加的コストが，留保利潤税の限界税率を上回れば，留保利潤税を支払っても，内部留保を維持した方が合理的ということになる。留保利潤税は，累進課税なので，各企業は，内部留保の割合に応じ，異なる限界税率に直面することになる。このため，同税導入後に内部留保を続ける企業にとっての外部資金の追加的コストは，当該企業の限界税率に等しいことにな

る。

　Calomiris and Hubbard［1995］のデータ中の製造業の上場企業の4分の1
は，22％か27％の限界税率であった。設備投資のキャッシュフローの変化への
反応は，そうした企業の場合に高かった。高い限界税率を課されるほど内部留
保を多く抱えた企業による投資がキャッシュフロー制約に左右されることは，
何らかの理由で外部資金調達の追加的コストが高い企業が，投資のための内部
資金として，内部留保を行っていることを意味する。また，高い限界税率を支
払っていた内部留保の多い企業は，成長産業に多く属していたことも指摘され
ている。Calomiris and Hubbard［1995］は，この結果を，企業の多額の内部
留保がコーポレート・ガバナンスの弱い企業が経営者の私的利益追求のために
行われるという見方よりも，設備投資のような資金需要を期待できる企業が内
部留保を蓄積しているという見方を支持するものであると解釈している。

　韓国の2015年度に導入された企業所得還流制度においては，2つの課税方式
が選択でき，第1の課税方式では，当該年度の調整課税所得の8割から投資，
賃金増加および配当金等を引いた額の11％が課税額となる[7]。第2の課税方式
では，当該年度の調整課税所得の3割から賃金増加および配当金等を引いた額
の11％である。この企業資金還流制度は，2018年から2020年の投資・共生協力
促進制度に移行した。主な変更点は，（地方分も含む）税率が，11％から22％
に引き上げられたこと，土地に対する投資や配当が課税標準から控除されなく
なったことである。

　韓国の企業資金還流制度については，配当の増加につながる一方，投資や賃
金は増えなかったとの指摘があるが，2018年からの投資・共生協力促進制度で
は，配当は課税対象に含まれることとなった。韓国での留保金課税制度の歴史
は短いため，学術的な実証分析は限られるが，今後の研究が期待される。

（2）　我が国における内部留保課税導入の是非

　我が国における内部留保課税の導入については，どのように考えるべきであ
ろうか？我が国でよく聞かれる批判は，法人税を課税した後の内部留保（ある

いはフロー課税の場合には，税引き後利益）に課税することから，二重課税となり，問題であるとの批判である。しかし，現代の租税理論においては，スティグリッツの財政学の教科書で強調されているように，何回課税しているかは，問題ではなく，二重課税だから導入すべきでないとの批判は当たらない。

　内部留保のストックに課税することは国際的にも実施されたことはなく，法人税引き後の利益のうち，配当に回る分を除く留保利益に課税をするフローへの課税が現実的な選択肢となろう。しかし，一般的な減価償却方式で計算された利益に対し課税することが，企業の設備投資の限界税率を引き上げ，投資を抑制することも懸念される。従って，課税ベースから企業投資分を控除することが考えられる。これは，一種の即時償却である。こうした課税方法は，韓国の当初の留保金課税である企業利益還流制度に似たものとなるが，同制度では，賃金増加分も控除対象となっている。内部留保からの賃金増加を促進するために，内部留保課税を行うというのは，我が国でも人気のある議論だが，賃金増加を法人税制の枠組みの中で行うとすることには問題も多い。國枝［2014a］が指摘したように，賃金が労働の限界生産物に等しく設定されている状況では，企業投資による労働生産性の引上げが，本来の望ましい政策である。それが難しい場合も，賃金増加を促すのに本来，ふさわしいのは，賃金に対する課税の軽減である。

　従って，内部留保課税としては，法人税引き後の利益から配当額および投資額を控除した額を課税標準として，課税を行うことが考えられよう。資金制約の厳しい中小企業については，米国の留保利潤税のように，税額控除が設定されるべきであろう。こうした税は，法人税に上乗せして課税されることになる。法人税の直接の上乗せの課税の直近の例としては，復興特別法人税がある。復興特別法人税は，2012年に東日本大震災の復興財源確保のために，3年間の時限措置として，法人税額の10％が法人税に上乗せされる形で導入されたが，実際には，安倍政権により1年間前倒しで廃止された。

　この留保金課税が企業投資を抑制する結果になっては，法人部門の貯蓄・投資バランスを改善するという目的からは意味がない。従って，同留保金課税の

導入により確保された財源は，法人税の投資減税の拡大のために用いられることが望ましい。過剰な企業貯蓄を抑制する一方，投資の強力な促進を図ることによって，法人部門の貯蓄・投資バランスの有効な改善が可能となる。上述のように，我が国においては，企業貯蓄を促す投資減税の圧縮を財源とした法人税率引下げが行われたが，この留保金課税は，その動きを逆転させることになる。

4. 2020年度税制改正での対応と評価

　日本企業の内部留保の活用については，2020年度の税制改正作業においても問題となった。特に，自民党税制調査会に新たに就任した甘利会長は，当初より内部留保を活用したM＆Aの金額の一定割合を税額控除とする意向を示していた（日本経済新聞2019年9月30日朝刊インタビュー）。結局，2020年度税制改正の最終案においては，2020年から2年間の予定で，大企業が設立10年未満で非上場のベンチャー企業に1億円以上出資した場合に，その取得価額の25%を所得控除できることとされた。ベンチャー企業は，産業競争力強化法の新規事業開拓者のうち，経済産業大臣が一定の要件を充たしたことを証明した法人で，内国法人のみならず，類似の外国法人も対象となる。外国法人の場合は取得価額は1億円ではなく，5億円となり，逆に中小企業による出資の場合には，出資の最低額は1,000万円となる。ただし，対象となる取得価額には上限も設けるとされている。また，5年以内に当該株式を売却した場合は対象とならない。

　この措置が，法人部門の過剰な貯蓄に与える影響はどうであろうか？今回の優遇税制は，設備投資等に対する優遇ではなく，出資という資本取引に対する優遇税制の形を取る。出資の場合，既に存在しているベンチャー企業の単純な買収であれば，単なる所有権の移転にすぎない。資金制約に直面していた内国法人であるベンチャー企業が，大企業の出資により新たな事業を開始する場合に対象を限定しなければ，意味がない[8]。さらに，海外のベンチャー企業への出資の場合には，国内投資の増加には直接つながらず，日本企業の内部留保に

よる対外投資を促進するだけになる。我が国の産業への波及効果が必ずしも明確でない海外のベンチャー企業への出資までも含め，出資につき取得価額の25％の控除という異例の優遇措置を導入する必要があったかは，大いに疑問である。

Ⅶ．結　語

　本稿においては，日本企業の貯蓄および現金保有の増加における税制の役割について論じた。法人部門の貯蓄増加と現金保有は，他の先進国にも見られる現象で，その要因についても活発に議論が行われている[9]。本稿では，そうした議論を紹介した中で，税制も要因として重視されていることを説明した。法人税率の引下げにより，税引き後の利益が増加したという直接的な影響のみならず，内部留保増加の背景にある労働分配率，配当政策，負債政策，海外子会社からの利益送金等にも，税制が影響を与えている可能性が，多くの研究で指摘されている。

　我が国においても，日本企業の貯蓄や現金保有の増加は，研究者の関心を集め，様々な研究が行われつつあるが，税制が果たした役割についての本格的な研究は進んでいない。本稿においては，海外での分析と同様に，我が国においても，法人税率引下げの直接的な影響に加え，配当政策，負債政策，企業投資等を通じ，税制が日本企業の貯蓄や現金保有の増加をもたらした可能性があることを指摘した。（海外子会社からの利益送金を通じた影響は，2009年度の税制改正により重要ではなくなったと思われる。）

　マクロデータにおいては，日本企業の純貯蓄増加の最も大きな要因は，支払利子額の減少である。その背景には，借入金利の低下があるが，負債比率の低下も重要である。2000年代前半の負債比率の低下は，バブル期の過剰債務の圧縮の側面があるが，法人税率の低下も影響があった可能性がある。配当性向が過去に較べれば，増加しているが，法人税率引下げによる税引き後の利益増加や支払利子の減少を相殺するほどは増加していない。過去の筆者らの研究で

は，1990年代までの日本企業の配当政策は，税制に影響を受けていなかったが，現在では変わっている可能性がある。また，企業の投資促進のために，様々な税制改正が行われてきたが，これらが投資に与えた影響についても考慮する必要がある。

　日本企業の貯蓄や現金保有がもし過剰だとすれば，政策的にその是正を図ることも考えられる。過剰な貯蓄や現金保有の要因が明らかになれば，その要因を排除していくことがまずは必要になる。例えば，コーポレート・ガバナンスの弱いことが，経営者の私的利益追求のための内部留保や現金保有につながっているならば，コーポレート・ガバナンスの強化を図ることが効果的な政策となる。

　そうした政策では不十分な場合には，税制による対応も考慮の対象となってくる。安倍政権の下では，投資減税の圧縮を財源に，法人税率の引下げが行われたが，そうした政策では企業の純貸付を増加させてしまう。むしろ，投資回復までは，その逆の政策が望ましい。また，IT企業による世界的な独占・寡占に対しては，デジタル課税の強化が望ましい。

　よく議論される内部留保課税については，内部留保のストックに課税するのは難しく，フローへの課税の可能性が問題となる。具体的には，法人税の税引き後利益から投資額および配当額を控除した額を課税標準とした留保金課税が考えられる。そうした留保金課税で得た財源を用いて，積極的な投資減税を行うのであれば，企業の貯蓄・投資バランスの是正に貢献することになる。内部留保の活用を目的とした税制としては，2020年税制改正で国内外のベンチャー企業への投資の税制上の優遇が決まったが，問題が多い。

　税制が日本企業の過剰な内部留保・現金保有に一定の役割を果たしている可能性があり，またその是正策として，税制の活用が提案され，2020年度税制改正でもそうした政策が採用されているのにもかかわらず，我が国においては，日本企業の過剰な内部留保・現金保有に税制が果たしてきた役割についての本格的分析はなされてこなかった。日本企業の内部留保・現金保有行動を理解するためにも，また，適切な政策的対応を行うためにも，税制の影響についての

本格的な研究が不可欠である。筆者は，過去より日本企業の配当政策や負債政策等の財務政策に対する税制の影響について研究を行ってきたところであり，今後，日本企業の内部留保増加および現金保有の増加と税制の関係についての本格的な分析を精力的に進めてまいりたい。

［注］

1 ）　国民経済計算上，「海外直接投資に関する再投資収益」とは，海外直接投資の投資先である現地企業の内部留保を指す。こうした内部留保分は，国民経済計算上は，一旦，直接，投資を行った国内企業に 財産所得として分配され，同額が海外直接投資企業 に対して再投資されたかのように取り扱うこととされている。

2 ）　負債比率は，我が国における財務比率の指標では，「負債／自己資本　比率」（D/E）を呼ぶことが多いが，ここでは，コーポレート・ファイナンスでは一般的に使われる「負債／総資産」の比率を見ているので留意されたい。

3 ）　コーポレート・ファイナンスと税制全般については，國枝 ［2003］ を参照されたい。

4 ）　不確実性下の不可逆的な投資の場合には，リアルオプション理論が示すように，平均税率の引下げも，企業投資に影響を与えうる（Abel and Eberly ［1994］）。

5 ）　なお，理論的には限界税率引下げが求められるにもかかわらず，経営者が平均税率引下げを求める理由については，私的利益を追求する経営者にとっては，内部留保が増加する平均税率引下げの方が望ましいからとする説明に加え，経営者（特に会計や税務等に関する教育が不足している経営者）が，限界税率と平均税率の区別を理解していないからとする Graham et al. ［2017］ の注目すべき指摘がある。

6 ）　米国の留保利潤税の導入の背景については，諸富 ［2005］ を参照されたい。

7 ）　以下の韓国の留保金課税の概要の説明は，EY 税理士法人 ［2018］ による。

8 ）　税制改正大綱によれば，ベンチャー企業側の資本金の増加に伴う株式取得が対象とされるので，ベンチャー企業の増資は行われることになる。

9 ）　ただし，我が国の場合，2018年度には，法人部門の純貸付が減少し，家計部門より純貸付が小さくなるなど，最近のトレンドと異なる動きもあり，どこまでが構造的な変化かにつき，今後のデータの動きを注視していく必要がある。

［参考文献］

青柳龍司 ［2007］「配当課税と New View の検証」，『証券経済研究』，第58号，2007年 6 月。

阿部正浩・Jess Diamond ［2017］「労働分配率の低下と企業財務」，『経済分析』第195号，9-33頁。

EY 税理士法人 ［2018］「韓国，2018年税制改正法を成立」，Japan Tax Alert, 2018

年1月15日。

祝迫得夫［2017］「日本の企業貯蓄とISバランス」,『経済研究』第68巻第3号, 209-221頁。

金田規靖・佐藤嘉子・藤原裕行・鈴木純一［2018］「資金循環統計からみた最近のわが国の資金フロー――家計, 事業法人を中心に――」, BOJ Reports & Research Papers。

クー・リチャード［2019］『追われる国の経済学：ポスト。グローバニズムの処方箋』, 東洋経済新報社。

國枝繁樹［2003］「コーポレート・ファイナンスと税制」,『ファイナンシャル・レビュー』, 第65号, 108-125頁。

國枝繁樹［2014a］「法人税改革の論点」,『租税研究』, 2014年9月号, 73-89頁。

國枝繁樹［2014b］「法人税改革のあり方」,『租税研究』, 2014年10月号, 152-177頁。

國枝繁樹・布袋正樹［2008］「日本企業の配当政策と税制」,『財政研究』, 第4巻, 165-183頁。

田近栄治・布袋正樹・柴田啓子［2014］「税制と海外子会社の利益送金―本社資金需要からみた「2009年度改正」の分析―」,『経済分析』, 第188号, 68-92頁。

田中賢治［2019］,「堅調な企業収益と低調な設備投資のパズル」,『経済分析』, 第200号, 63-100頁。

田中吾朗・菊池康之・上野有子［2018］「近年の労働分配率低下の要因分析」, 経済財政分析ディスカッション・ペーパー18-3, 内閣府政策統括官（経済財政分析担当）。

鶴光太郎・前田佐恵子・村田啓子［2019］『日本経済のマクロ分析　低温経済のパズルを解く』, 日本経済新聞出版社。

中村純一［2017］「日本企業の資金余剰とキャッシュフロー使途―法人企業統計調査票データに基づく規模別分析」,『フィナンシャル・レビュー』第312号, 27-55頁。

福田慎一［2017］「企業の資金余剰と現預金の保有行動」,『フィナンシャル・レビュー』第312号, 3-26頁。

諸富徹［2005］「政策課税としての法人課税―ニューディール期「留保利潤税」の思想と現実を中心に―」,『税に関する論文入選論文集』, 納税協会, 29-51頁。

諸富徹［2017］「内部留保課税の是非　経済成長に有効な場合も」, 経済教室, 日本経済新聞, 2017年11月22日朝刊。

Abel, A., and J. Eberly［1994］"A Unified Model of Investment under Uncertainty," *American Economic Review*, Vol.84, pp.1369-1384.

Admati, a., P. demerzo, M. Helling and P. Pfleiderer [2018] "The Leverage Ratchet Effect," *Journal of Finance*, Vol. 73, Vol.1, pp. 145-198.

Armenter, R., and V. Hnatkovska [2017] "Taxes and Capital Structure: Understanding Firms' Savings," *Journal of Monetary Economics*, Vol.87, pp.13-33.

Auerbach, A, [1996] "Tax Reform, Capital Allocation, Efficiency, and Growth," H. Aaron and W. Gale eds., *Economic Effects of Fundamental Tax Reform*, Brooking Institution.

Autor, D., L. Katz, D. Dorn, C. Patterson and J. V. Reenen [2017] "The Fall of the Labor Share and the Rise of Superstar Firms," NBER Working Paper No. 23396.

Baker, S., N. Bloom, and S. Davis [2016] "Measuring Economic Policy Uncertainty," *Quarterly Journal of Economics*, Vol.131, No. 4, pp.1593-1636.

Bernanke, B., [2005] "The Global Saving Glut and the U.S. Current Account Deficit," Remarks at the Sandridge Lecture, Virginia Association of Economists, Richmond, Virginia (March 10, 2005).

Calomiris, C., and G. Hubbard [1995] "Internal Finance and Investment: Evidence from the Undistributed Profits Tax of 1936-37," *Journal of Business*, Vol.68, No. 4, pp.443-482.

Chen, P., L. Karabarbounis, and B. Neiman [2017] "The Global Rise of Corporate Saving," *Journal of Monetary Economics*, Vol.89, p.1-19.

Chetty, R., and E. Saez [2005] "Dividend Taxes and Corporate Behavior; Evidence from the 2003 Dividend Tax Cut," *Quarterly Journal of Economics*, Vol.120, No. 3, pp.791-833.

Chetty, R., and E. Saez [2010] "Dividend and Corporate Taxation in an Agency Model of the Firm," *American Economic Journal: Economic Policy*, Vol.2, No.3, pp.1-31.

de Mooij, R.A. [2011] "The Tax Elasticity of Corporate Debt: A Synthesis of Size and Variations," IMF Working Paper WP/11/95.

Dittmar, A., J. Mahrt-Smith, and H. Servaes [2003] "International Corporate Governance and Corporate Cash Holdings," *Journal of Financial and Quantitative Analysis*, Vol.38, No.1, pp.111-133.

Eggertsson, G., N. Mehrotra, and J. Robbins [2019] "A Model of Secular Stagnation: Theory and Quantitative Evaluation," *American Economic Journal: Macroeco-*

nomics, Vol.11, No.1, pp.1-48.

Faccio, M., and Jin Xu [2015] "Taxes and Capital Structure," *Journal if Financial and Quantitative Analysis*," Vol.50, No. 3, pp.277-300.

Falto, A., D. Kadyrzhanova, and J. Sim [2013] "Rising Intangible Capital, Shrinking Debt Capacity, and the US Corporate Savings Glut," Finance and Economic Discussion Series 2013-67, Division of Research & Statistics and Monetary Affairs, Federal Reserve Board, Washington D.C.

Faulkender, M., K. Hankins, and M. Petersen [2019] "Understanding the Rise in Corporate Cash: Precautionary Savings or Foreign Taxes," *The Review of Financial Studies*, vol.32, No.9, pp.3299-3334.

Foley, C., J. Hartzell, S. Titman and G. Twite [2007] "Why do Firms hold so much Cash? A Tax-based Explanation," *Journal of Financial Economics*, Vol. 86, pp. 579-607.

Graham, J. [1996] "Debt and the Marginal Tax Rate," *Journal of Financial Economics*, Vol.41, pp.41-73.

Graham, J., M. Hanlon, T. Shevlin, and N. Shroff [2017] "Tax Rates and Corporate Decision-making," *The Review of Fiscal Studies*, Vol.30, No. 9, pp.3128-3175.

Graham, J., and M. Leary [2018] "The Evolution of Corporate Cash," *Journal of Applied Corporate Finance*, Vol.30, No. 4, pp.36-60.

Gruber, J. and S. Kamin [2015] "The Corporate Saving Glut in the Aftermath of the Global Financial Crisis," International Finance Discussion Papers No. 1150, Board of Governors of the Federal Reserve System.

Gruton, G., Y. Larkin, and R. Michaely [2019] "Are US Industries Becoming More Concentrated?" *Review of Finance*, Vol.23, No.4, pp.697-743.

Gutiérrez, G., and T. Philippon [2017] "Investmentless Growth: An Empirical Investigation," *Brookings Papers on Economic Activity*, Fall, pp.89-169.

Gutiérrez, G., and T. Philippon. [2018] "Ownership, Concentration, and Investment." *AEA Papers and Proceedings*, Vol.108, pp.432-37.

Hasegawa, M., and Kiyota, K. [2017] "The Effect of Moving to a Territorial Tax System on Profit Repatriation: Evidence from Japan," *Journal of Public Economics*, Vol.153, pp.92-110.

Heider, F., and A. Ljungqvist [2015] "As Certain as Debt and Taxes: Estimating the Tax Sensitivity of Leverage from State Tax Changes," *Journal of Financial*

Economics, Vol.118, pp.684-712.

Hosono, K., D. Miyagawa, and M. Takizawa [2019] "Cash Holdings: Evidence from Firm-level Big Data in Japan," *Economic Analysis (Keizai Bunseki)*, Vol.200, p.135-163.

IMF [2006] "Awash with Cash: Why are Corporate Savings So High?" IMF World Outlook, April 2006.

Jensen, M. [1986] "Agency Cost of Free Cash Flow, Corporate Finance, and Takeovers," *American Economic Review*, Vol.76, pp.323-329.

Kahn, A. and T. Senga [2019] "Firm-level Uncertainty and Cash Holding: Theory and Firm-level Empirical Evidence," *Economic Analysis (Keizai Bunseki)*, Vol.200, p.164-185.

Kato, K., M. Li and D. Skinner [2017] "Is Japan Really a Buy"? The Corporate Governance, Cash Holdings and Economic Performance of Japanese Companies, *Journal of Business Finance & Accounting*, Vol.44, No.3/4, pp.480-523.

Kaymak, B., and I. Schott [2018] "Corporate Tax Cuts and the Decline of the Manufacturing Labor Share," presented at 2018 Meeting of Society for Economic Dynamics.

Kunieda, S., J. Takahata and H. Yada [2011] "Japanese Firms' Debt Policy and Taxes," Discussion Paper No.2011-11, Graduate School of Economics, Hitotsubashi University.

Ohrn, E. [2018] "The Effects of Corporate Taxation on Investment and Financial Policy: Evidence from the DPDA," *American Economic Journal: Economic Policy*, Vol.10, No.2, pp.272-301.

Poterba, J. [1987] "Tax Policy and Corporate Saving," *Brookings Papers on Economic Activity*, No.2, pp.455-503.

Saibene, G. [2019] "The Corporate Saving Glut," *Journal of Macroeconomics*, Vol.62, December 2019.

Summers, L. [2013] "Why Stagnation Might Prove to be the New Normal." *Financial Times*, December 15, 2013.

Yagan, D. [2015] "Capital Tax Reform and the Real Economy: The Effects of the 2003 Dividend Tax Cut," *American Economic Review*, Vol.105, No. 12, pp.3531-3563.

Zucman, G. [2014] "Taxing across Borders: Tracking Personal Wealth and Corporate Profits," *Journal of Economic Perspectives*, Vol8, No. 4, pp.121-148.

Zwick, E., and J. Mahon [2017] "Tax Policy and Heterogeneous Investment Behavior," *American Economic Review*, Vol.107, No. 1, pp.217-248.

第4章　中小企業税制が租税回避行動と企業成長に及ぼす影響*

布　袋　正　樹

細　野　　　薫

宮　川　大　介

Ⅰ．はじめに

　中小企業税制（中小企業向け優遇税制）は，中小企業政策を実施するための一手段として国際的に活用されており，主に軽減税率，特別な費用控除，特別な税額控除，納税義務の免除から構成される。OECD［2015］によると，OECD もしくは G20に含まれる38カ国のうち，多くの国で法人税の軽減税率（14カ国），減価償却費の特別控除（15カ国），投資税額控除（9カ国），研究開発税額控除（10カ国）が中小企業を対象とした優遇税制として導入されている（軽減税率は2014年時点，その他は2015年時点の国数）。また Harju et al.［2019］によると，2014年時点で，OECD 加盟34カ国のうち29カ国で付加価値税の納税を免除する措置が小規模企業向けに導入されている。

　こうした中小企業税制はどのような根拠に基づいて導入されているのだろうか。一般的に，「市場の失敗」と「税制に起因する構造的な不利益」が，中小企業を税制上優遇する根拠とされる（OECD［2015］）。この市場の失敗としては，まず，中小企業の活動がもたらす外部経済が挙げられるだろう。例えば，中小企業のイノベーション活動や人材育成はスピルオーバー効果をもっており，私的便益以上の社会的便益を生み出す。こうした活動は経営者の私的誘因だけで社会的な最適水準を実現することができないことから，優遇税制によって誘因付けを行うことが必要とされる。また，中小企業が直面する情報の非対

称性も考慮すべき市場の失敗といえる。例えば，中小企業の中にはまだ実績が乏しく経営者の資質や生産性に関する情報が投資家に知られていないため，外部資金調達が困難な企業も存在する。このような企業は少しでも内部資金を確保することが重要であり，その手段の1つとして優遇税制が必要とされる。

　税制に起因する構造的な不利益として最も重要なものは，法令遵守費用の逆進性である。税金の法令遵守費用とは，経済活動を記録した上で申告書類を提出し納税を行うという一連の作業に伴う費用のことであり，こうした法令遵守費用が大きな固定費として存在する場合には，規模が小さい企業ほど相対的な費用負担が重くなる傾向がある。

　また，規模が小さい企業は正味現在価値（NPV）がプラスでも損失を被る可能性が高い投資プロジェクトを実施する傾向がある点も重要である。多くの国において，法人税制は利益と欠損を非対称に扱い，利益には課税するが欠損には補助（マイナスの課税）を行わない（ただし，欠損金は一定の制限のもとで利益が出る年まで繰り越して課税所得から控除することができ，将来の法人税を軽減する）。こうした制度は企業のリスクテイクの誘因を弱める効果を持つが，損失を被る可能性が高い投資プロジェクトを実施する傾向がある中小企業は特にリスクテイクの誘因が抑制されやすい。これらの不利益を緩和する目的で中小企業向けの優遇税制は必要とされる。

　しかし，法令遵守費用を除き，こうした議論から，優遇税制の対象を中小企業に限定し，かつ全ての中小企業にこの優遇税制を適用する根拠を導くことは難しい（Bergner et al.［2017］；Crawford and Freedman［2010］）。第1に，企業規模とイノベーション活動（研究開発投資，生産工程の革新，新製品サービスの開発）の間には複雑な関係があり，中小企業が革新的な場合もあれば，大企業が革新的な場合もある。したがって，イノベーション活動を促進するという観点からは，中小企業だけに優遇税制を限定することは望ましくない。第2に，外部資金制約については，中小企業全般というよりは，中小企業の中でも，革新的で平均を上回る成長を実現しているなどの理由から高い資金需要を有するにも拘わらず，社齢が若いために実態を反映した企業評価を受けられて

いない一部の企業に当てはまるものだろう。また，損失を被る可能性が高いという性質は，中小企業の中でも，スタートアップ企業や若くてハイリスクなベンチャー企業に当てはまる。したがって，外部資金制約緩和とリスクテイク促進の観点からは中小企業全般へ機械的に優遇税制を適用することは望ましくない。

　関連する議論として，近年このような中小企業税制が企業の租税回避行動を誘発するというパターンがいくつかの研究で報告されている。例えば，課税所得が閾値以下の企業に適用される法人税の軽減税率が存在することで，多くの企業が課税所得を操作する結果，閾値直下の区分に課税所得の分布が集中する現象が観測されている（Devereux et al.［2014］はイギリスの事例を分析）。同様に，売上高が閾値以下の企業に対して付加価値税の納税を免除する措置（免税点制度）が存在することで，多くの企業が優遇措置を利用するために売上高を抑制し，閾値直下の区分に売上高の分布が集中する現象も観測されている（Harju et al.［2019］はフィンランドの事例，Liu et al.［2018］はイギリスの事例を分析）。

　更に，こうした租税回避行動の帰結として，中小企業税制が企業成長を抑制することも示されている。例えば，Harju et al.［2019］によると，免税点制度が導入されているフィンランドでは，閾値以下に存在する企業の売上高成長率がほとんどゼロであるのに対し，免税点制度が導入されてないスウェーデンでは同じ区分に存在する企業の売上高成長率が10%～15%となっている。

　このように，海外の中小企業税制に関して，本来適用すべき対象と実際の適用対象との間にズレが存在しているのみならず，租税回避行動を誘発し，結果として企業成長を阻害するなどの副作用が生じていることが多く報告されている。中小企業税制の改革に向けた海外での議論は，このような報告を論拠としている。こうした現状を踏まえて，本稿では，日本における中小企業税制を概観した上で，当該税制が企業の租税回避行動や企業成長等に及ぼした影響を明らかにするため，筆者らの研究を紹介するとともに，新たなエビデンスを示す。中小企業税制は個人事業主に対するものと法人に対するものに分かれる

が，本稿では後者の中小法人税制に注目し，その中でも特に法人所得に関係す
る税制について分析する。

　本稿の構成は以下の通りである。第Ⅱ節では，日本の中小法人税制の概要を
述べるとともに，中小法人税制と節税を目的とした減資の誘因メカニズムにつ
いて説明する。第Ⅲ節では，企業レベルの財務データを用いて，中小法人税制
の新設や改正が法人の減資行動に及ぼした影響を明らかにする。第Ⅳ節では，
中小法人税制に誘発された減資によりどの程度の節税が行われたのかを推計す
る。第Ⅴ節では，中小法人税制に誘発された減資のうち，株主への払い戻しを
伴う有償減資に注目し，有償減資が企業規模や負債調達の成長等に及ぼす影響
を理論と実証の両面から分析した筆者らの研究を紹介する。第Ⅵ節では，結論
と日本の中小法人税制の見直しについて述べる。

Ⅱ．中小法人税制と減資

1．中小法人税制と減資の誘因

　日本では，法人の益金から損金を差し引いた所得（課税所得）に対して，国
からは法人税が課税され，地方からは住民税法人税割（都道府県及び市町村），
事業税所得割（都道府県）が課税されている。ただし，住民税法人税割の法定
税率（標準税率）は，法人税の法定税率の17.3%（都道府県5%＋市町村
12.3%）として計算される。2018年5月現在，資本金1億円超の法人（普通法
人）の課税所得について，法人税の法定税率が23.2%，住民税法人税割の法定
税率が4.01%（都道府県1.16%＋市町村2.85%）である[1]。また，資本金1億
円超の法人には外形標準課税が適用されるため，事業税所得割の法定税率（標
準税率）は資本金1億円以下の法人よりも低い3.6%となっている[2]。外形標
準課税は赤字法人に対して課税する目的から，2004年度に事業税に追加された
ものである。外形標準課税には付加価値割と資本割があり，2018年5月現在，
前者は付加価値に1.2%の税率で課税し，後者は資本金等の額（資本金＋資本

準備金など）に0.5%の税率で課税する。

　一方，資本金1億円以下の法人は税制上の中小法人とみなされ，所得のうち800万円以下の部分には法人税の軽減税率15%が適用される[3]。その結果，住民税法人税割の法定税率も通常より低い2.6%（都道府県0.75%＋市町村1.85%）となる。また，資本金1億円以下の法人には外形標準課税が適用されないため，事業税所得割の法定税率（標準税率）は資本金1億円超の法人よりも6%高い9.6%となっている。

　したがって，法人税・住民税法人税割については，資本金1億円以下の法人の方が資本金1億円超の法人よりも法人所得税負担が軽くなる。資本金1億円超の法人は全ての所得に対して法人税・住民税所得割が27.21%の税率で課税される。これに対して，資本金1億円以下の法人は800万円超の所得に対する税率は資本金1億円超の法人と同じであるが，800万円以下の所得には17.6%の税率で課税されるため，資本金1億円超の法人よりも有利になる。また，資本金1億円以下の法人は欠損金の繰越控除限度額の特例[4]を利用できるため，欠損金が多い場合には，資本金1億円超の法人よりも有利になる。

　事業税については，資本金1億円超の法人と資本金1億円以下の法人のどちらが有利になるのか明らかではないが，赤字もしくは比較的低所得の場合に限ると，資本金1億円以下の法人の方が有利になる。例えば，所得が1,000万円，付加価値が8,000万円の法人を想定し，資本金が1億1,000万円のときと，資本金が1億円のときの事業税を比較してみよう。ただし，資本準備金はゼロとする。資本金が1億1,000万円のときは，所得割36万円（1,000万円×0.036），付加価値割96万円（8,000万円×0.012），資本割55万円（1億1,000万円×0.005），合計187万円となる。これに対して，資本金が1億円のときは，所得割96万円（1,000万円×0.096）となり，資本金1億1,000万円のときよりも事業税の負担が91万円安くなる。さらに，所得を4,000万円に置き換えた場合を計算すると，資本金1億1,000万円のときの事業税合計は295万（うち所得割140万円），資本金1億円のときの所得割は384万円になり，今度は前者の方が89万円安くなる。このように，所得が比較的小さい場合には，資本金1億円

以下の法人の方が有利になる。

　以上のことから，法人税の軽減税率，欠損金の繰越控除限度額の特例，外形標準課税の免除などの中小法人向け優遇税制（中小法人税制）の新設や改正は，資本金1億円超から資本金1億円以下に減資する誘因を与えると考えられる。なお，法人所得に関係する中小法人税制には，そのほか中小法人向けの研究開発税制や投資促進税制等があるが，以下の分析では省略する。

　1990年代半ば以降に限定しても，いくつかの中小法人向け優遇税制の新設や改正が行われている。2004年度には資本金1億円超の法人の事業税に外形標準課税が導入されたが，中小法人の負担増に配慮がなされ，資本金1億円以下の法人はその支払いを免除された。これに伴って，資本金1億円超の法人のうち，赤字もしくは比較的所得が低い法人は，資本金を1億円以下に減資する誘因が強くなったと推測される。また，2015年度以降は，資本金1億円超の法人の事業税において，外形標準課税（付加価値割と資本割）の税率が徐々に引き上げられ（同時に所得割の税率は引き下げられた）[5]，2015年度に再び減資の誘因が強まったと考えられる。

　図表1は，資本金1億円超の法人の全所得（および，資本金1億円以下の法人の800万円超の所得）に適用される法人税・住民税法人税割の税率と，資本金1億円以下の法人の800万円以下の所得に適用される法人税・住民税法人税割の税率，両者の差の推移を示している，ただし，2012〜2013年度は復興特別法人税が含まれている。800万円以下の所得に対する税率は，資本金1億円以下の法人の方が，資本金1億円超の法人よりも常に低く設定されていることが分かる。これは，資本金1億円以下の法人には法人税の軽減税率が適用されるためである。両者の差の推移に注目すると，2009年度には資本金1億円以下の法人の800万円以下の所得に適用される軽減税率の引き下げによって差が大きく拡大しており，このとき資本金1億円超から資本金1億円以下に減資する誘因が特に強まったと言える。法人税の軽減税率は1999年と2012年にも引き下げられたが，そのときは資本金1億円超の法人に適用される法人税率も同時に引き下げられたため，両者の差が拡大せず，減資の誘因は強くなっていない。ま

図表1　法人税・住民税法人税割の税率

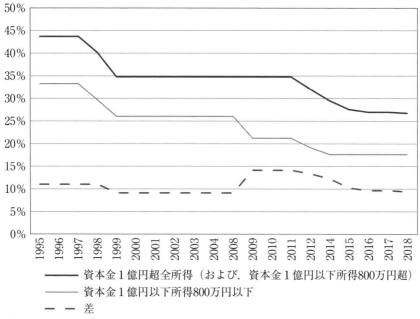

凡例:
━━━　資本金1億円超全所得（および，資本金1億円以下所得800万円超）
───　資本金1億円以下所得800万円以下
━ ━ ━　差

〔出所〕　財務省（各年版）『財政金融統計月報（租税特集）』に基づき筆者作成

た，2012年度以降，資本金1億円超の法人は欠損金の繰越控除限度額が徐々に
制限される一方で，資本金1億円以下の法人についてはその限度額が従来の制
度のまま据え置かれたため，2012年度には減資の誘因が強くなったと言えるだ
ろう。

2．減資のタイプ

　減資は有償減資と無償減資に分けて考えることができる。有償減資では資本
金を減らして株主が払い込んだ資金の一部を払い戻すため，その原資として借
り入れを増やすことができなければ，現金・預金や有形固定資産といった資産
の一部を取り崩す必要がある。このように有償減資は資産規模を縮小させる可
能性があるため，「実質上の減資」と呼ばれている。有償減資は，企業が黒字
の場合には事業の縮小整理のために実施され，企業が赤字の場合には固定的な

1株当たり配当を維持するために実施される。これに対して，無償減資は株主
に払い戻しを行わず資産規模の縮小を伴わないため，「名目上の減資」と呼ば
れている。さらに，無償減資は資本金で繰越欠損金を相殺する「欠損填補」
と，資本金を資本剰余金（資本準備金とその他資本剰余金）に振り替える「項
目変更」に分かれる。前者は資本金で欠損金を穴埋めして貸借対照表の見た目
を整えるために実施される。後者は将来の配当や欠損填補に備えることを理由
として実施される。しかし，どのタイプの減資においても，資本金1億円超か
ら資本金1億円以下に減資する場合，中小法人税制を利用した節税を視野に入
れて実施される可能性が高い[6]。

　会社法のルールでは，減資するには，まず株主総会の特別決議（議決権の過
半数を有する株主が出席し，出席株主の議決権の3分の2以上の多数で成立）
で資本金を減少させる議決を行う必要がある。ただし，欠損填補の場合は普通
決議（議決権の過半数を有する株主が出席し，出席株主の議決権の過半数で成
立）で足りる。次に債権者に異議を述べる機会を与え，異議を述べた債権者に
はその債権を弁済するか，相応の担保を提供しなければならない（田中
[2016]）。無担保の債権者にとって，株主資本は債権を保全するための基金と
して機能しており（深尾[1998]），株主資本の縮小をもたらす有償減資の実施
は，株主資本の縮小をもたらさない無償減資の実施と比べてややハードルが高
いと考えられる。

　次節以降の分析では，こうした減資のタイプを明示的に取り扱った上で，中
小法人税制が減資に及ぼす影響，減資による節税額，減資が企業実体に及ぼす
影響の3点を実証的に検討する。

Ⅲ．中小法人税制が減資に及ぼす影響

1．分析サンプルと減資タイプの特定方法

　本節では，（株）東京商工リサーチの「TSR財務情報ファイル」を用いて，

中小法人税制の新設や改正が資本金1億円超の法人の減資行動にどのような影響を及ぼしたのか，またどのようなタイプの減資に影響があったのかを明らかにする。

　分析サンプルを作成するに当たり，まずは規制産業，公益法人・公企業等を含む産業をサンプルから取り除いた。具体的には，電気・ガス・熱供給・水道業，金融業，保険業，学術・開発研究機関，教育・学習支援業，医療・福祉，複合サービス事業，産業廃棄物処理業，政治・経済・文化団体・宗教，外国公務，公務，分類不能の産業を除外した。また，通常状態の企業に限定するため，資本金がゼロ以下の企業は除外し，倒産した企業については，倒産年より後のデータを取り除いた。

　分析期間は1996年度から2015年度である。改正された税制は概して4月1日以降に開始される事業年度から適用されるため，4月1日から翌年3月31日までの1年間に事業年度を開始した企業を同じ年度のサンプルとして扱った。例えば1996年度のサンプルには，1996年4月1日から1997年3月31日までに事業年度を開始した企業が含まれる。言い換えると，1996年度のサンプルには1997年3月から1998年2月に決算期を迎えた企業が含まれ，1997年中の実績の一部が反映されている。各年度の分析対象は前期から存続している企業で，そのうち前期資本金が1億円超の企業に限定した。その結果，各年度の観測値数は約1万社となった。

　「TSR財務情報ファイル」には，前節で定義した減資のタイプを直接示す項目が存在しないため，本稿では図表2に示した条件に基づいて各法人の減資タイプを特定化する。1つ目の条件項目は，前期（t－1期）の繰越利益剰余金（A）である。これは，減資の目的が欠損填補であったかどうかを特定するものであり，欠損填補が目的であれば少なくとも A<0である。2つ目の条件項目は，当期（t期）における調整後資本剰余金の変化額[7]と減資額の比率（B）である。これは，減資額を全て資本剰余金に振り替えたかどうかを特定するものであり，減資額を全て資本剰余金に振り替えると B＝1となり，一部を振り替えると（一部を配当するか，欠損金と相殺することを意味する）B<1とな

図表2　減資タイプの特定に用いる条件

	A. 繰越利益剰余金 （t-1）	B. 調整後資本剰余金の 変化額(t)／減資額(t)	C. 利益剰余金の変化額 (t)－当期純利益(t)
有償減資	A≥0 A<0	B<1 B<1	－ C≤0
無償減資 （欠損填補）	A<0	B<1	C>0
無償減資 （項目変更）	－	B＝1	－
その他	－	B>1	－

（注）1）　資本剰余金＝資本準備金＋その他資本剰余金
　　　2）　調整後資本剰余金＝資本剰余金－自己株式
　　　3）　利益剰余金＝利益準備金＋任意積立金＋繰越利益剰余金
〔出所〕　筆者作成

る。3つ目の条件項目は，当期における利益剰余金の変化額から当期純利益を除いたもの（C）である[8]。これは，資本金が繰越欠損金の相殺に使用されたかどうかを特定するものであり，資本金が繰越欠損金の相殺に使用されるとC>0となる。

　無償減資（項目変更）は減資額をすべて資本剰余金に振り替えるため，B＝1が条件となる。無償減資（欠損填補）は繰越利益剰余金が赤字で，減資額の一部を資本剰余金に振り替え（一部は欠損金と相殺し），利益剰余金を増加させるため，A<0かつB<1かつC>0が条件となる。有償減資は，繰越利益剰余金が黒字で減資額の一部を資本剰余金に振り替える（一部は配当する）か，繰越利益剰余金が赤字で減資額の一部を資本剰余金に振り替え，欠損金と相殺しないため，A≥0かつB<1か，A<0かつB<1かつC≤0が条件となる。B>1のときは，どのタイプにも該当しないため「その他」に分類する。

2．中小法人税制に誘発された減資の実態

　本稿は，中小法人税制の利用を目的とした減資（節税目的の減資）に関心があるため，特に資本金1億円超から資本金1億円以下に減資した法人の行動に

注目する（もちろん，こうした法人の中には節税以外の目的で減資した法人も
存在する）。この際，節税とは全く無関係な減資として，資本金1億円超の範
囲で減資した法人の行動を同時に観察し比較を行う。

　図表3（a）は，資本金1億円超から資本金1億円以下に減資した法人数とそ
の割合[9]を示したものである。減資した法人数と割合の双方において，分析
期間中に4度のスパイクが観測される。個々のスパイクにおいて減資した法人
数は2004年度が325社，2009年度が309社，2012年度が250社，2015年度が287社
である。割合に直すと2004年度が2.91%，2009年度が2.79%，2012年度が2.32%，
2015年度が2.86%であり，全期間平均の1.44%と比べて高い水準となってい
る。2004年度は中小法人に対する課税を免除する外形標準課税制度が導入さ
れ，外形標準課税を回避するために減資を行う法人（主に低所得の法人）が急
増したと考えられる。2009年度は800万円以下の所得に適用される中小法人向
けの軽減税率が引き下げられ，改正された特例を利用するために減資を行う法
人が急激に増えたと考えられる。2012年度は大法人に適用される欠損金の繰越
控除限度額が引き下げられる一方で，中小法人に適用される欠損金の繰越控除
限度額が据え置かれ，そうした特例を利用するために減資する法人が増えたと
考えられる。2015年度は外形標準課税の税率が引き上げられ，外形標準課税を
回避するために減資を行う法人（主に低所得の法人）が再び増えたと考えられ
る。一方，図表3（b）は資本金1億円超の範囲で減資した法人数とその割合[10]
を示している。減資した法人数と割合は2008年度までは緩やかに増加し，2009
年度以降は緩やかに減少している。図表3（a）と図表3（b）から，資本金1億
円超の範囲における減資と比して，1億円の閾値を跨ぐ形で実施された減資は
中小法人税制の新設や改正のタイミングにおいて急激に増加するという特徴が
あり，こうした減資が節税を目的としていたことを示唆している。また，2004
年度以降，閾値を跨ぐ形で減資を行った企業の数（割合）が平均的に増えてお
り，外形標準課税の導入をきっかけとして節税に取り組む企業が増えた可能性
を示唆している。

　図表4（a）は，資本金1億円超から1億円以下に減資した法人の割合をタイ

図表3　減資の実態

（a）資本金1億円超から資本金1億円以下への減資

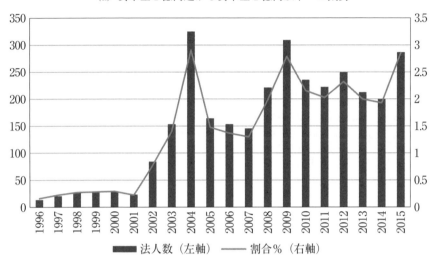

（b）資本金1億円超の範囲で減資

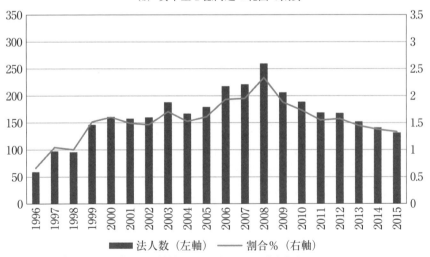

〔出所〕　東京商工リサーチ「TSR財務情報ファイル」を用いて筆者作成

図表4　タイプ別減資の実態

（a）資本金1億円超から資本金1億円以下への減資（割合%）

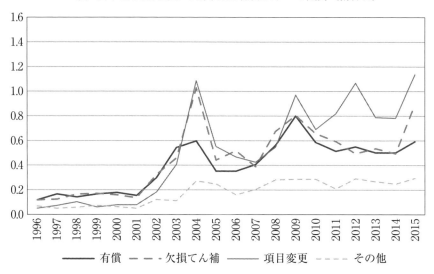

（b）資本金1億円超の範囲で減資（割合%）

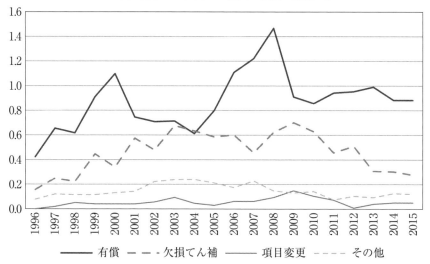

〔出所〕　東京商工リサーチ「TSR財務情報ファイル」を用いて筆者作成

プ別に示したものである。どのタイプの減資も全体の動きと同様の傾向を示し
ているが，有償減資と無償減資（欠損填補）は2012年のスパイクが観察されな
い。また，スパイクが生じている時期に共通する特徴として，有償減資よりも
無償減資の割合の方が高いことが分かる。特に，無償減資のうち「項目変更」
は全てのスパイクの時期において最大の割合となっている。これは，節税目的
で実施する減資としては，企業実体（資産規模）や株主資本に影響を及ぼさな
い無償減資が好まれることを示唆している。一方，図表4（b）は資本金1億円
超の範囲で減資した法人の割合をタイプ別に示したものである。図表4（a）の
場合と異なり，無償減資（項目変更）の割合は全ての期間を通じてゼロに近い
水準で推移している。これは，節税以外の目的の場合，項目変更がほとんど利
用されないことを示している。逆に，有償減資は3つのタイプの減資の中で最
も割合が高く，2000年度と2008年度にスパイクを示している（本稿の定義にお
いて，2000年度と2008年度のサンプルには，それぞれ2001年中と2009年中の実
績の一部が反映されている）。これらの年度中にはITバブル崩壊と世界金融
危機がそれぞれ発生し，その影響で日本も景気後退局面に入った。2000年度と
2008年度におけるスパイクについては，これらの景気後退の際に赤字の企業が
急増し，それらの企業が固定的な1株当たり配当を維持するため，有償減資を
実施したと解釈できるだろう。なお，無償減資（欠損填補）の割合は，有償減
資と比べて低く安定的に推移しており，図表3（b）で示した全体の動きと概ね
同様の傾向を示している。

Ⅳ．減資による節税額

1．節税額の推計方法

　本節では，資本金1億円超の法人が資本金1億円以下に減資することで，ど
の程度の節税を実現できたのかについて簡単な推計を行う。まずは「TSR財
務情報ファイル」を用いて減資した法人それぞれの節税額を推計し，それらを

年度別に集計する。さらに，「TSR 財務情報ファイル」に収録されている法人
数と実際の法人数の比率を用いて，マクロの節税額を推計する。

　本稿では，各法人の減資による節税額を以下のように定義する。

　　　　　節税額＝資本金を1億円超に維持したときの支払税額

　　　　　　　　－資本金を1億円以下に減らしたときの支払税額

　ただし，支払税額としては法人税，住民税法人税割，事業税を考える。ま
ず，資本金を1億円超に維持したときの支払税額のうち，法人税，住民税法人
税割，事業税所得割の課税ベースを以下のように単純化して定義する。

　　　　　　　課税所得＝税引前当期利益－欠損金の繰越控除額

　ただし，税引前当期利益が赤字のときは課税所得をゼロとする。また，欠損
金の繰越控除額には，欠損金（当期利益を除く繰越利益剰余金の赤字）と欠損
金の控除限度額のうち小さい方を用いる。法人税，住民税法人税割，事業税所
得割は上記の課税所得にそれぞれの税率を乗じて計算する。ただし，2012～
2013年度は復興特別法人税の税率も考慮する。

　資本金を1億円超に維持すると，事業税で外形標準課税が追加して適用され
る。外形標準課税のうち，事業税付加価値割の課税ベースを以下のように定義
する。

　　　　　課税付加価値＝税引前当期利益＋収益分配額－雇用安定控除額

　ただし，収益分配金は報酬給与額，純支払利子，賃貸料の合計である[11]。ま
た，雇用安定控除は，報酬給与額のうち収益分配金の7割を超える分（雇用安
定控除額）を課税ベースから控除する制度である。事業税付加価値割は上記の
課税付加価値に税率を乗じて計算する。また，事業税資本割の課税ベースは以
下のように単純化して定義する。

　　　　　　　　　　課税資本＝資本金＋資本準備金

　ただし，課税資本を求める際は圧縮措置を反映させて，資本金と資本準備金
の合計のうち，1,000億円以下の部分は100%，1,000億円超5,000億円以下の部
分は50%，5,000億円超1兆円以下の部分は25%，1兆円超の部分は0%を課
税資本に算入する。事業税資本割は上記の課税資本に税率を乗じて計算する。

　一方，資本金を1億円以下に減らしたときの支払税額は，所得を課税ベースとする法人税，住民税法人税割，事業税所得割である。課税所得は税引前当期利益から欠損金の繰越控除額を差し引いて求めるが，2012年度以降，欠損金の繰越控除額は資本金1億円超の場合よりも大きくなっている。支払税額を求める際，課税所得のうち800万円以下の部分には法人税の軽減税率を用いる。

　本稿では，中小法人に対する外形標準課税の免除が導入された2004年度以降に注目し，資本金1億円超から資本金1億円以下への減資による節税額を計算する。なお，節税額を計算する際に用いた税率は図表5に示した通りである。

図表5　普通法人に適用される法人所得税の税率

(a) 資本金1億円超の法人							
税目	課税所得	2004	2008	2009	2012	2014	2015
法人税	全ての課税所得	30.00%			25.50%		23.90%
住民税法人税割	(法人税率×0.173)	5.19%			4.41%		4.13%
復興特別法人税	(法人税率×0.1)	–	–	–	2.55%	–	–
事業税所得割		7.20%	7.19%			7.20%	6.00%
付加価値割	外形標準課税	0.48%					0.72%
資本割	外形標準課税	0.20%					0.30%

(b) 資本金1億円以下の法人							
税目	課税所得	2004	2008	2009	2012	2014	2015
法人税	800万円超	30.00%			25.50%		23.90%
住民税法人税割	(法人税率×0.173)	5.19%			4.41%		4.13%
復興特別法人税	(法人税率×0.1)	–	–	–	2.55%	–	–
事業税所得割		9.60%	9.59%				
法人税（軽減税率）	800万円以下	22.00%		18.00%	15.00%		
住民税法人税割	(法人税率×0.173)	3.81%		3.11%	2.60%		
復興特別法人税	(法人税率×0.1)	–	–	–	1.50%	–	
事業税所得割		9.60%	9.59%				

（注）1）　法人税の軽減税率については，2010年4月以降，大法人（資本金5億円以上の法人）の100%子法人及び100%グループ内の複数の大法人に発行済株式の全部を保有されている法人には適用されない。
　　　2）　事業税所得割の軽減税率については示していない。また，2008年10月から導入された地方法人特別税は事業税所得割に含めて表示。
　　　3）　2014年10月から導入された地方法人税は住民税に含めて表示
〔出所〕財務省（各年版）『財政金融統計月報（租税特集）』に基づき筆者作成

２．推計結果

　図表6は,「TSR財務情報ファイル」に基づく節税額の推計結果を示している。外形標準課税が導入された2004年度以降に資本金1億円超から資本金1億円以下に減資した法人のうち,節税法人（推計した節税額がプラスになった法人）の割合は68%〜84%であり,これらの法人は節税目的で減資した可能性が高い。節税法人について年度別に集計した節税額は4.6億円〜14.2億円であるが,中小法人税制が新設もしくは改正された年度はこの集計された節税額が大きくなっている。具体的には,2004年度,2009年度,2012年度,2015年度はそれぞれ外形標準課税の免除の新設,法人税の軽減税率の引き下げ,欠損金の繰越控除限度額の据え置き,外形標準課税の強化によって減資法人数が増え,集

図表6　節税額の推計

	減資法人数	うち節税法人	割合(%)	集計節税額（百万円）				平均節税額（百万円）				上位10社の節税額	マクロの節税額（百万円）
				節税額	内訳			節税額	内訳				
					事業税	法人税	住民税		事業税	法人税	住民税		
2004	325	250	76.92	1,174	1,106	58	10	4.70	4.42	0.23	0.04	66.91	3,314
2005	163	131	80.37	955	913	36	6	7.29	6.97	0.27	0.05	73.97	2,697
2006	154	118	76.62	624	586	32	6	5.28	4.96	0.27	0.05	39.71	1,794
2007	146	105	71.92	603	567	30	5	5.74	5.40	0.29	0.05	48.55	1,877
2008	221	186	84.16	463	416	40	7	2.49	2.24	0.22	0.04	19.46	1,272
2009	309	258	83.5	873	757	99	17	3.39	2.93	0.38	0.07	32.10	2,393
2010	236	192	81.36	600	507	79	14	3.12	2.64	0.41	0.07	30.12	1,465
2011	222	160	72.07	527	451	65	11	3.29	2.82	0.41	0.07	25.04	1,292
2012	250	183	73.2	1,083	688	342	54	5.92	3.76	1.87	0.29	63.27	2,374
2013	212	157	74.06	760	406	306	48	4.84	2.58	1.95	0.31	39.93	1,760
2014	200	142	71	960	548	351	61	6.76	3.86	2.47	0.43	67.94	2,059
2015	287	196	68.29	1,421	914	431	74	7.25	4.67	2.20	0.38	59.15	3,230

（注）　マクロの節税額は,産業別に集計節税額と法人数比の積を求め,それらを全産業で合計したものである。
　　　　ただし,法人数比には,資本金1億円以上の法人数の比率（法人企業統計調査の法人数／TSR財務情報ファイルの法人数）を用いた。
〔出所〕　東京商工リサーチ「TSR財務情報ファイル」,財務省「法人企業統計調査の結果（年次）」を用いて筆者作成

計節税額が大きくなったと考えられる。節税額の内訳をみると，どの年度においても事業税の節税額が法人税・住民税の節税額を大きく上回っている。ただし，2011年度から2012年度にかけて法人税・住民税の節税額が拡大しており，中小法人に対する欠損金の繰越控除限度額据え置きの効果が顕著に出ている。節税法人の産業構成（2004年度～2015年度の平均）をみると，製造業（21.56%），卸売業・小売業（21.37%），サービス業（17.58%），建設業（16.74%）の割合が非常に高くなっている。さらに，産業別に集計節税額と法人数比の積を求め，それらを全産業で合計してマクロの節税額を推計した。ただし，法人数比には，資本金 1 億円以上の法人数の比（法人企業統計調査の法人数／TSR 財務情報ファイルの法人数）を用いた。マクロの節税額は12.7億円～33.1億円である。

　本稿の推計によると，資本金 1 億円超から資本金 1 億円以下への減資による節税額は最大で33億円であり，2017年度の法人所得税収約20兆円（法人事業税収＋法人税収＋法人住民税収）[12]と比較して少額ではあるが，節税法人 1 社当たりの節税額（平均節税額）に直すと249万円～729万円となる。これは，2017年度の 1 社当たり法人所得税収773万円（利益計上法人 1 社当たり法人所得税収2,068万円）と同等の水準であり，決して少ない額とは言えないだろう[13]。平均節税額の内訳をみると，事業税分が最も多く224万円～697万円となっている。それに比べて法人税・住民税分は少ないが，中小法人に対する欠損金繰越控除の特例が導入された2012年度以降は急激に拡大し，特に法人税分は187万円～247万円となっている。また，上位10社の平均節税額は1,946万円～7,397万円であり，比較的高い水準となっている。

V．減資が企業実体に及ぼす影響

1．有償減資の理論モデル

　前節では，中小法人税制が資本金 1 億円超から資本金 1 億円以下への減資を誘発した可能性が高いことを描写した上で，結果としてどの程度の節税額が実

現したのかを推計したが，その際，減資が企業実体に与える影響については明示的に議論していなかった。しかし，減資タイプのうち，株主に払い戻しを行わない無償減資は資産の縮小を伴わないため企業実体に影響を及ぼさないと考えるのが自然である一方，株主に払い戻しを行う有償減資の場合，もし減資額を相殺する形で借り入れを増やすことができなければ，資産が縮小し企業実体に影響を及ぼす可能性もある。そこで，本節では，外形標準課税の導入（中小法人への外形標準課税免除の新設）に誘発された資本金1億円超から資本金1億円以下への有償減資に注目し，それが企業実体に及ぼした影響を，筆者らの研究（Hosono et al.［2020］）を参照しながら明らかにする。

　以下では，まず Hosono et al.［2020］のモデルを用いて，借入制約下で有償減資が企業実体に影響を及ぼすメカニズムについて理解を深める。いま，資本金 e（$> \bar{e}$）を保有する法人について考える。ただし，簡単化のため資本剰余金や利益剰余金はないとする。期首に資本金 $\bar{e}$ 超の法人に対して外形標準課税が導入されると，この法人は資本金を維持するか，$\bar{e}$ の水準まで資本金を減少させるか（減資分は株主に払い戻す）を選択する。その後，法人は資本ストック（k），労働（l），中間財（m）を用いて生産を行う。産出量（y）と生産要素の関係は以下の生産関数（規模に対して収穫逓減を想定）で表される。

$$y = A k^a l^\beta m^\gamma, \ a + \beta + \gamma < 1$$

ただし，A は生産性を示す。法人は金融仲介業者に資本金分の金額を預金し，それを担保としてレンタル率（R）で資本ストック（k）を借りるとする。この市場は競争的であると仮定する。このため，レンタル率（R）は減価償却率（δ）と利子率（r）の和となる。

　ここで，上記のレンタル契約を遵守した場合，収入（y）から中間財費（pm），人件費（wl），レンタル料（$\delta k + rk$），支払税額（T）を差し引いた額（w, p はそれぞれ賃金率と中間財価格を表す）と預金の元利合計（$e + re$）の和，つまり $y - pm - wl - (\delta + r)k - T + (1 + r)e$ が法人の期末資産となる。一方，レンタル契約を破った場合，法人はレンタル料を支払わず，減価償却後の

資本ストックを$100 \times \varphi$％割引で転売するが，金融仲介業者はペナルティとして預金の元利合計を没収するため，法人の期末資産は$y - pm - wl - T + (1 - \varphi)(1 - \delta)k$となる。しがって，法人がレンタル契約を遵守する条件（借入制約式）は以下のように表される。

$$(1 + r)e - (\delta + r)k \geq (1 - \varphi)(1 - \delta)k \qquad (1)$$

詳細はHosono et al.［2020］に譲るが，生産性が低く，資本ストックへの需要が小さい場合，この条件は不等号で成立する。この場合，法人は望ましい資本ストックをすべて借り入れて事業を営むことが出来るため，借入制約には直面していない。他方，生産性が高く，資本ストックへの需要が大きい場合，この条件が等号で成立する。この場合は，利用できる資本ストックが望ましい資本ストックを下回っており，法人は借入制約に直面していることとなる。

　また，この法人の支払税額は以下のように表される。

$$T = \begin{cases} \tau_L \pi^{pre} + \tau_V(y - pm) + \tau_E e & \text{if } e > \bar{e} \\ \tau_H \pi^{pre} & \text{otherwise} \end{cases}$$

τ_L, τ_V, τ_Eは外形標準課税が適用されたときの法人所得税率（法人税・住民税・所得割），付加価値割税率，資本割税率を示し，$\tau_H(>\tau_L)$は外形標準課税を免除されたときの法人所得税率を示す。税引前利益は以下のように表される。

$$\pi^{pre} = y - pm - wl - (\delta + r)k + re$$

　この問題は，生産に関する意思決定から始めて，減資の選択へと逆向きに解くことができる。まず，資本金がeのとき（資本金を維持したとき）と，資本金が$\bar{e}$のとき（減資したとき）の両方について，以下の最適化問題を解く。

$$\max_{m, l, k} \pi = \pi^{pre} - T \quad \text{subject to}(1)$$

目的関数πは税引後利益であり，法人は税引後利益を最大化するように中間財，労働，資本ストックを選択する。その後，資本金がeのときの税引後利益

と，資本金が$\bar{e}$のときの税引後利益を比較し，税引後利益が大きい方の資本金規模を選択する。

　このモデルを解析することで，以下のような仮説が導かれる（解析の詳細については，Hosono et al. ［2020］を参照されたい）。

- 仮説1：生産性が低い法人は，生産性が高い企業と比べて外形標準課税の導入に反応して閾値以下に減資する傾向が強い。
- 仮説2A：借入制約に直面していない場合，外形標準課税の導入に反応して減資する法人は，資本ストック，借入，産出量を増加させる。
- 仮説2B：借入制約に直面している場合，外形標準課税の導入に反応して減資する法人は，資本ストック，借入，産出量を減少させる。

　まず，仮説1は次のように解釈できる。法人は閾値以下に減資すると外形標準課税を免除される一方，（資本金を維持した場合よりも）高い法人所得税率を課されるため必ずしも減資が税制上有利とは言えない。しかし，生産性が低い法人であれば税引前利益が小さく法人所得税も少額なため，減資が税制上有利になる傾向がある。また，法人が借入制約に直面している場合は，減資を行うと借入制約を通じて資本ストックが減少し，投資機会を失うことになるが，生産性が低い法人は借入制約に直面する可能性が低く，こうした機会損失が小さいため，生産性が高い法人と比べて減資が容易となる。次に，仮説2Aは次のように解釈できる。法人が閾値以下に減資すると，資本ストックに対する限界税率が低下する結果，資本ストックが増加し産出量を増加させる。なお，こうした資本ストックの増加と資本金の減少は，借入（$k-e$）の増加を伴っている。最後に，仮説2Bは，借入制約に直面している法人が減資した場合，借入制約を通じて資本ストックが減少し，借入も減少するためである。また，減資に伴う資本ストックの減少は生産関数を通じて産出量を減少させる。

2．実証分析

　続いて，「TSR財務情報ファイル」を用いて上記の仮説を検証した実証分析として，Hosono et al. ［2020］における仮説2の検証結果を中心に述べる。具

体的には，外形標準課税の導入がアナウンスされた後の2002年度〜2006年度に資本金1億円超過から資本金1億円以下への有償減資を行った法人（$CAPRED_{it}$＝1）を処置群（treated group），同期間に資本金を維持した資本金1億円超の法人（$CAPRED_{it}$＝0）を対照群（control group）として，群別に，アウトカム変数の減資前（t−1期）からの変化の平均を求め，群間でその平均に有意な差があるのかどうかを検証するDID推定（difference in differences推定）を行う。このような推定を行うことで，両群に共通のマクロ的要因による効果を取り除き，有償減資の効果を抽出することができる。アウトカム変数としては，企業規模（size），負債調達（debt finance），資産構成（asset portfolio），パフォーマンス（performance）という4つのカテゴリーを考える。企業規模の変数には総資産の対数値（ASSET），有形固定資産の対数値（TAN），従業員数の対数値（EMP），売上高の対数値（SALES）を用いる。負債調達の変数には負債の対数値（DEBT）と負債・総資産比率（DEBTRATIO）を用いる。資産構成の変数には現預金・総資産比率（CASHRATIO）と有形固定資産・総資産比率（TANRATIO）を用いる。パフォーマンス変数には営業利益の対数値（PROFIT），付加価値の対数値（VA），営業利益・総資産比率（ROA），付加価値・売上高比率（VARATIO）を用いる。アウトカム変数の変化としては，t−1期〜t期の変化，t−1期〜t+1期の変化，t−1期〜t+2期の変化の3期間を用いる。

　上記のDID推定においては，有償減資と資本金の維持がランダムに割り当てられた事象ではないことに起因するサンプルセレクションの問題が存在する。このため，単純に対照群の全法人を用いてDID推定を行うと推定結果にバイアスが発生してしまう。そこで，傾向スコアマッチングを行うことでこうしたバイアスを取り除く。具体的には，以下のプロビットモデルを用いて分析対象法人が有償減資を行う確率（傾向スコア）を推計し，処置群の法人一つ一つに対して対照群の中から最も傾向スコアが近い法人をペアとして選び，DID推定を行う際の対照群とする。

$$\mathrm{Prob}(CAPRED_{it} = 1) = \mathrm{Prob}(\varepsilon_{it} > -\beta x_{it-1}),\ \varepsilon_{it} \sim N(0,1)$$

ここで，ε_{it} はプロビット推定の誤差項である。プロビット推定を行う際の説明変数 x_{it-1}（すべて前期の値）には労働生産性ダミー（VAPE），節税可能性ダミー（TAX），資本金の対数値（CAPITAL），従業員数の対数値（EMP），現預金・総資産比率（CASHRATIO），産業ダミーを用いる。そのうち，労働生産性ダミーは労働生産性が中央値よりも大きい法人を1，それ以外を0とするダミー変数である。節税可能性ダミーは，資本金1億円超から資本金1億円以下への減資を仮定したときの節税額（外形標準課税が適用されたときの支払税額－外形標準課税を回避したときの支払税額）がプラスの法人を1，それ以外を0とするダミー変数である。プロビットモデルは年度別に推計し，処置群企業にマッチングされる対照群企業のペアは同じ年度から選択する。

　図表7はDID推定の結果を示している。Treated, Control, Difference, Std. Err にはそれぞれ処置群のアウトカム変数の変化，対照群のアウトカム変数の変化，処置群と対照群のアウトカム変数の変化の差（DID推定量），このDID推定量の標準誤差が示されている。まずは企業規模（size）についてみると，どの変数のDID推定量もマイナスで有意に推定され，有償減資を行った法人は資本金を維持した法人との比較において，減資の前後で企業規模が減少したことを示している。また，企業規模の減少幅は時間の経過とともに拡大している。減資の2年後（t＋2期）までの変化についてDID推定量をみると，有償減資を行った法人は資本金を維持した法人と比べて，総資産で15.9%，有形固定資産で16.4%，従業員数で12.4%，売上高で15.4%多く減少している。有償減資を行った法人について資本金減少率の平均は42%であり，企業規模縮小の効果はそれと比べて小さいことが分かる。また，負債調達（debt finance）についてみると，負債の対数値のDID推定量はマイナスで有意に推定され，有償減資を行った法人は資本金を維持した法人との比較において，減資の前後で負債が減少したことを示している。企業規模と同様にその減少幅は時間の経過とともに拡大しており，減資の2年後までの変化でみると，

図表7　DID 推定

Panel A. Size

Change in outcome	Treated	Controls	Difference	Std. Error	
ASSET(t) − (t−1)	−0.057	0.024	−0.081	0.022	＊＊＊
ASSET(t+1) − (t−1)	−0.081	0.050	−0.131	0.031	＊＊＊
ASSET(t+2) − (t−1)	−0.098	0.061	−0.159	0.038	＊＊＊
TAN(t) − (t−1)	−0.021	0.024	−0.044	0.034	
TAN(t+1) − (t−1)	−0.085	0.076	−0.161	0.050	＊＊＊
TAN(t+2) − (t−1)	−0.102	0.062	−0.164	0.066	＊＊
EMP(t) − (t−1)	−0.034	0.012	−0.046	0.018	＊＊＊
EMP(t+1) − (t−1)	−0.064	0.028	−0.092	0.027	＊＊＊
EMP(t+2) − (t−1)	−0.086	0.038	−0.124	0.035	＊＊＊
SALES(t) − (t−1)	−0.057	0.013	−0.070	0.022	＊＊＊
SALES(t+1) − (t−1)	−0.065	0.036	−0.100	0.033	＊＊＊
SALES(t+2) − (t−1)	−0.107	0.047	−0.154	0.044	＊＊＊

(注)　＊＊＊significant at 1 %，＊＊significant at 5 %，＊significant at 10%。

Panel B. Debt finance

Change in outcome	Treated	Controls	Difference	Std. Error	
DEBT(t) − (t−1)	−0.045	0.025	−0.070	0.031	＊＊
DEBT(t+1) − (t−1)	−0.072	0.054	−0.126	0.042	＊＊＊
DEBT(t+2) − (t−1)	−0.100	0.056	−0.156	0.050	＊＊＊
DEBTRATIO(t) − (t−1)	0.012	0.002	0.010	0.010	
DEBTRATIO(t+1) − (t−1)	0.008	0.007	0.000	0.011	
DEBTRATIO(t+2) − (t−1)	0.003	0.008	−0.005	0.012	

(注)　＊＊＊significant at 1 %，＊＊significant at 5 %，＊significant at 10%。

Panel C. Asset portfolio

Change in outcome	Treated	Controls	Difference	Std. Error	
CASHRATIO(t) − (t−1)	0.009	−0.005	0.015	0.008	＊
CASHRATIO(t+1) − (t−1)	−0.0002	−0.016	0.015	0.009	
CASHRATIO(t+2) − (t−1)	−0.0005	−0.016	0.015	0.011	
TANRATIO(t) − (t−1)	−0.0004	0.004	−0.004	0.008	
TANRATIO(t+1) − (t−1)	−0.001	0.001	−0.001	0.010	
TANRATIO(t+2) − (t−1)	0.005	−0.005	0.010	0.011	

(注)　＊＊＊significant at 1 %，＊＊significant at 5 %，＊significant at 10%。

Panel D. Performance

Change in outcome	Treated	Controls	Difference	Std. Error	
PROFIT(t) − (t−1)	−0.206	0.409	−0.615	0.183	＊＊＊
PROFIT(t+1) − (t−1)	−0.269	0.385	−0.654	0.210	＊＊＊
PROFIT(t+2) − (t−1)	−0.395	0.420	−0.816	0.228	＊＊＊
VA(t) − (t−1)	−0.108	0.369	−0.477	0.185	＊＊
VA(t+1) − (t−1)	−0.121	0.403	−0.524	0.216	＊＊
VA(t+2) − (t−1)	−0.078	0.450	−0.528	0.233	＊＊
ROA(t) − (t−1)	−0.005	0.011	−0.016	0.005	＊＊＊
ROA(t+1) − (t−1)	−0.006	0.011	−0.017	0.005	＊＊＊
ROA(t+2) − (t−1)	−0.005	0.008	−0.013	0.006	＊＊
VARATIO(t) − (t−1)	0.00001	0.012	−0.012	0.006	＊＊
VARATIO(t+1) − (t−1)	−0.0001	0.010	−0.010	0.007	
VARATIO(t+2) − (t−1)	0.008	0.010	−0.002	0.008	

（注）　＊＊＊significant at 1％, ＊＊significant at 5％, ＊significant at 10％。
〔出所〕　Hosono et al.［2020］

有償減資を行った法人は資本金を維持した法人と比べて15.6％多く減少して
いる。一方，負債・総資産比率の DID 推定量は有意に推定されず，有償減資
は負債比率にほとんど影響を及ぼさないことを示している。

　以上の結果は，仮説2Bと整合的な企業が分析対象に少なからず含まれてい
ることを意味している。すなわち，有償減資を行った法人の中に借入制約に直
面する法人が含まれている可能性が高い。図表には示していないが，処置群の
うち，借入制約が比較的厳しい産業に属する処置群企業（及びマッチングされ
た対照群企業）と，借入制約が比較的緩い産業に属する処置群企業（及びマッ
チングされた対照群企業）について DID 推定を行うと，前者については，企
業規模と負債調達（負債・総資産比率を除く）の DID 推定量がマイナスで有
意に推定され，後者についてはそれらの DID 推定量のほとんどが有意に推定
されないことが確認された。これらの結果は仮説2Bと整合的である。（結果
の詳細は，Hosono et al.［2020］を参照されたい）。

　図表7には，こうした企業規模に関する減資の因果効果以外にも興味深い結
果が示されている。第1に，資産構成（asset portfolio）についてみると，ど

の DID 推定量も（5％水準以上で）有意に推定されず，有償減資が現預金・総資産比率や有形固定資産・総資産比率に対してほとんど影響を及ぼさないことを示している。第2に，パフォーマンス（performance）についてみると，営業利益の対数値と付加価値の対数値の DID 推定量はすべてマイナスで有意に推定され，有償減資を行った法人は資本金を維持した法人との比較において，減資の前後で営業利益や付加価値が減少したことを示している。しかもそうしたパフォーマンスの低下は，少なくとも有償減資の2年後まで継続している。また，営業利益・総資産比率の DID 推定量はすべての期間で，付加価値・売上高比率の DID 推定量は有償減資を行った年度においてマイナスで有意に推定され，有償減資を行った法人は資本金を維持した法人と比べて，それらの期間において総資産（売上高）よりも営業利益（付加価値）の減少率が大きいことを示している。これらの結果は，有償減資は企業規模を縮小させるだけでなく，法人のパフォーマンスを少なくとも短期的には低下させることを示唆している。

VI.　結　論

　本稿では，日本の中小企業税制のうち中小法人税制に注目し，その中でも特に法人所得に関係するものを取り上げた上で，それらが節税目的の減資に及ぼす影響，減資により実現した節税額の規模，減資が企業実体に及ぼした影響を実証的に検討した。日本企業に関するマイクロデータを用いた分析の結果，第1に，近年においては外形標準課税の導入以降，中小法人税制が新設もしくは改正される度に，資本金1億円超から資本金1億円以下に減資する法人が増加したことが確認された。第2に，減資により1法人当たり249万円～729万円の節税（推計額）が行われていたことが分かった。第3に，中小法人税制の新設・改正が行われた際，株主への払い戻しを伴う有償減資も増加しているほか，これらの有償減資が，少なくとも短期的には企業規模，負債調達，企業パフォーマンスに対して負の因果効果を有することが分かった。

　これらの結果は，諸外国と同様に，日本においても中小企業向けの優遇税制が租税回避を誘発するとともに，企業の成長を阻害する可能性が高いことを示している。ただし，このような租税回避を行った法人の数はそれほど多くなく，経済全体への影響は限定的だという見方もある。

　中小法人税制が経済全体に及ぼす影響を分析するには，もともと資本金1億円以下にいた法人や資本金1億円以下で新たに起業した法人などにも注意を払う必要がある。国税庁『会社標本調査結果』によると，2017年度において全法人数（約269万社）のうち資本金1億円以下の法人の割合は99.29%であり，法人のほとんどが中小法人税制の対象となっている。しかも資本金1億円以下の法人の割合は2011年度〜2017年度の6年間に0.19%ポイント上昇しており，中小法人税制の対象は拡大する傾向にある。

　では中小法人税制の適用により，資本金1億円以下の法人全体としてどの程度の税収ロスが発生しているのだろうか。税収ロスの全体像は分からないが，例えば，2014年度において，課税所得のうち800万円以下の部分に課される法人税軽減税率（15%，基本税率25.5%）による減少見込額は2,777億円（財務省［2014］），法人税軽減税率による法人税収の減収に伴う住民税の減収見込額は480億円（総務省［2014］）であった。また，2013年度において資本金1億円未満の法人に対して外形標準課税を免除したことによる事業税の減収額は3,361億円と推計されている（梅原［2016］）。これらの減収額を単純に合計すると6,618億円であり，資本金1億円以下の法人全てを考慮すると，経済への影響は無視できない規模となる。

　本稿の冒頭で述べたように，中小法人税制は，実際の適用対象と本来適用すべき対象との間にズレが生じており，中小法人課税による税収ロスの中には，本来適用すべきではなかった法人に対するものが多く含まれている。そのため，今後の改革の方向性としては，中小法人税の適用対象を本来の対象に近づけていき，税収ロスをできるだけ小さくしていくことが望ましい。既述の通り，企業規模とイノベーション活動との間における複雑な関係を踏まえると，イノベーション活動の観点から中小法人だけを税制面で優遇する理由はない。

この点に関して，日本の研究開発税制において中小法人は大法人よりも税額控除割合が高く設定されている（優遇されている）が，中小法人と大法人の税制上の扱いが同一になるような見直しを検討することも一案だろう。

　外部資金制約を緩和する観点からは，中小企業全般を等しく取り扱った優遇政策ではなく，若くて革新的で高成長・高資金需要といった特徴を有する企業を税制上優遇することが望ましいと考えられる。例えば，日本では，課税所得のうち800万円以下の部分に対する法人税率を軽減する措置が中小企業全般に適用されているが，社齢や資金需要などの条件を設定して適用対象を絞り込む検討を進めることも有効であろう。損失を被る可能性が高い企業を援助する観点からも，優遇税制の対象は中小法人全般ではく，スタートアップ企業や若くてハイリスクなベンチャー企業に限定することも検討に値する。このほか，日本においては，中小法人は大法人よりも欠損金の繰越控除限度額が優遇されている。大法人は過去10年以内に発生した欠損金を，課税所得の50％ を上限として課税所得から控除することができるが，中小法人は控除の上限が課税所得の100％ まで認められている。こうした優遇措置についても，中小法人全般ではなく，リスクの高いスタートアップ企業やベンチャー企業だけに適用するよう見直すことが検討されるべきだろう。このような適用対象の絞り込みは，軽減税率が適用される課税所得範囲の拡大や対象企業に対する欠損金の繰越期間の拡張を検討する上で重要な論点となる。

　このように，資本金以外の要因を考慮して優遇税制の適用対象を本来適用すべき対象に近づけていけば，税収ロスを最小限に抑えることができるとともに，企業成長への悪影響を取り除くこともできるだろう。

　今後の課題としては，閾値以下の法人がその区分にどの程度の期間留まっているのか。また，閾値以下の区分と閾値超の区分で企業成長にどのような違いがあるのかについても分析を行い，中小企業税制が企業成長に及ぼす影響についてさらに理解を深めることが重要と考えられる。

［注］

*　本稿の執筆にあたり，国立大学法人一橋大学と株式会社東京商工リサーチ（TSR）との間における共同研究契約に基づき，TSRからデータ提供を受けた。また，細野と宮川は科学研究費補助金（基盤研究（B）課題番号17H02526）による助成を受けた。なお，本稿の一部は（独）経済産業研究所における研究プロジェクト「企業成長のエンジンに関するミクロ実証分析」の成果に基づく。

1）　2014年10月から導入された地方法人税は住民税に含めて表示している。

2）　厳密には，資本金が1,000万円未満または事業所の数が3つ未満の法人に対して事業税所得割の軽減税率が適用されるが，ここでは説明を省略する。また，2008年10月から導入された地方法人特別税は，事業税所得割に含めて表示している。

3）　資本金1億円以下の法人に対する法人税の軽減税率は2012年度以降19%であるが，租税特別措置によりこれをさらに15%まで軽減している。ただし，2010年度以降，資本金1億円以下の法人でも，大法人（資本金5億円以上の法人）の100%子会社及び100%グループ内の複数の大法人に発行済株式の全部を保有されている法人に，こうした特例は適用されない。

4）　資本金1億円超の法人に対する欠損金の繰越控除限度額は2012年度以降縮小され，2012〜2014年度が所得の80%，2015年度が所得の65%，2016年度が所得の60%，2017年度が所得の55%，2018年度以降50%となったが，資本金1億円以下の法人については，所得の100%が維持されている。ただし，資本金1億円以下の法人でも，大法人（資本金5億円以上の法人）の100%子会社及び100%グループ内の複数の大法人に発行済株式の全部を保有されている法人に，この特例は適用されない。

5）　外形標準課税導入前，事業税所得割税率は資本金規模を問わず9.6%であったが，2004年度に外形標準課税が導入されると，資本金1億円超の法人の所得割税率は7.2%に引き下げられ，付加価値割税率が0.48%，資本割税率が0.2%に設定された。また，2015年度には，資本金1億円超の法人の所得割税率は6%（地方法人特別税を含む）に引き下げられ，付加価値割税率が0.72%，資本割税率が0.3%に引き上げられた。続く2016年度はさらに，資本金1億円超の法人の所得割税率は3.6%に引き下げられ，付加価値割税率が1.2%，資本割税率が0.5%に引き上げられた。この間，資本金1億円以下の法人の所得割税率は9.6%のまま据え置かれている（厳密には，2008年10月以降，地方法人特別税を含む税率は9.59%となっている）。

6）　無償減資の例としてはシャープや吉本興業のケースが有名である（日本経済新聞2015年5月9日，5月13日，7月29日）。

7）　資本剰余金は減資以外にも様々な要因によって変動するが，ここでは自己株式償却による変動の影響を取り除くため，資本剰余金から自己株式を差し引いたもの（調整後資本剰余金）を用いる。

8）　利益剰余金は減資による欠損填補以外にもさまざま要因によって変動するが，ここでは当期純利益による変動の影響を取り除くため，利益剰余金の変化額から当期純利益を差し引いたものを用いる。

9）　資本金1億円超の法人のうち減資しなかった法人と，資本金1億円超から資本金1億円以下に減資した法人の合計を全体としたときの割合を示している。

10）　資本金1億円超の法人のうち減資しなかった法人と，資本金1億円の範囲で減資した法人の合計を全体としたときの割合を示している。

11）　報酬給与額は役員報酬，給与手当，退職金の合計であり，純支払利子は支払利息割引料から受取

利息を差し引いたものである。純支払利子がマイナスの場合にはゼロに置き換える。
12)　法人事業税収（地方法人特別税を含む）と法人住民税収は総務省『地方財政白書』の値，法人税
　　収は財務省『一般会計歳入決算明細書』の値を用いた。
13)　法人1社当たり法人所得税収は，法人所得税収を国税庁『会社標本調査結果』の法人数（利益計
　　上法人数）で除して求めた。

［参考文献］

梅原英治［2016］「外形標準課税の中小企業への拡充問題の検討」日本租税理論学会
　　（編）『中小企業課税』，財経詳報社，69-85頁。
国税庁［2019］『会社標本調査結果』，国税庁ウェブサイト。
財務省［2014］『法人成り問題を含めた中小法人課税』，税制調査会（法人課税 DG
　　⑤），内閣府ウェブサイト。
財務省［2018］『平成29年度一般会計歳入決算明細書』，財務省ウェブサイト。
財務省［各年版］『財政金融統計月報（租税特集）』，財務省ウェブサイト。
総務省［2014］『中小法人・公益法人等（地方税）』，税制調査会（法人課税 DG ⑤），
　　内閣府ウェブサイト。
総務省［2019］『地方財政白書　平成31年版（平成29年度決算)』，総務省ウェブサイ
　　ト。
田中亘［2016］『会社法』，東京大学出版会。
日本経済新聞［2015］「シャープ大幅減資，増資で株主持ち分減少も」2015年5月9
　　日，日本経済新聞ウェブサイト。
日本経済新聞［2015］「シャープ「1億円減資」断念批判考慮，5億円に」2015年5
　　月13日，日本経済新聞ウェブサイト。
日本経済新聞［2015］「吉本興業，「中小企業」に資本金1億円に減資」2015年7月29
　　日，日本経済新聞ウェブサイト。
深尾光洋［1998］「会社法における自己資本維持規定と資本コスト」『会社法の経済
　　学』，東京大学出版会，229-251頁。
Bergner, S., R. Brrutigam, M.T. Evers, and C. Spengel［2017］*The Use of SME Tax
　　Incentives in the European Union*, ZEW-Centre for European Economic Re-
　　search Discussion Paper No. 17-006.
Crawford, C. and J. Freedman［2010］"Small Business Taxation," in S. Adam, T.
　　Besley R. Blundell, S. Bond, R. Chote, M. Gammie, P. Johnson, G. Myles, and J.M.
　　Poterba (eds.), *Dimensions of Tax Design: The Mirrlees Review*, Oxford Uni-

versity Press, London.

Devereux, M.P., L. Liu, and S. Loretz [2014] "The Elasticity of Corporate Taxable Income: New Evidence from UK Tax Records," *American Economic Journal: Economic Policy*, Vol.6 (2), pp.19-53.

Harju, J., T. Matikka, and T. Rauhanen [2019] "Compliance Costs vs. Tax Incentives: Why do Entrepreneurs Respond to Size-Based Regulations?" *Journal of Public Economics*, Vol.173, pp.139-164.

Hosono, K., M. Hotei, and D. Miyakawa [2020] *The Effects of a Size-Dependent Tax Policy on Firms' Growth and Finance: Evidence from Corporate Tax Reform in Japan*, RIETI Discussion Paper Series 17-E-050.

Liu, L., B. Lockwood, M. Almunia, and E.H.F. Tam [2018] "VAT Notches, Voluntary Registration, and Bunching: Theory and UK Evidence (version November 2018)," The University of Warwick.

OECD [2015] *Taxation of SMEs in OECD and G20 Countries*, Tax Policy Studies, No.23, OECD Publishing, Paris.

第5章　ACE の税率
——産業別財務データによる試算——

山　田　直　夫

Ⅰ．はじめに

　ACE（Allowance for Corporate Equity）は Institute for Fiscal Studies［1991］で提案された税制で，その仕組みは負債利子だけでなく株式の機会費用（税制上の自己資本を株主基金としてそれにみなし利子率を乗じた額）も法人税の課税ベースから控除するというものである。ACE は企業の投資決定や資金調達行動に対して中立的であることが知られている。また，ACE あるいは ACE に類似した制度はヨーロッパを中心にいくつかの国で導入されており，学術研究も蓄積されている。中長期的観点に立てば，ACE はわが国の法人税改革に影響を与える税制であると考えられる。しかし，わが国を対象にした分析はほとんどない[1]。そこで本稿では，ACE 導入国の制度の動向を整理したうえで，わが国のデータを用いて控除額や税率を試算し，導入の影響について検討する。

　本稿の構成は以下のとおりである。まずⅡ節では ACE 導入国の制度の動向を整理する。Kock and Gérard［2018］は，Institute for Fiscal Studies［1991］の提案に忠実に税制上の自己資本にみなし利子率を乗じた額を法人税の課税ベースから控除する ACE を hard ACE，それ以外の ACE に類似した制度を soft ACE と呼んでいる。本稿では Kock and Gérard［2018］にならい，hard ACE と soft ACE に区分して整理する。次のⅢ節では ACE の税率に関する先行研究を紹介する。続くⅣ節では ACE の税率の試算を行う。税率の試算につ

いては，まず日本政策投資銀行設備投資研究所編『2018年版　産業別財務デー
タハンドブック』に収録されている2016年と2017年のデータを用いて，hard
ACE と soft ACE の控除額を求めた。続いて，法人所得税，hard ACE，soft
ACE の課税ベースを計算した。法人所得税の課税ベースは「税引前損益」そ
のもので，hard ACE と soft ACE の課税ベースは「税引前損益」からそれぞ
れの控除額を差し引いたものである。次に，一定の税額を各課税ベースから集
めるためには税率を何％に設定する必要があるかを求めた。最後のⅤ節は議論
のまとめである。

Ⅱ．各国の ACE の概要

1．hard ACE

　ここでは，Institute for Fiscal Studies ［1991］の提案に忠実に税制上の自己
資本を株主基金としてそれにみなし利子率を乗じた額を法人税の課税ベースか
ら控除する，hard ACE の導入国を取り上げる[2]。

（1）クロアチア
　最初に ACE を導入したのはクロアチアで，導入期間は1994年から2000年で
ある。株主基金は調整後自己資本である。みなし利子率は5％で，工業製品の
インフレ率が正の場合は，5％にそれを加えたものである。Keen and King
［2002］は，クロアチアでは控除額の算定が毎月行われたため，企業のコンプ
ライアンスが向上した一方で管理上の負担が増加したと指摘している。

（2）ベルギー（2006-2017）
　ベルギーは小国ということもあり，自国内に外国企業を誘致するための優遇
税制を積極的に行ってきた。その中で代表的なものが，多国籍企業グループに
属するベルギー企業を対象にしたコーディネーション・センター制度である。

EU は経済活動に弊害をもたらす優遇税制に対して，1990年代後半から様々な取り組みをしてきた。そうした流れを受けて，コーディネーション・センター制度は2010年末までに段階的に廃止されることになり，その代わりとしてACE が導入されたのである。また，ベルギーで導入されている ACE は NID（Notional Interest Deduction）と呼ばれている。NID の対象はコーディネーション・センター制度よりも広く，ベルギー法人税の対象となるベルギー法人及び外国法人である。NID は2005年6月22日に立法化され，2006年12月31日以降を決算日とする事業年度（すなわち，2007年課税年度）から適用されている。

　ベルギー財務省のパンフレット（NOTIOAL INTEREST DEDUCTION：an innovative Belgian tax incentive Tax Year 2012-Income 2011）などの内容をまとめると，NID の目的は，負債で資金を調達した場合と株式で資金を調

図表1　ベルギーの NID のみなし利子率

課税年度	大企業	中小企業
2007	3.442%	3.942%
2008	3.781%	4.281%
2009	4.307%	4.807%
2010	4.473%	4.973%
2011	3.800%	4.300%
2012	3.425%	3.925%
2013	3.000%	3.500%
2014	2.742%	3.242%
2015	2.630%	3.130%
2016	1.630%	2.130%
2017	1.131%	1.631%
2018	0.237%	0.737%
2019	0.746%	1.246%

（注）　2019課税年度に hard ACE から soft ACE に移行している。
〔出所〕　ベルギー財務省資料などから筆者作成

達した場合の税制上の扱いを等しくすること，全ての企業に対する実質的な法人税率を引き下げること，段階的に廃止されるコーディネーション・センター制度の代替策としての役割を果たすことである。

　株主基金は調整後自己資本，みなし利子率は２年前の10年国債の利率で，中小企業に対するみなし利子率はこれに0.5％ポイントだけ上乗せされる（図表１）。ベルギーは hard ACE の代表的導入国であった。しかしこの仕組みは2018課税年度までで廃止されており，後述するように2019課税年度からは soft ACE に移行している。

２. soft ACE

　続いて，Institute for Fiscal Studies［1991］の提案に類似した ACE，つまり soft ACE の導入国を取り上げる。

（１）オーストリア

　オーストリアでは2000年から2004年にかけて soft ACE が導入されていた。株主基金は新規の自己資本で，みなし利子率は流通市場における国債の平均利率に0.8％ポイントのリスクプレミアムを加えたものである。その仕組みは，株主基金にみなし利子率を乗じた額に対して25％の軽減税率を適用するというものである（通常の法人税率は34％）。

（２）イタリア（1997-2003）

　イタリアでは1997年から2003年にかけて企業の投資促進，レバレッジの削減，実効平均税率の引き下げによる国際的な競争力の維持などを目的に soft ACE が導入されていた。株主基金は新規の自己資本である。株主基金に政府が決定したみなし利子率を乗じた額に対して軽減税率を適用するという仕組みであったが，導入期間中は株主基金の定義やみなし利子率，法人税の適用税率が頻繁に変更された。また，法人の所得に対して法定税率と軽減税率の２つの税率が適用されることから，この制度は Dual Income Tax（DIT）と呼ばれて

いた。

（3）イタリア（2011-）

　イタリアは先の DIT とは仕組みは異なるが，2011年に ACE を再度導入している。イタリアでは経済成長と財政再建を同時に実現する必要があり，様々な改革を同時に実施したが，その一環で経済成長を担う政策の1つとして ACE が導入された。この制度はイタリア語では Aiuto alla Crescita Economica[3] と表記することから，制度名も ACE である。

　イタリアの ACE の株主基金は2010年以降の自己資本の増加分である。みなし利子率は導入当初の3年間は3％，その後，2014年が4％，2015年が4.5％，2016年が4.75％である。それ以降はイタリア公債の平均利率とリスク要因を考慮して財務省が毎年設定することになっており，2017年は1.6％，2018年は1.5％と低下している。制度の仕組みは，株主基金にみなし利子率を乗じた額を法人税の課税ベースから控除するというものである。

（4）ラトビア

　ラトビアでは2009年（2010課税年度）に導入され，2014年のはじめに廃止されている。株主基金は前期の内部留保で，みなし利子率は非金融企業への貸付利子率の加重平均である。仕組みは，株主基金にみなし利子率を乗じた額を法人税の課税ベースから控除するというものである。この制度は非金融部門にのみ適用される。また，企業が配当を行った場合は適用を受けることができず，この点は後述するブラジルの制度と対照的である。

（5）ベルギー（2018-）[4]

　ベルギーでは2017年に法人税の改革が行われ，NID についても変更があった[5]。株主基金にみなし利子率を乗じた額を法人税の課税ベースから控除する仕組み自体に変わりはないが，株主基金の定義が変更された。それまで株主基金は調整後自己資本であったが，2019課税年度から調整後自己資本の増加分に

なった。ここでの増加分とは特定の時期からの増加分ではなく，5 年間の平均増加分のことである。より具体的には 5 事業年度前の自己資本との差額を 5 で除した額である。なお，平均増加分を用いる理由は変動を抑えるためとされている。

（6）ブラジル[6]

　ブラジルの ACE は1996年に導入されている。導入の目的は法人税制上の負債優遇の緩和や投資の促進である。ただし，その仕組みは Institute for Fiscal Studies の提案やヨーロッパの導入国とはかなり異なる。

　ブラジルの ACE の仕組みは，株主に支払った税制上の自己資本に対する利子（Interest on Equity，以下 IOE と呼ぶ）を，社会負担金を含む法人税の課税ベースから控除するというものである。ブラジルでは通常の配当の他に，IOE を株主に支払うことができ，この IOE を法人税の課税ベースから控除することができるのである。IOE は，自己資本から再評価剰余金を差し引いたものに利子率を乗じて求める。利子率には，国家通貨審議会（Conselho Monetário Nacional, CMN）によって決定される長期利子率以下の利子率が用いられる。なお，自己資本，再評価剰余金，長期利子率はすべて前年のものである。ブラジルの ACE を利用するには，実際所得に対する課税方式に基づいて納税を行う法人でなければならない。また，利益剰余金と IOE 控除前・法人税引前・社会負担金控除後の当期利益のどちらかがプラスでなければならず，控除額は利益剰余金の50％，IOE 控除前・法人税引前・社会負担金控除後の当期利益の50％の大きい方を超えてはならない。さらに，前年の12月31日において累積損失が計上されている場合は利用できない。

　ブラジルの ACE の特徴は，ヨーロッパ諸国の ACE ではみなし利子は算定するだけで実際には株主に支払われないのに対して，IOE が実際に株主に支払われている点にある。なお，IOE を受け取った個人には所得税が課され，IOE を受け取った企業には15％の税率で課税される。したがって，ブラジルの ACE は IOE を受け取る個人や企業にも影響を与えることになる。

（7）その他

　実際に導入されている制度ではないが，EUからsoft ACEに該当する税制
が提案されているので紹介する。EUでは，法人税制が加盟国ごとに異なるこ
とが要因となって企業の投資などに弊害を起こしていることが大きな問題と
なっていた。そこで欧州委員会は2011年にEU加盟国の法人課税ルールの共通
化を目指してCCCTB（Common Consolidated Corporate Tax Base）という
制度を提案した。しかし，イギリスやアイスランドの反発などもあり，この提
案は事実上たなざらしにされていた。それが最近になって再検討され，その議
論の中でAGI（Allowance for Growth and Investment）と呼ばれる税制につ
いても検討されている。このAGIという制度は税制上の自己資本（AGI
equity base）の増加分にみなし利子率を乗じた額を課税ベースから控除する
ものであり，soft ACEに分類される。European Commission［2016］および
EY税理士法人［2017］などによれば，ここでの税制上の自己資本の増加分と
は，最初の10年間については，当該課税年度の期末時点の税制上の自己資本と
適用初年度の期首時点の税制上の自己資本の差額である。そして10年目以後
は，基準年度が1年ずつ前に動いていく。また，みなし利子率は当該課税年度
の前年の12月に欧州中央銀行が公表する10年物のユーロ圏の政府ベンチマーク
債の利率にリスクプレミアムの2％ポイントを加算した率である。なお，みな
し利子率の下限値は2％となっている。

　CCCTBについては段階的な実施が提案されており，第1段階として共通の
法人税課税ベース（Common Corporate Tax Base, CCTB）について合意を
得てから，第2段階として連結，すなわちCCCTBに関する作業に入ることに
なっている。EY税理士法人［2017，147頁］によると，EUは，このAGIを
伴うCCTBは，投資を最大で3.4％，雇用を最大で0.6％増加させることにつ
ながる経済効果が期待されるとしている。また全体で成長は最大1.2％，コン
プライアンス・コストは所要時間で10％，所要コストで2.5％減少することが
期待されるとしている。さらに子会社設立費用は最大67％減少し，中小企業を
含めて企業の海外進出を容易にするとしている。

　他には Kock and Gérard［2018］によると，ポルトガルは2010年に特定の所
有構造の下にある中小企業（つまり，個人，ベンチャーキャピタルの所有者，
ビジネスエンジェル）をターゲットにした soft ACE を導入した。さらに2013
年以降，適用中小企業の範囲が拡大し，さらに2017年以降は中小企業に限定さ
れなくなっている。また，2015年にトルコとキプロスでも soft ACE が導入さ
れた。さらに，Institute for Fiscal Studies［1991］によって ACE が提案され
る前である1982年に，イスラエルが ACE タイプの法人税制を導入している。

Ⅲ．ACE の税率に関する先行研究

1．わが国を対象とした研究

　わが国を対象とした研究に阿部［2010］の試算がある。阿部［2010］の試算
は，ミクロ・ベース（個別財務諸表による試算）とマクロ・ベース（法人企業
統計による試算）から成る。ミクロ・ベースの試算では CBIT（Comprehensive
Business Income Tax）[7]，ACE，BAT（Business Activities Tax）[8]，が取り
上げられ，マクロ・ベースの試算では現行法人税，CBIT，ACE が取り上げら
れている。本稿の関心は ACE にあるので，ここでは ACE に関する試算を中
心に阿部［2010］の内容を紹介する。

　ミクロ・ベースの試算であるが，分析対象年は2006年度，2007年度である。
直近のデータを用いない理由は金融危機の影響を避けるためである。分析対象
企業は，経団連主要企業の中から両年度にわたり「税引前当期利益」が赤字で
ある企業を除くなどして選定された，製造業14社，非製造業10社である。

　阿部［2010］では，「税引前当期純利益額」から「受取配当金額」を差し引
いたものを現行法人税の課税ベースとしている。また ACE については，貸借
対照表の「株主資本合計額」を株主基金とし，みなし利子率を1.5％として控
除額を計算している。そして現行法人税の課税ベースから ACE の控除額を差
し引いたものを ACE の課税ベースとしている。したがって，それぞれの課税

ベースを式で表現すると以下のようになる。

　現行法人税の課税ベース＝税引前当期純利益額 − 受取配当金額

　ACE の課税ベース＝現行法人税の課税ベース − 株主資本合計額×1.5％

　税額については，現行法人税の課税ベースの40％相当額としている[9]。そして，この税額を ACE の課税ベースで徴収するには税率を何％に設定する必要があるかを計算している。

　試算の結果，2006年度で最も税率が低いのは新日本製鐵の41.65％で，次が住友金属工業の41.72％であった。一方，最も高いのは東レの69.54％で，次いで三菱重工業が68.86％であった。2007年度で最も税率が低いのは新日本製鐵の42.05％[10]で，次いでキャノンの42.25％であった。そして最も税率が高いのは鹿島建設で231.95％と突出しており，次いで東レの80.05％である。ちなみに2006年度の鹿島建設の ACE の税率は42.62％である。

　次にマクロ・ベースの試算であるが，財務省財務総合政策研究所の「法人企業統計調査」の「業種別，規模別資産・負債・資本及び損益表」の2006年度の計数が用いられている。直近のデータを用いないのは，2006年度の企業収益が比較的安定していたためである。

　ここでは，「税引前当期純利益」を現行法人税の課税ベースとしている。また ACE については，「業種別，規模別資産・負債・資本及び損益表」の「中間配当額」と「配当金」の合計額を支払配当として，税引前当期純利益から支払配当を差し引いたものを ACE の課税ベースとしている。したがって，それぞれの課税ベースを式で表現すると以下のようになる。

　現行法人税の課税ベース＝税引前当期純利益

　ACE の課税ベース＝税引前当期純利益 − 支払配当

　　　　　　　　＝税引前当期純利益 −（中間配当額＋配当金）

　そして，「法人税，住民税及び事業税」を税額として，この税額を現行法人税の課税ベースと ACE の課税ベースで徴収するには税率をそれぞれ何％に設定する必要があるかを計算している。

　試算は業種別，資本金別（すなわち企業規模別）で行われている。例えば業

種別の試算によれば，全産業では現行法人税率は38.96％なのに対して ACE
の税率は58.25％，製造業では現行法人税率は36.44％なのに対して ACE の税
率は59.51％，非製造業では現行法人税率が40.99％なのに対して ACE の税率
は57.39％であった。

　ミクロ・ベースの試算結果から，税収中立を仮定すると，ACE の場合税率
を現行より 3 ～10数％ポイント程度引き上げる必要があるとしている。そして
ACE の導入の影響については，業種や課税年度により ACE の控除額は大き
く異なるので決して安定的な制度にはならないこと，課税ベースがマイナスと
なる「欠損法人」の増加により法人税全体ではさらなる税率の引き上げが予期
されること，自己資本比率が低い企業ほど大きな増税になりかねないことを指
摘している。またマクロ・ベースの試算結果から，ACE の影響は CBIT 以上
に大きい可能性を指摘している。そして，「課税ベースの縮小・表面税率の引
き上げという組み合わせが，従来，税制調査会等が主張してきた法人税改革の
考え方と反し，諸外国における法人税改正の方向とも逆行することから問題が
多い。また，業種・企業による負担の増減が大きく，一律の制度として構築す
るには無理がある。」と総括している。

2．AGI を対象とした研究

　Buyl and Roggeman［2019］では，ベルギーで導入されている NID を廃止
してその代わりに AGI を導入したと想定して，その場合にどのような影響が
発生するかを分析している。具体的には，ベルギーの税収や企業の実効税率
（税負担の税引前利益に対する比率）に対する影響を分析している。主な分析
結果を先取りすると，税収については NID を廃止してその代わりに AGI を導
入すると，現行税制および単に ACE を廃止したときより税収が増加すること
が示された[11]。一方，実効税率については，「NID よりも AGI システムの方が
より高い実効税率になる確率」を中小企業と大企業で比較すると，大企業の方
が高いという結果が導出された。また，自己資本比率の水準が高い企業ほど
「NID よりも AGI システムの方がより高い実効税率になる確率」が上昇する

が，その傾向は中小企業よりも大企業に強く見られることが明らかにされた。つまり NID が AGI に置き換わることによる税負担増加の効果は，中小企業よりも大企業に強く現れることを示唆している。

　この分析に用いられているデータは，ベルギーの2013課税年度の法人税申告書のデータとビューロー・ヴァン・ダイク社（Bureau van Dijk）の Bel-first である。Bel-first はベルギー企業とルクセンブルグ企業を対象とした企業情報データベースである。年次決算書を提出する義務のない企業や会計上の損失がある企業などを除外し，サンプルは23,308社から10,321社に絞り込まれている。ベルギーの NID に関する他の多くの研究では財務諸表のデータが用いられている。財務諸表のデータでは各企業の NID に関する正確な情報を得ることが難しい。また中小企業の財務諸表は大企業のものより簡略化されているので，中小企業に関する正確なデータを得るのはより困難である。この研究では法人税申告書のデータを用いることによって，そうした課題を克服している。さらに法人税申告書のデータを用いることによって，AGI を導入した場合の課税ベースを正確に計算することができる。

　最初に集計したデータを用いて行った税収に関する分析について紹介する。分析は想定を変えていくつかのケースについて行われているが，図表2はその中で最も税収の変化が大きかったケースの結果をまとめたものである。分析によると，2013課税年度に分析対象の10,321社は約42.9億ユーロの法人税を負担

図表2　税収の効果

	現行税制	NID の廃止	AGI の導入 （NID は廃止）
税額（億ユーロ）	42.9	69.1	75.3
税収の変化率（％）	—	61.12	75.66
税率（％）	33.99	21.08	19.34

（注）　税率は「現行税制」については法定税率，その他は「現行税制」の税額を確保するのに必要な
　　　税率を表している。
〔出所〕　Buyl and Roggeman［2019］より作成

している。仮に現行税制から NID を廃止した場合，課税ベースが拡大するので税率が不変であれば税収は約69.1億ユーロになり，割合にして61.12％増加する。また，法人税収を不変（現状の42.9億ユーロ），課税ベースを NID を廃止した場合の課税ベースとすると，法人税率は21.08％となり，現行の33.99％から12.91％ポイント減少する。ここから NID が税収に対して大きな影響を持っていることがわかる。さらに，現行税制から NID を廃止して代わりに AGI を導入した場合の税収を計算すると約75.3億ユーロとなり，NID を廃止した場合よりもさらに税収が増加することが明らかにされた。この要因は，2013課税年度の税制上の自己資本の変化が平均的にみて増加ではなく減少であることにより，課税ベースが拡大したためである。税収は現状から75.66％増加し，法人税収が現状から変わらないとすれば税率はわずか19.34％でよいことになる。

　続いて実効税率に関する計量経済学的な分析について紹介する。NID に関する先行研究により，NID は企業のレバレッジを低下させる，言い換えれば自己資本比率を増加させる効果があるということが分かっている。つまり，企業は NID から最大限の恩恵を受けようとして資本構成を最適化させていると考えられる。NID は税制上の自己資本を，AGI は税制上の自己資本の変化分を基にしているので，NID の下で最適な資本構成は AGI の下で最適とは限らない。つまり，NID の下で最適な自己資本比率は AGI の下では高すぎると考えられる。よって NID を廃止して AGI を導入した場合，資本構成がそのままであれば企業はより多くの税負担をすることになり，実効税率が高くなる。また先行研究によれば，大企業と中小企業を比較した場合，大企業の方がより積極的に NID に反応して資本構成を変化させている。そこでこの研究では以下の３つの仮説を立てて，それをプロビット回帰により検証している。

　仮説１　　自己資本比率と「NID よりも AGI システムの方がより高い実効税率になる確率」には正の関係がある。

　仮説２ a　「NID よりも AGI システムの方がより高い実効税率になる確率」は中小企業よりも大企業の方が高い。

仮説2ｂ　仮説1の関係は中小企業よりも大企業に強く見られる。

そして分析の結果はそれぞれの仮説を支持するものであった。

Ⅳ．ACE の税率の試算

ここでは筆者が行った ACE の税率の試算についてみていく。試算結果の概要を先取りすると，全産業，製造業，非製造業については，hard ACE, soft ACE ともに法人所得税に対する税率から大幅に上昇することはなかった。しかし，個別の業種でみると，hard ACE の税率は業種によってかなり異なることが明らかになった。

1．データ

試算に用いるのは，日本政策投資銀行設備投資研究所編『2018年版　産業別財務データハンドブック』である。このデータでは上場企業の財務データを加工，編集して産業別の財務データ（107業種）を11年間集計している。損益計算書と貸借対照表については実額ではなく百分比で掲載しているが，直近の2年間，すなわち2016年と2017年については産業別1社平均の実額も掲載している。そこで，本稿では2016年と2017年を分析対象期間として，個別決算の産業別1社平均の実額を用いて試算を行った。図表3は業種の分類と企業数を示したものである。図表3からわかるとおり「ビール」と「航空運輸」の企業数はゼロなので，これらの業種に対する分析は行っていない。

2．試算方法

先行研究の Buyl and Roggeman［2019］は法人税申告書のデータを用いているため，AGI を導入した場合の課税ベースを正確に算出することができた。本稿で用いるデータはそうした税務データではないので，Buyl and Roggeman［2019］のような分析を行うことは不可能である。そこで本稿では，阿部［2010］を参考にしながら法人所得税，hard ACE, soft ACE につい

図表3　業種と企業数

業種	企業数
全産業	1,961
製造業	1,022
食料品	78
畜産加工食品	12
製粉・飼料	6
ビール	0
調味料	10
製菓・製パン	12
その他の食料品	38
繊維	31
化合繊	2
紡績	9
その他の繊維	20
紙・パルプ	15
印刷	17
化学工業	153
総合化学	4
有機化学工業製品	33
無機化学工業製品	28
油脂・石鹸・化粧品	16
塗料	15
医薬品	34
その他の化学工業	23
石油精製	5
ゴム製品	18
タイヤ	4
その他のゴム製品	14
窯業・土石製品	46
セメント	3
板ガラス	3
その他ガラス	5
陶磁器	9
その他の窯業・土石	26
鉄鋼	39
高炉	2
普通鋼	9
特殊鋼	9
その他の鉄鋼	19
非鉄金属	27
非鉄金属製錬	13
非鉄金属圧延	3
電線・ケーブル	9
ダイカスト	2
金属製品	50
一般機械器具	159
工作機械・工具	24
農業用機械	4
建設用機械	9
化学機械・タンク	16
事務用機械器具	11
その他の機械器具	77
ベアリング	6
その他の機械部品	12
電気機械器具	168
コンピュータ・電機	6
産業用電気機械器	39
産業用通信機器	20
計器	14
電子機器部品	62
民生用電気機器	19
その他の電気機器	8
輸送用機械器具	101
自動車	9
自動車部品	70
造船重機	5
その他の輸送用機器	17
精密機械器具	33
光学機器	6
その他の精密機械器具	27
プラスチック製品	28
その他の製造業	54
非製造業	939
水産業	4
鉱業	2
建設業	115
総合建設業	4
土木建築工事業	63
浚渫工事業	4
設備工事業	44
卸売業	192
総合商社	7
その他の卸売業	185
小売業	167
百貨店	6
スーパー	30
外食産業	34
その他の小売業	97
不動産業	62
運輸業	85
鉄道	17
道路貨物運送	17
海運	12
航空運輸	0
倉庫	11
港湾運送	16
その他の運輸業	12
電気業	10
ガス業	9
通信・情報産業	132
通信	5
情報サービス	117
放送	3
その他のメディア	7
サービス業	161
ホテル・宴会場	9
アミューズメント	24
その他のサービス業	128

〔出所〕 日本政策投資銀行設備投資研究所所編『2018年版 産業別財務データハンドブック』より筆者作成

て試算を行う。法人所得税の課税ベースはデータから得られる「税引前損益」
の額そのものである。阿部［2010］における現行法人税の課税ベースはミク
ロ・ベースの試算では「税引前当期純利益額」から「受取配当金額」を差し引
いたものである。また，マクロ・ベースの試算では「税引前当期純利益」その
ものである。『2018年版　産業別財務データハンドブック』では受取配当金は
「受取利息・配当金」という項目に含まれているため，受取配当金の額を正し
く把握することができない。また税引前当期純利益そのものを現行法人税の課
税ベースとすることは正確性に欠ける面がある。そこで，本稿では「税引前損
益」を課税ベースとする税制を法人所得税と定義した。そして現行法人税では
なく，法人所得税を基準にして hard ACE と soft ACE の影響を比較分析する
こととした。改めて法人所得税の課税ベースを式で表現すると以下のようにな
る。

法人所得税の課税ベース＝税引前損益

　また，阿部［2010］における ACE の課税ベースはミクロ・ベースの試算で
は，株主基金にみなし利子率（1.5％）を乗じた額を現行法人税の課税ベース
から控除したものである。株主基金には「株主資本合計額」を用いている。ま
たマクロ・ベースの試算では，「税引前当期純利益」から「受取配当」を差し
引いたもので，「受取配当」は「中間配当額」と「配当金」の合計である。阿
部［2010］における ACE は本稿では hard ACE に相当する。『2018年版　産
業別財務データハンドブック』では「株主資本合計額」という項目はないが，
「資本金」，「資本剰余金等」「利益剰余金等」の合計がこれに相当すると考えら
れる。また前述のように受取配当の金額はわからない。そこで本稿では，「資
本金」，「資本剰余金等」「利益剰余金等」の合計を株主基金とした。みなし利
子率は阿部［2010］にそろえて1.5％とした。したがって，hard ACE の課税
ベースを式で表現すると以下のようになる。

hard ACE の課税ベース＝法人所得税の課税ベース－株主基金×1.5％

＝法人所得税の課税ベース－株主資本合計額

×1.5％

$$= 法人所得税の課税ベース - (資本金$$
$$+ 資本剰余金等 + 利益剰余金等) \times 1.5\%$$

　阿部［2010］では，いわゆる hard ACE しか取り上げていないが，本稿では soft ACE も取り上げる。soft ACE は hard ACE ではないがそれに類似する制度全般を指す，幅の広い概念である。ここでは株主基金として株主資本合計額の変化分を考え，それにみなし利子率を乗じた額を法人所得税の課税ベースから控除したものを soft ACE の課税ベースと定義する。したがって，soft ACE の課税ベースは2017年しか計算することができない。soft ACE の課税ベースを式で表現すると以下のようになる。

　soft ACE の課税ベース = 法人所得税の課税ベース - 株主基金 × 1.5%
$$= 法人所得税の課税ベース - 株主資本合計額の変化分$$
$$\times 1.5\%$$

　阿部［2010］における税額は，ミクロ・ベースの試算については現行法人税の課税ベースの40％相当額，マクロ・ベースの試算では「法人税，住民税及び事業税」を採用している。また，ミクロ・ベースの試算では参考ということで個別財務諸表における「法人税，住民税及び事業税」を税額とした試算も行っている。本稿では阿部［2010］にならい，まず「税引前損益」の40％相当額を税額として，この税額を各課税ベースで除して税率を求めた。続いて，「税引前損益」と「税引後損益」の差額を税額とした試算も行った。

　税率の試算では，「税引前損益」，「税引後損益」，税額のすべてがプラスの業種を分析対象とした。分析対象から除外されたのは，2016年については「総合化学」，「高炉」，「化学機械・タンク」，「ベアリング」，「コンピュータ・電機」，「産業用通信機器」，「民生用電気機器」，「造船重機」，「光学機器」，「総合商社」，「海運」の11業種である。また2017年については「高炉」，「コンピュータ・電機」，「その他の電気機器」，「造船重機」，「鉱業」，「総合商社」の6業種である。

　なおデータと試算方法に関して，いくつか留意しなければならない点がある。1つは，制度のうえでは控除し切れなかった ACE は次の年に繰り越され

ることになるが，本稿の分析では2016年から2017年かけての繰り越しを考慮していないという点である。言い換えれば，当該年に導入された場合について試算しているということになる。2つ目は，分析には産業別1社平均の実額を用いているため，実額がマイナスの企業が含まれている点である。例えば，「税引前損益」がプラスの業種であっても，平均がプラスなのでこの中には「税引前損益」がマイナスの企業の値も含まれてしまっているのである。

3. 試算結果

（1）税率A

　図表4は全産業，製造業，非製造業の試算結果をまとめたものである。ここでは税率Aについてみていく。税率Aとは，「税引前損益」の40％相当額を税額とした場合の税率である。これをみると全産業の hard ACE の税率は，2016年が46.12％，2017年が44.94％となっている。一方，soft ACE は定義的に2017年しか算出できないが，40.26％となっている。製造業については，hard ACE の税率は，2016年が46.93％，2017年が45.15％，soft ACE は40.27％である。同様に非製造業については，hard ACE の税率は，2016年が45.24％，2017年が44.65％，soft ACE の税率が40.25％である。法人所得税の税率40％と比較すると hard ACE については大体5〜7％ポイント高くなっている。soft ACE については税率の上昇は0.3％ポイント程度である。この結果から法人所得税，soft ACE，hard ACE の順に課税ベースが小さくなっていることがわかる。

　紙幅の都合で詳細を掲載できないが，業種別にも試算を行っている。hard ACE の税率が高い業種は，2016年の「印刷」（79.93％），2016年の「板ガラス」（71.45％），2016年の「放送」（74.28％），2017年の「放送」（71.88％）などである。ちなみに2017年の「印刷」は54.46％，2017年の「板ガラス」は52.11％と大幅に下がっているが，これは「税引前損益」の増加による課税ベースの拡大が主な要因である。一方，hard ACE の税率が低い業種は，2016年と2017年の「総合建設業」（それぞれ41.68％，41.86％），2016年と2017年の

図表4　全産業，製造業，非製造業の試算結果

	全産業		製造業		非製造業	
年	2016	2017	2016	2017	2016	2017
資本金	16,992	17,266	18,966	19,422	14,844	14,920
資本剰余金等	16,525	16,572	20,808	20,986	11,864	11,768
利益剰余金等	56,635	61,951	62,242	67,915	50,533	55,459
株主基金	90,152	95,789	102,016	108,323	77,241	82,147
税引前損益	10,190	13,080	10,363	14,234	10,000	11,825
税引後損益	7,861	10,491	8,308	11,838	7,376	9,025
控除額						
hard ACE	1,352.28	1,436.84	1,530.24	1,624.85	1,158.62	1,232.21
soft ACE		84.56		94.61		73.59
税率 A（％）						
hard ACE	46.12	44.94	46.93	45.15	45.24	44.65
soft ACE		40.26		40.27		40.25
税率 B（％）						
法人所得税	22.86	19.79	19.83	16.83	26.24	23.68
hard ACE	26.35	22.24	23.27	19.00	29.68	26.43
soft ACE		19.92		16.95		23.83

（注）　実額の単位は百万円
〔出所〕　筆者作成

「石油精製」（それぞれ41.90％，42.75％），2017年の「その他ガラス」（42.79％）
などである。

　一方，soft ACEの税率については，法人所得税の税率から大きくかい離す
る業種はなく，最も高いのが「石油精製」の40.82％，最も低いのが「タイヤ」
の39.80％であった。本稿ではsoft ACEの株主基金を株主資本合計額の変化
分としたので，2016年から2017年にかけてそれが減少した業種は，法人所得税
よりも課税ベースが拡大して税率が40％を切るのである。今回の試算では「タ

イヤ」のほかに「その他の食料品」（39.90％），「ゴム製品」（39.85％），「事務用機械器具」（39.93％）の3つの業種が40％を下回った。図表5はそれら4つの業種の試算結果をまとめたものである。株主基金の構成要素をみると，「タイヤ」と「ゴム製品」については「資本金」，「資本剰余金等」，「利益剰余金等」のすべてが減少していた。また，「その他の食料品」と「事務用機械器具」については「利益剰余金等」の減少が株主基金減少の要因である。

　最後に2017年の hard ACE と soft ACE の税率の差について言及する。最も差が大きかった業種は「放送」で31.86％ポイント（hard ACE が71.88％，soft ACE が40.03％），次いで「百貨店」で18.55％ポイント（hard ACE が58.84％，soft ACE が40.28％）であった。一方，最も差が小さかった業種は

図表5　soft ACE 控除額がマイナスの業種

	その他の食料品		ゴム製品		タイヤ		事務用機械器具	
年	2016	2017	2016	2017	2016	2017	2016	2017
資本金	7,963	7,975	18,469	17,958	61,903	59,601	43,376	43,377
資本剰余金等	25,777	25,842	15,598	14,997	57,855	55,526	57,258	57,320
利益剰余金等	44,517	42,871	101,647	97,993	380,141	359,303	146,014	143,128
株主基金	78,257	76,688	135,714	130,948	499,899	474,430	246,648	243,825
税引前損益	9,991	9,070	15,150	19,352	59,779	77,181	23,999	25,634
税引後損益	6,936	6,711	12,161	14,666	48,468	58,199	21,273	20,712
控除額								
hard ACE	1,173.86	1,150.32	2,035.71	1,964.22	7,498.49	7,116.45	3,699.72	3,657.38
soft ACE		−23.54		−71.49		−382.04		−42.34
税率 A（％）								
hard ACE	45.33	45.81	46.21	44.52	45.74	44.06	47.29	46.66
soft ACE		39.90		39.85		39.80		39.93
税率 B（％）								
法人所得税	30.58	26.01	19.73	24.21	18.92	24.59	11.36	19.20
hard ACE	34.65	29.79	22.79	26.95	21.64	27.09	13.43	22.40
soft ACE		25.94		24.13		24.47		19.17

（注）　実額の単位は百万円
〔出所〕　筆者作成

「総合建設業」で1.58％ポイント（hard ACEが41.86％, soft ACEが40.29％），次いで「石油精製」で1.92％ポイント（hard ACEが42.75％, soft ACEが40.82％）であった。

（2）税率 B

　次に税率 B, すなわち「税引前損益」と「税引後損益」の差額を税額とした場合の税率についてみていく。全産業の法人所得税率は2016年が22.86％, 2017年が19.79％となっている。hard ACE の税率は2016年が26.35％, 2017年が22.24％, そして soft ACE の税率は19.92％である。製造業については，法人所得税率は2016年が19.83％, 2017年が16.83％となっている。hard ACE の税率は2016年が23.27％, 2017年が19.00％である，そして soft ACE の税率が16.95％である。同様に非製造業の法人所得税率をみると，2016年が26.24％, 2017年が23.68％である。hard ACE の税率は2016年が29.68％, 2017年が26.43％で soft ACE の税率は23.83％である。この結果からやはり法人所得税, soft ACE, hard ACE の順に課税ベースが小さくなっていることが確認できる。

　業種別にみてみると，法人所得税率が高い業種は2017年の「道路貨物運送」（42.53％），2016年の「運輸業」（40.70％），2017年の「化学機械・タンク」（40.41％）などである。一方，法人所得税率が低い業種は2017年の「電線・ケーブル」（0.83％），2016年の「鉄鋼」（2.90％），2017年の「化合繊」（6.75％）などである。続いて hard ACE の税率が高い業種は2016年の「その他の窯業・土石」（53.21％），2017年の「化学機械・タンク」（52.90％），2016年の「その他の電気機器」（54.39％）などである。hard ACE の税率が低い業種は2017年の「電線・ケーブル」（1.00％），2016年の「計器」（2.89％），2016年の「鉄鋼」（4.79％）などである。一方，soft ACE の税率が高い業種は，「道路貨物運送」（42.67％），「化学機械・タンク」（40.45％），「外食産業」（39.80％）などであった。soft ACE の税率が低い業種は，「電線・ケーブル」（0.84％），「電気機械器具」（5.97％），「化合繊」（6.81％）などである。

　また，法人所得税と hard ACE の税率の差についてみてみると，最も差が大きかった業種は2016年の「その他の電気機器」で21.89%ポイント（法人所得税率が32.50%，hard ACE の税率が54.39%），次いで2017年の「放送」で20.26%ポイント（法人所得税率が25.42%，hard ACE の税率が45.68%）であった。最も差が小さかった業種は2017年の「電線・ケーブル」の0.16%ポイント（法人所得税率が0.83%，hard ACE の税率が1.00%），次いで2016年の「計器」が0.46%ポイント（法人所得税率が2.43%，hard ACE の税率が2.89%）であった。一方，法人所得税と soft ACE の税率の差が最も大きかった業種は「石油精製」の0.35%ポイント（法人所得税率が17.02%，soft ACE の税率が17.37%），次いで「その他の精密機械器具」で0.26%ポイント（法人所得税率が26.15%，soft ACE の税率が26.40%）であった。また，差が最も小さかった業種は「電線・ケーブル」の0.01%ポイント（法人所得税率が0.83%，soft ACE の税率が0.84%），次いで「放送」の0.02%ポイント（法人所得税率が25.42%，soft ACE の税率が25.44%）であった。

　図表5に掲載した4つの業種については，やはり soft ACE の税率の方が法人所得税率より低くなっている。

V．むすびにかえて

1．議論のまとめ

　本稿では，ACE 導入国の制度の動向を整理したうえで控除額や税率について試算を行い，導入の影響について検討した。

　ACE の動向を整理することで明らかになった事柄の中で注目すべきことは，ベルギーが hard ACE から soft ACE に移行したことである。ベルギーでは株主基金として税制上の自己資本を用いていたが，近年の改革により，税制上の自己資本の増加分に変更されたのである。また，イタリアでは2016年のみなし利子率が4.75%であったが，2017年は1.6%，2018年は1.5%と大幅に低下

している。したがってベルギーとイタリアを見る限り，ACE は政策の規模としては縮小傾向にあるといえる。

　税率の試算については，まず日本政策投資銀行設備投資研究所編『2018年版産業別財務データハンドブック』に収録されている2016年と2017年のデータを用いて，hard ACE と soft ACE の控除額を求めた。続いて法人所得税，hard ACE，soft ACE の課税ベースを計算した。さらに一定の税額を集めるためには税率を何％に設定する必要があるかを求めた。全産業，製造業，非製造業については hard ACE の税率も soft ACE の税率も法人所得税に対する税率からそれほどかい離しなかった。業種別にみると hard ACE の税率は業種によって大きく異なるが，soft ACE の税率は業種間の差異があまりなかった。なお，株主基金の減少によって soft ACE の税率の方が法人所得税に対する税率よりも低くなる産業が4つあった。今後の課題としては，みなし利子率の水準を変えた試算を行うことや試算方法のさらなる精緻化が挙げられる。また，企業の行動の変化を考慮した分析も必要である。

２．わが国の法人税改革

　わが国では平成27年度と平成28年度の税制改正で「成長志向の法人税改革」が実施され，課税ベースの拡大と税率の引き下げが行われた。その結果，改革前は34.62％であった国と地方を合わせた法人実効税率は，現在29.74％になっている。ACE は原則として課税ベースを縮小するため，税収中立を達成するには税率の引き上げが必要になる。したがって，近年の改革とは逆行するものである。しかし，ACE は中立性を改善して投資促進の効果が期待されるので，中長期的な観点からは重要な税制であるといえる。わが国において ACE を導入した場合にどのような影響がでるのか，研究をさらに蓄積していく必要があるといえよう。

［注］

1）　数少ない研究として阿部［2010］，井上［2014］がある。

2） 制度の詳細が不明なためここでは取り上げないが，Kock and Gérard［2018］はリヒテンシュタインが2011年に hard ACE を導入していると指摘している。

3） 英語では Aid to Economic Growth という意味である。

4） ここでのベルギーの税制に関する記述は KPMG の資料（https://home.kpmg/be/en/home/insights/2018/01/belgian-corporate-income-tax-reform.html）及び EU の資料（http://data.consilium.europa.eu/doc/document/ST-14364-2018-ADD-1/en/pdf）に基づいている。

5） この改革では税率も変更されている。それまでベルギーでは税率33%の法人税と税額の3%分の財政再建のための付加税が課されていた。つまり実質的に33.99%の税率で課税されていたのである。改革により2019課税年度から法人税の税率が29%，財政再建のための付加税が税額の2%分になり，実質的な税率が29.58%に引き下げられた。さらに2021課税年度からは法人税の税率が25%になり，財政再建のための付加税は廃止される予定になっている。

6） ブラジルの ACE について議論したものとして山田［2019a］がある。

7） CBIT とは，U.S. Department of the Treasury［1992］によって提案された税制で，負債利子と株式の機会費用の控除を認めないという，ACE とは対照的な特徴を持っている。

8） BAT とは，U.S. Department of the Treasury［2007］によって提案された税制で，仕入高控除により課税の累積を排除する付加価値税である。

9） 阿部［2010］では，個別財務諸表における「法人税，住民税及び事業税」の額を税額とした試算も行っている。しかし，外国税額控除，繰越欠損金等の影響を大きく受ける場合があるため，その結果は参考までに示すとして本文では言及していない。

10） 阿部［2010］では2007年度の新日本製鐵の税率が36.16%となっている。定義的に ACE の課税ベースの方が現行法人税の課税ベースより小さくなるので，税率が40%を下回ることはあり得ない。阿部［2010］では試算に用いた数字も「試算集計表」として掲載されているので，その数字を基に筆者が計算した。新日本製鐵を除くとキャノン（42.25%），住友金属工業（42.30%）という順になる。

11） ここでは株主基金を税制上の自己資本の変化分としている。

［参考文献］

EY 税理士法人［2017］「国際租税制度に係る多国籍企業対応・影響等調査 平成28年度内外一体の経済成長戦略構築に係る国際経済調査事業 対内直接投資促進体制整備等調査 調査報告書」。

阿部泰久［2010］「法人税改革試算」企業活力研究所『マーリーズ・レビュー研究会報告書』141-165頁。

井上智弘［2014］「課税の経済分析：ACE の理論・実証分析とわが国資本所得課税改革のシミュレーション」博士論文，早稲田大学。

山田直夫［2019a］「ブラジルの ACE—資本構成，配当政策への影響を中心に—」『証券経済研究』，第107号21-31頁。

山田直夫［2019b］「国際財政学会第75回年次大会に参加して」『証券レビュー』，第59巻第10号，43-55頁。

Buyl, P. and A. Roggeman [2019] "An Ex-Ante Assessment of the AGI: Firm-Level Evidence From Belgian Tax Return Data," The 75th IIPF Annual Congress 報告論文.

European Commission [2016] "Proposal for a COUNCIL DIRECTIVE on a Common Corporate Tax Base," COM (2016) 685 final, Strasbourg, 25.10.2016.

Institute for Fiscal Studies [1991] *Equity for Companies: A Corporation Tax for the 1990s*, A Report of the IFS Capital Taxes Group Chaired by Malcolm Gammie.

Keen, M. and J. King [2002] "The Croatian Profit Tax: An ACE in Practice," *Fiscal Studies* 23(3), pp.401-418.

Kock, J. and M. Gérard [2018] "The Allowance for Corporate Equity in Europe: Latvia, Italy and Portugal," The 74th IIPF Annual Congress 報告論文.

U.S. Department of the Treasury [1992], Integration of the Individual and Corporate Tax System: Taxing Business Income Once, Washington DC, U.S. Government Printing Office.

U.S. Department of the Treasury [2007] Approaches to Improve the Competitiveness of the U.S. Business Tax System for the 21st Century, Office of Tax Policy U.S. Department of the Treasury.

第6章　電子化経済と「国際課税原則」

渡　辺　智　之

はじめに

　本稿の目的は，経済の電子化（デジタル化）が現行の国際課税システムにどのような影響を与えつつあるのかを検討することである[1]。電子化と国際課税の関係について，「令和2年度税制改正大綱」（令和元年12月12日，自由民主党・公明党）においては，以下のような認識が示されている：

「デジタル技術は経済活動の隅々まで浸透しており，「経済のデジタル化」が急速に進展している。このような時代の変化に対し，モノを中心とした産業時代に形成された国際課税原則，すなわち，「恒久的施設（PE：Permanent Establishment）なければ課税なし」や「独立企業原則」が適切に機能しないといった問題が顕在化している。」

　本稿の構成は以下のとおりである。まず，Ⅰ．では，そもそも「国際課税原則」とは何かを簡単に検討する。次に，Ⅱ．で，従来の国際課税ルールの構成要素を概観した上で，従来のルールは，サプライチェーン型のビジネスモデルに基づいた国際的経済活動については，理論的には問題なく適用できることを論じる。Ⅲ．では，デジタル・プラットフォームのビジネスモデルが国際課税に対して持つ意味を，簡単な例を用いて説明し，Ⅳ．で電子化経済が国際課税にもたらす問題は何なのかを基本的な視点から考える。最後に，Ⅴ．で，国際課税ルールの検討に関する最近の動きと今後のあり方について述べる。

I．国際課税原則

　電子化経済への対応に関して，G20/OECD を中心に国際課税ルールの見直し作業が進められつつある。電子化経済への対応は，従来から BEPS プロジェクトの一環として進められてきた[2]。BEPS プロジェクト自体もいくつかの国際課税ルールの見直しを含むものであったが，電子化経済への対応に関する国際課税ルールの見直しについて，100年に一度の変化といったやや大げさではないかと思われるような表現が用いられることもある。確かに，国際課税ルールが様々な調整を受けつつも全体としては大きく変化することなく，100年ほどの間，それなりに機能してきた。したがって，長期間にわたって，概ね安定的に維持されてきた現行の国際課税ルールのかなり大幅な見直しが，「国際課税原則」の根幹にかかわる重大な変更として論じられるのも無理はないのかもしれない。

　経済の電子化の進展が国際課税上の大きな影響を持つとしても，電子化に関する課税問題が国際課税に集中して起こるのはなぜだろうか。それは，国際課税ルールが各国間の税収配分に直接的な影響を与えるが，その場合，課税権の配分が課税ベースの地理的な確定と結びついている場合が多いためであろうと考えられる。そもそも，所得・消費・資産といった課税ベース算定の根拠となる指標は，「人」に帰属するものであって，「場所」に帰属するものではない[3]。しかし，国家の成立する要素として，国民・領土・主権がある以上，各国家の課税権が及ぶ範囲を確定する上で，「人」だけでなく，「場所」が問題となる場合が発生せざるを得ない[4]。

　これに対して，国内課税の場合には，「課税地」の特定にあまり神経質になる必要はない。国内課税では，課税権が当該国にあることが最初から前提となっているため，どの「場所」で課税され徴収されるのかは，当該国や当該国民にとって重要なことではない。（もちろん，国内課税の場合であっても国税以外の地方税については，国際課税の場合と同様，課税地がどこかという問題

は生じうる。課税地如何で，税収がどの地方公共団体に帰属するのかが異なってくるからである。しかし，国内課税の場合は，国が地方自治体間の財政調整を行うことができるために，課税地の問題が国際課税の場合ほど先鋭化しないのが普通である。）したがって，経済の電子化が税務執行等に及ぼす影響[5]については，国際課税の場合と同様であったとしても，国内課税においては課税地の問題が基本的に生じないために，電子化の影響が国際課税に比べると小さい。

　国際課税における課税地に関して，従来は何らかの物的基準（物品の所在地，事業の物理的拠点等）に拠っている面が強かったが，電子化の進展は，物的基準による課税地の決定を困難にする。他方，課税地の決定如何で国際的な課税権の配分が異なり，課税権の配分は国家間の税収配分（さらに，各国における社会厚生の相対的水準）に直結する。このため，国際課税ルールの変更は各国間の利害対立を生むことになる。このことは国際課税ルールの変更を困難にするとともに，ルールの調整のためには国際課税に関する基本的な共通認識があるほうが各国にとって望ましい状況を作り出す。このような基本的な共通認識が次第に形成され，国際的な基本合意としてある程度まとまったものになれば，それが「国際課税原則」とされるのであろう。

　しかし，そもそも，国家間の税収配分に関するルールを規定する「原則」など存在し得るのであろうか。少なくとも，国際貿易分野における自由貿易原則のような確立した原則は国際課税分野には存在し得ないのではないだろうか。自由貿易原則は，それによって一時的にあるいは特定のセクターについて被害を受ける国があり得るにせよ，長期的にはすべての国の厚生にとって望ましい影響を与える場合が多いと考えられるので，国際的な「原則」とされるにふさわしい。しかし，国家間の税収配分は，いわばゼロサムゲームであって，どのような「原則」を採るにせよ，その原則によってすべての国の利益が増進されるわけではない。

　国際課税のあり方についても，いくつかの規範的なアイデアが理論的に示されたことはある。しかし，例えば，資本輸出中立性（capital export neutrality）

等の伝統的な基準は，特定の効率性の側面に関する基準に過ぎない[6]。また，IMF［2019］では，「効率性の観点は，レント（投資家の要求する最低収益率を超える収益）はどこかで課税されることを要請する」（Efficiency requires that rents—receipts above the minimum return required by the investor—be taxed somewhere.）としている。しかし，「どこかで」（いずれかの国で）課税されるべきという「原則」は，グローバルな観点からの意味はあったとしても，国家間の適切な税収配分をもたらすという目的に照らす限りほとんど無内容なものでしかない。

　BEPSプロジェクトにおいては，「価値創造が行われた場所における課税」（"taxing where value is created"）という考え方が強く打ち出された。しかし，これは，低課税国にペーパーカンパニーを設立することは許容できない，といった特定のBEPS対抗措置の基盤にある考え方として採用することはあり得ても，国際課税原則と言えるものではない。また，「価値創造が行われた場所における課税」の考え方には，「国家間の税収配分の公平実現のための規範」という客観的に論じ得ない要素が含まれているため，それを国際課税ルールが則るべき基準としての「国際課税原則」とすることは，各国間の合意形成をかえって困難にする面もあるかもしれない。

　他方，電子化経済への対応の文脈で見直しが進められている「PEなくして課税なし」の原則や独立企業原則は，国際課税ルールの一部を形成する考え方に過ぎないが，それらの「原則」は経済活動のグローバル化の中で常に問題を指摘されながらも，思いのほか長期にわたって維持されてきた。そのために，近年，それらの個別的な「原則」について，本核的な見直し作業が開始されたことをもって，「100年に一度」の国際課税原則の抜本的見直しという捉え方がされているのかもしれない。本稿では，以上のような認識をもとに，電子化経済が国際課税にもたらす影響を検討していくこととしたい。

II. 従来の国際課税ルール

　従来の国際課税ルールにおいては，居住地国・源泉地国・仕向地国という区別が重要であった。図表1を参照されたい。R国に居住する者（とりあえず，個人とする。）がS国に設立された企業に出資して，当該企業が生産活動を行い，D国に居住する顧客に財貨・サービスを提供している状況を考える。R国はresidence country（居住地国），S国はsource country（源泉地国），D国はdestination country（仕向地国）の略称である。マーリーズレビュー（Mirrlees et al. [2011]）によれば，もしR国・S国・D国のすべてがPITのみを課していたら，税収はR国に集まり，もし三カ国のすべてがCIT（VAT）のみを課していれば，税収はS国（D国）に集まることになる。この意味で，居住地国PIT，源泉地国CIT，仕向地国VAT，という一応の対応関係を想定することも不可能ではない[7]。ここでPIT，CIT，VATはそれぞれ，所得税（個人所得税），法人税（法人所得税），消費税（付加価値税）を示している。

　電子化経済の生む困難な問題は，生産活動が行われた国（所得の「源泉」があるという意味での源泉地国）における課税が想定されている法人税[8]において最も顕在化する。法人税はS国で課されることを前提とすれば，かつ，仮に法人税が今後とも各国で必要とされているとしたら，源泉地国における課

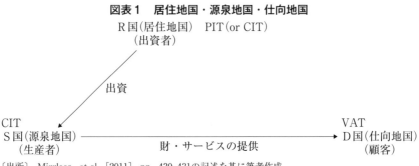

図表1　居住地国・源泉地国・仕向地国

〔出所〕　Mirrlees, et al. [2011], pp. 430-431の記述を基に筆者作成

税が可能でなければならないということになる。しかし，一般に所得を生み出す生産が行われた場所を特定することは難しいことから，源泉地国の特定が困難な場合も多い。他方，居住地国や仕向地国の基準は，源泉地国に比べると明確であると言われることが多い。(しかし，本当にそう言えるのかはどうか定かではない[9]。)

これまでの法人税（CIT）に関する国際課税ルールにおいては，ごくおおざっぱに言えば，

① 法人はその存在する国（例えば，法人が設立された国）において，その所得に対して法人税を課される[10]。

② 法人が存在していなくても，PE（恒久的施設）がその国に存在すれば，法人が得る事業所得のうち，当該 PE に帰属する分についてはその国の法人税を課される[11]。

③ 国境をまたぐ関連者間取引については，独立企業原則を中核にした移転価格課税ルールが適用される。

という基本的な考え方が確立されていた。

上記の３つの基本的考え方のうち，①については法人税の存在条件として自明であると考えて受け入れることにして[12]，以下で②と③について検討する。②の PE とは，当該法人の行う事業の拠点（工場・事務所等）である。①の基準のみで法人税を課した場合，その法人が居住地国以外で事業活動を行っても他の国では全く課税できないのも不都合なので，他の国で生じたとされる事業所得に課税するために PE の考え方が必要となったのであろう[13]。事業所得が生じた場所を確定することは困難であるが，一つの目安としては，事業を行うための物理的な拠点の有無が想定され，それが従来の PE の考え方に結びついている。

仮に，①と②の基準によって，法人税を課すべき主体と主体の帰属する国が明らかになれば，当該法人又は PE の課税ベースを計算することになる。その際，国際課税の文脈で特に問題となるのが，③の移転価格（トランスファー・プライシング）に関する課税ルールである。国際的に事業展開する企業の多く

は，海外の関連企業（親会社・子会社・兄弟会社等の同一企業グループ内の企業）との取引を活発に行っている。ところが，各国の税制に基づく法人の単体課税（PE課税を含む）の枠組みでは，国家間の税率や税制上の相違点を利用すれば，関連者間取引の条件を調整することで，企業グループ全体の税引き後利益を増大させることができる。そこで，海外の関連者との取引価格が独立企業間で行われた場合に成立したであろう価格から乖離する場合に，独立企業間価格（arms' length prices；以下ALP）に引き戻して課税所得を算定する移転価格税制が各国で導入されており，OECDから移転価格ガイドライン（OECD[2017]）も示されている。

　さて，従来のサプライチェーン型のビジネスモデルにおいては，それが多国籍企業によって展開される場合であっても，上記の①−③の条件が満たされる限り，各国の法人・PEに帰属すべき所得が理論的には計算できるはずであり，かつ，その場合に各国で計算される所得は当該法人・PEによって生み出された付加価値を反映しているはずである。国際的に展開されるビジネスであっても，それが生産者から消費者へのサプライチェーンに沿って行われる場合には，各企業において独立企業間価格に基づく所得計算が行われることによって，理論的には，価値創造に応じた課税が各国で概ね実現されることになると考えることができる[14]。

　図表2を参照されたい。図表2の各企業（1，2，A）と顧客はそれぞれ別

図表2　サプライチェーン型のビジネスモデル

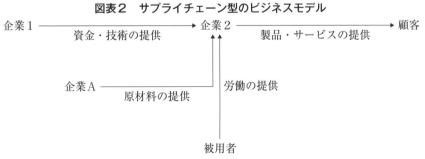

〔出所〕　筆者作成

の国に所在するものとして，企業2の所得を考える。企業2は，親会社である企業1から資金や技術の提供を受け，企業A（企業2とは独立の企業）から原材料の供給を受ける。企業2の顧客は企業2の関連者ではない一般の消費者であるとする。仮に，企業2が所在する国が高税率国であれば，企業2は親会社である企業1への支払いを増加させる（例えば，企業1からの借入金の利子を多く払う，また，企業1から使用許諾を受けた特許に関する使用料を多く払う。）ことで，企業1と企業2から成る企業グループの税負担を減らして，税引き後所得を増加させることができる。しかし，企業1と企業2の間の取引が独立企業間価格で行われていれば，企業2の所得は企業2の生み出す付加価値を反映したものとなり，価値創造の基準と概ね整合的な課税が行われることになるはずである。（なお，企業2の生み出す付加価値は，企業2の法人所得とは異なる。法人所得を算出するためには，被用者に対する賃金支払を控除する等の調整が必要となる。しかし，この違いは，企業2とその被用者が関連者でなければ，それほど大きな困難は生じさせないであろう。）

　しかし，独立企業間価格の算定は実際には困難である。例えば，事業所得算定における無形資産・リスク等の取り扱いの問題がある[15]。特に，無形資産に関しては，その対価について，独立企業間価格がそもそも設定できるのかどうかという問題がある。特許権の使用料のような場合は，独立企業間価格を想定することもできなくはないが，ノウハウのような無形資産には公共財的な性格がある[16] ことから，独立企業間価格の概念が成立するのかどうかも不確かである。また，無形資産に関しては，それが「無形」の情報であることを反映して，所在する場所を特定することが困難であり，このことが課税権の配分を巡る国際課税上の困難な問題を引き起こす場合が多い。

　無形資産の問題は，電子化経済の下でさらに重要となるとともに複雑化する。特に，無数の消費者の行動に関するデータベースは，それ自体無形資産であるが，ビッグデータを効率的に収集できる特定の事業者（デジタル・プラットフォーム）によって保有・管理される。また，ビッグデータは，特定の用途に用いられる無形資産と異なり，様々な用途に活用できる汎用的な無形資産で

あるといえよう。このようなビッグデータを活用するデジタル・プラット
フォームのビジネスがどのような国際課税上の問題をもたらすのか，次節で検
討する。

Ⅲ. デジタル・プラットフォームのビジネスモデル

　デジタル・プラットフォームのビジネスモデル[17) は，従来の国際課税が依
拠してきた PE の基準と移転価格における独立企業間価格（ALP）の基準を無
効にする面がある。図表 3 は，典型的なデジタル・プラットフォームである
Google 社を念頭に，そのビジネスモデルを簡単に図示したものである。
（Facebook のビジネスモデルもほぼ同様である。）G 社は，消費者である顧客
（ユーザーB）に検索などのサービスを提供する見返りにユーザーB から膨大
な個人情報を収集し，それを分析することで，各消費者に対する効果的な広告
を行う。G 社は，ビッグデータ分析に基づく効果的な広告配信のサービスを消
費財生産者である顧客に提供し，ユーザーA から広告料を得ることで膨大な
収益を挙げる。なお，ユーザーA とユーザーB はともに G 社の顧客であるが，
全く別のタイプの顧客であり，G 社は両方のタイプの顧客の間でマッチメーキ

図表 3　デジタル・プラットフォームのビジネスモデル

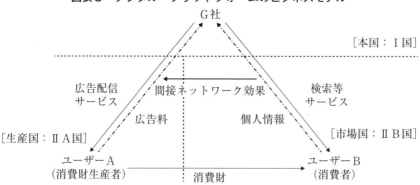

（注）　仕向地国は，［生産国］であって，［市場国］ではない。
〔出所〕　筆者作成

ングを行うことで収益をあげていることから，multi-sided platform と呼ばれることもある。

図表3はG社のビジネスモデルを簡単に示したものであるが，図表3においては以下の3つの国の存在が想定されている。すなわち，「本国」であるI国（G社の居住地）・「生産国」であるⅡA国（消費財を生産するユーザーAの居住地）・「市場国」であるⅡB国（最終消費者であるユーザーBの居住地）の三カ国である。ユーザーAもユーザーBも単一の主体ではなく，多数存在することを想定している。以下では三つの国がすべて別の国である場合から出発して，その後，三カ国のうちのいくつかが同一国である場合を検討していく。但し，I国がG社の居住地国であることはすべての場合に共通である。

図表4は，G社が広告配信サービスの対価としてユーザーAから対価（広告料）を徴収し，利益を挙げる状況を示している。便宜上，広告配信に要する限界費用はゼロとする。当初，G社がユーザーBから対価を取って検索等サービスを提供していたものとする。その際，ユーザーBは検索等サービスをそれほど活発には利用せず[18]，G社が収集できる個人情報も限られていたためにユー

図表4　間接ネットワーク効果
（タイプＢユーザーからの情報増加に伴うＧ社超過利益の増大）

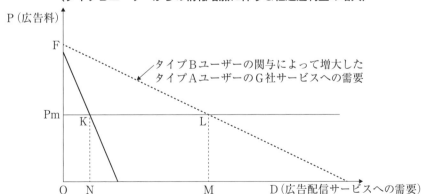

（注）便宜上，広告サービス供給のための限界費用はゼロとする。
〔出所〕筆者作成

ザーAにとってそれほど有用な広告配信はできていなかったものとする。その場合，広告配信サービスに対するユーザーAの需要は直線FKで示されていたものとする。この時，G社の得る超過利益は四角形PmKNO（から固定費用を出し引いた分）になる。

次に，G社がユーザーBに検索等サービスを無償で提供し，それによってG社が収集できる個人情報が格段に増大して，G社がユーザーAに提供できる広告配信サービスの質（広告の有効性）が大幅に向上するために，ユーザーAによる需要が図表4の直線FLに拡大したものとする。この効果は，G社とユーザーBの関係深化がユーザーAによるG社サービスへの需要を拡大するという意味で，間接ネットワーク効果と呼ばれることがある。間接ネットワーク効果によって，G社の得る超過利潤は四角形KLMN相当分だけ増大する。また，G社がユーザーAに提供する広告配信サービスの質の向上によって，ユーザーAがユーザーBに消費財を販売することによる超過利益も，図表4の三角形FLK相当分増大する。以下では，この状況を前提に検討する。

1．三カ国別々の場合[19]

前述のとおり，図表3では，ⅡA国を生産国，ⅡB国を市場国と呼んでいる。ここではこれらの呼び方と，より伝統的な源泉地国・仕向地国という概念の関係を，G社が提供するサービスの文脈で検討する。まず，ⅡA国はG社の提供する広告配信サービスのユーザーが所在する仕向地国と言える。これに対して，ⅡB国は仕向地国とはいえないであろう。G社はⅡB国のユーザーBに対して検索等のサービスを提供しているが，その提供は無償で行われているため，G社のⅡB国における売上はないからである[20]。次に，G社はⅡA国にもⅡB国にも事業拠点を持たないから，従来のPE概念に従えば，ⅡA国もⅡB国もG社に関する源泉地国ではなく，G社の所得に法人税を課すことのできる国はⅠ国のみである。（なお，G社からユーザーAへの広告配信サービス提供に関してⅡA国で付加価値税を課すことは可能である。これに対して，G社からユーザーBへの検索等サービスの提供が無償で行われる場合には，

ⅡB国は付加価値税も課すこともできない。）

　図表4によると，G社のユーザーBへの無償の検索等サービス提供によって生まれた間接ネットワークによって超過利益をKLMN相当分増大させている。この超過利益の一部について，間接ネットワーク効果をもたらす個人情報を提供したユーザーBの所在するⅡB国で課税できるようにするべきだ，というのがいわゆる「ユーザー参加」の考え方であると解釈できよう[21]。この考え方からは，ⅡA国にはG社の超過利益に対する課税権の根拠は認められない。ⅡA国のユーザーAの活動がG社の超過利潤の増加（KLMN相当分）に寄与しているとは言えないからである[22]。（但し，図表4からわかるように，ⅡB国に販売する消費財の生産者であるユーザーAは，G社からの効果的な広告配信サービスを購入することで，超過利益を三角形FLK相当分増大させており，これに対しては当然ⅡA国の法人税が課税される。）

　「ユーザー参加」の考え方は，上記のような根拠でⅡB国にも源泉地国の地位を多少とも与えようとするものではないかと解釈できる。また，「マーケティング無形資産」の考え方を取るとすれば，G社の収益をもたらす顧客であるユーザーAに対するマーケティングに資する無形資産がⅡB国にあるので，ⅡB国にG社の超過収益の一部に対する課税権を認めるということになる。他方，ⅡA国にマーケティング無形資産が存在すると考えることは困難であろう。ユーザーAによるG社サービスへの需要の増加は，G社の開発した優れた技術という無形資産（本国に存在する）とユーザーBからの膨大は情報提供によるビッグデータ（ユーザーBが住むⅡB国にビッグデータという形の無形資産が所在すると考えることもできる[23]）によるものであり，ユーザーAはG社の超過利潤をもたらす無形資産の形成に関与していないからである。この意味で，ⅡB国に課税権を認めるという考え方は，仕向地課税に基づくものではない。上述のとおり，図表3に示された例においては，ⅡB国がG社にとっての仕向地国とは言えず，G社の仕向地国はあくまでⅡA国である。

　なお，後に述べるように，仮に国際課税制度を調整することで税収配分に関する各国間の対立が解消されない場合には，ⅡA国やⅡB国が租税政策以外の

手段を用いてG社に対抗することもあり得る。例えば，ⅡA国は，独占禁止政策の観点からG社に課徴金を課すことができるかもしれない。すなわち，ⅡA国の立場からすると，図表4における価格Pmは不当に高いものであって，その結果G社が得ている超過利潤の一部はⅡA国が回収すべきであるということになるかもしれない。また，ⅡB国は，G社が自国民の個人情報を不当に吸い上げているという理由で，個人情報保護政策の観点からG社に課徴金を課すことを考えるかもしれない。但し，経済政策としての個人情報保護政策の適切なあり方について明確な結論を得ることは困難である[24]。

2. ⅡA国＝ⅡB国＝Ⅱ国の場合

　3つの国がそれぞれ別の国の場合には，上記1.で述べたようなかなり厄介な問題が生じてしまう。しかし，実際には，ⅡA国とⅡB国が同一国である場合も多い。ここでは，両国が同一国（Ⅱ国）である場合を検討する。

　Ⅱ国はG社サービスの仕向地国となるので，1.の場合と同様，付加価値税の課税が可能であるほか，仕向地ベース法人税が導入されればⅡ国に法人税収が生じる。また，「ユーザー参加」や「マーケティング無形資産」を根拠にⅡ国が源泉地国として法人税を課すことができる可能性もある。このように，Ⅰ国とⅡ国の税収配分調整のためには，様々な方法があり，1.の三カ国別々のケースよりは問題に対応しやすくなる。他方，ⅡA国＝ⅡB国の場合には，三カ国別々のケースでは明らかであった仕向地課税とユーザー参加等を根拠とした源泉地国課税の区分が不明確になってしまう。現実の租税政策に関する議論の混乱の一因は，2.のケースと1.のケースを混合していることにあるのかもしれない。

3. Ⅰ国＝ⅡA国の場合

　Ⅰ国とⅡA国が同一国で，ⅡB国は異なる国の場合，Ⅰ国＝ⅡA国には特段の課税問題は発生しないが，現行の国際課税ルールの下ではⅡB国には付加価値税収も法人税収も生じなくなってしまう[25]。ⅡB国としては，ユーザー関

与等を根拠にしたG社の超過利益へ課税ができないのなら，個人情報保護政策あるいは独占禁止政策による課徴金の賦課くらいしかG社への対応策はないのであろう。なお，ⅡB国にとっての同様の問題は，3．以外のケースであっても，G社とユーザーAが同一企業である場合には発生するかもしれない[26]。

4．Ⅰ国＝ⅡA国＝ⅡB国の場合

この場合，すべての起こり得る課税は国内課税であり，特段の問題は生じない。G社の利益については，異なったユーザーやその間の間接ネットワーク効果の存在にもかかわらず，当該国の課税当局によって問題なく課税できる。このように，デジタル・プラットフォームに関して生じる厄介な課税問題は，基本的に国際課税上の問題である[27]。

Ⅳ．電子化経済のもたらす問題とは何か？

本稿Ⅲ．で検討したデジタル・プラットフォームの問題はどの程度の重要性を持つ問題であろうか。また，本稿Ⅲ．で検討した問題は無形資産等に関する従来の国際課税問題の延長上にある問題に過ぎないのであろうか。電子化経済が従来の「国際課税原則」を揺るがしているとすれば，それはいかなる意味においてであろうか。

まず，デジタル技術の発展に伴って出現したプラットフォーム型のビジネスモデルを採用する大企業は，GAFAに限らず，Airbnb，Uber，アリババ，テンセント，ヤフー，楽天等広範に及んでおり[28]，そのようなタイプの企業，すなわち，デジタル・プラットフォームがもたらす経済的な影響について，国際課税面も含めて検討することは避けられない。その場合，サプライチェーン型のビジネスモデルについては概ね順調に機能していた居住地・源泉地・仕向地の概念や移転価格税制におけるALPの考え方を見直す必要が生じたことは認めざるを得ないであろう。今後，これまではサプライチェーン型ビジネスモデ

ルを採用してきた企業が，デジタル情報の高度な活用を伴ったプラットフォーム型に変化していく可能性も十分にある。他方，従来の国際課税ルールは，サプライチェーン型の多国籍企業を暗黙の前提にしていたものと考えられる。

　デジタル・プラットフォームが新たな国際課税問題をもたらしていることは認められるとしても，それは，電子化経済のもたらす問題のうちのどのくらいの比重を占めているのであろうか。電子化経済は，企業が，物理的な拠点を持つことなしにグローバルな事業展開を行うことを可能にした[29]。しかし，このような事業展開は1990年代の電子商取引の時代から既に可能になった。にもかかわらず，それによって国際課税ルール上の甚大な問題が生じたわけではなく，既存ルールの微修正による対応が可能であった。

　また，OECD［2018］が指摘するように，電子化経済においては，無形資産の重要性が高まる。無形資産の取り扱いは，国際課税における伝統的な課題の一つである。無形資産はそれが所在する場所を特定することが難しく，評価も困難なので，国際課税問題を引き起こしやすい。しかし，少なくとも2015年の「最終報告書」をまとめる段階までのBEPSプロジェクトにおいては，無形資産の問題への対応も，ALPを前提にした移転価格課税ルールを含む従来の国際課税ルールの枠内で行うことを前提にしていたものと考えられる。

　このように，グローバルな事業展開に物理的拠点が必ずしも必要でなくなったことや，経済活動において無形資産の重要性が増大したことは，電子化経済がもたらした変化ではあっても，従来の国際課税ルールの根幹を揺るがすようなものではなかった。電子化経済が国際課税ルールの抜本的見直しを迫るようになったのは，デジタル・プラットフォームが登場・発展し，その重要性が広く認識されるようになってからではないだろうか。

　これに対して，サプライチェーン型ビジネスモデルを採る企業においても，デジタル・プラットフォームにおいてみられるような間接ネットワーク効果は存在したのだから，それは必ずしも近年のGAFA等に限った問題ではないという議論もある。例えば，Grinberg［2019］は，新薬を開発する製薬会社の例を挙げて，プラットフォーム型ビジネスモデルの場合と同様の現象が多くの産

業で生じており，プラットフォーム型ビジネスモデルを採用する企業を他の企業と区分して扱うことは不合理であると主張している。すなわち，新薬の開発においては，製薬会社・病院・患者という3つのタイプの関係者が存在し，製薬会社は治験を受ける患者の提供する個人情報を活用することで効力のある薬を開発し，開発した新薬を病院に販売して高収益を挙げている。この状況は，本稿Ⅲ．で検討したデジタル・プラットフォームのビジネスモデルにおいて，製薬会社をG社，病院をユーザーA，患者をユーザーBに対応させれば同じことではないかと主張する。

　しかし，上記の製薬会社の例では，患者が製薬会社に提供する個人情報の性格が，図表3でユーザーBがG社に提供する個人情報とは異なっている。すなわち，前者の場合には，情報を提供する患者の数が限られており，情報の対象や内容が限定されているのに対し，後者の場合には，ユーザーBの提供する情報の量が膨大である。図表3の例におけるユーザーBの数は大きく，ユーザーBがスマホやPCを通じて提供する情報量は，限られた治験患者の提供する情報量の比ではない。もちろん，治験患者の提供する情報は新薬開発のために不可欠で，かつ，製薬会社に大きな収益をもたらす貴重な情報である。これに対して，G社にユーザーBの提供する個々の情報にはほとんど価値はない。しかしG社はユーザーBが提供する情報をビッグデータ[30]として活用し，膨大な収益を挙げることができる。

　デジタル・プラットフォームのビジネスモデルは，ビッグデータをもとにAI等を活用して有用な情報を得て，無数の顧客（本稿Ⅲ．のG社の例ではユーザーAとユーザーB）の間のマッチメーキングを行うというものである。サプライチェーン型のビジネスモデルとプラットフォーム型のビジネスモデルでは，情報の流れ方が異なるとされている。すなわち，前者においては商品の開発から製造，販売という流れの逆方向に情報が流れる（需要予測→在庫の配置→製造→原材料の調達→新製品の導入）のに対し，後者においてはプロデューサーと消費者の間で情報が互いに流れ，その流れの渦の中心にいるプラットフォームが経済的価値を増大させていくという図式が示されている[31]。

　サプライチェーン型ビジネスにとって必要なのは，あるカテゴリーに属する消費者の特定の需要に関する情報[32]であるのに対し，プラットフォーム型ビジネスは，個別の消費者の需要を把握あるいは予測することのできるビッグデータである。デジタル・プラットフォームは，このようなビッグデータを，AI等を利用して解析し，個々の消費者の需要を把握し，場合によっては消費者自身が意識していなかった需要を掘り起こして，個々のプロデューサーとの間でマッチメーキングを行う[33]。この過程で用いられるビッグデータという無形資産は，（新薬開発のために必要な知識やノウハウといった）個別の目的のために用いられる情報としての無形資産とは異なり，様々な目的に活用できるいわば汎用的な無形資産と規定できるのではないだろうか。

　仮に，無数の消費者がスマホやPCを操作する過程で生み出されるデジタル情報が電子化経済における経済的価値の重要な源泉であるとしたら，価値創造の行われた場所で課税されるべき法人税の課税権が当該消費者の居住する国にあるという主張も成り立ち得るのかもしれない。サプライチェーン型のビジネスモデルを基盤にした経済活動においては，労働を供給する消費者への所得税（PIT）は当該消費者が所在する居住地国で，消費税（VAT）は最終消費のための支出を行う消費者の所在する仕向地国で行われるというのが国際課税における基本的なルールとされてきた。また，法人税（CIT）については，法人又はPEが所在する源泉地国で課税され，その際の法人所得の算定は独立企業間価格（ALP）によるべきであるというのが従来の国際課税ルールにおける考え方であった。

　電子化経済においても，居住地国におけるPIT課税や仕向地国におけるVAT課税については特段の基本的問題は生じていない。（CITだけでなく，PITやVATについても，電子化の進展によって国際的な租税逃れがより容易になったという面はあるが，税逃れの問題は本稿の検討対象とはしていない。）これに対して，CITについては，電子化経済においてこれまでのルールをそのまま存続させることは困難であるとの認識が広まり，OECDを中心とした国際的な検討が進められてきた。

　CIT に関する国際課税ルール変更の方向は，一定のカテゴリーに属する大規模な多国籍企業にかかる CIT の課税ベースの一部を市場国（あるいは仕向地国）に移そうとするものである。この場合，その論拠は，顧客の所在する国で「価値創造」が行われているから，とされている。しかし，顧客の所在国における価値創造が比較的明確に言えるのは，デジタル・プラットフォームが顧客に関するビッグデータという無形資産を活用して超過利潤を得ている場合であろう[34]。実際には，「デジタル経済」を他の経済活動から切り離して論じることはできない（リング・フェンシングできない）というそれ自体は正当な議論を考慮に入れれば，仮に新しい国際課税ルールに関する合意が成立した場合，市場国に課税ベースの一部が配賦される企業の範囲は，デジタル・プラットフォームだけではなく，さらに広い範囲となろう。

　しかし，国際課税ルールの抜本的な見直しを促した重要な要因が，本稿Ⅲ.で論じたようなデジタル・プラットフォームの発展であることは確かである。また，新たな課税ルールの対象となる所得は，必ずしもビッグデータとは限らず，一般的な無形資産によって得られる超過利潤となるであろう。もちろん，「国際課税原則」が各国間の税収配分に影響を与える以上，その策定は政治的プロセスを経ざるを得ないし，新たな「原則」ができたとしても，それはこれまで同様，各国間の利害対立調整のための妥協の産物でしかない。本稿では，電子化経済が国際課税ルールの見直しをもたらしたことの理論的な背景を検討してきた。以下では，本稿の結びとして，最近の動向と今後の展望に触れることとしたい。

Ⅴ.　結　語

　電子化経済を巡る OECD を中心とした検討は，2018年ごろから本格化したが，2019年に入ってから加速され，次々に報告書が提出された[35]。2019年 9 月，OECD 事務局は電子化経済に関するいわゆる Pillar 1 の論点[36]，すなわち，所得源泉と利益配分ルールに直し（Revised Nexus and Profit Allocation

Rules) に関して，具体的な提案（OECD ［2019f］）を行うとともにこの提案を
パブリックコメントに付した。この OECD 事務局案には，必ずしも明らかで
ない曖昧な点も多い。また，2019年12月 3 日にアメリカの財務長官から
OECD 事務総長あてに，「Pillar 1 を safe-harbor regime（強制的に適用され
る制度ではなく，納税者が選択可能なオプション）と位置付けるべきである」
とする書簡が出されたことから，2020年中に実効性のある新しい国際課税ルー
ルの策定が果たして可能かどうか危ぶまれている状況にある（2019年末現在）。

　OECD ［2019f］に示された Pillar 1 に関する提案は，"Unified Approach"（統
合的アプローチ）と呼ばれている。「統合的」というのは，OECD ［2019b］で示
された 3 つのアプローチ，」すなわち，「ユーザーの参加」(user participation)，
「マーケティング無形資産」(marketing intangibles)，「重要な経済的存在」
(significant economic presence) の 3 つの考え方を「統合」したという意味かも
しれないが，本当に「統合」できているのかどうかは明らかでない。OECD
［2019f］で示された提案は多岐にわたるが，概要は以下のようなものである。

・対象は高度にデジタル化されたビジネスモデルだけでなく，一定の消費者向
　けビジネス（"consumer-facing business"と呼ばれるが，その正確な範囲は
　示されていない。）も含む。
・対象となるビジネスについては，物理的な存在がなくても，主として売上基
　準に基づいて，その国の課税の根拠となる nexus を認定する。
・対象となるビジネスについては，現行の移転価格ルールを超える新しい所得
　配分ルールを適用する。
・新ルールで配分される所得のうちの Amount A と呼ばれる部分は，みなし
　残余利益の一部であり。nexus の存在する国に売上高等をもとに一定の算出
　方法で配分される[37]。

　仮に，上記のような新しい国際課税ルールが実際に導入されたならば，対象
企業を限定しているとは言え，従来の PE 概念や ALP に依拠した移転価格ルー
ルを逸脱することになる。特に，上述の Amount A の考え方は，単体課税と
しての法人税（そこでは ALP の適用が原則となり，ALP が適用できるという

前提の下では価値創造に応じた課税という考え方とも一定の整合性がある。）
ではなく，関連企業集団全体の所得を一定の公式に基づいて各国に配分すると
いう定式配分法（formulary apportionment）に近い[38]。他方，定式配分法は，
各国間の税収配分についての対応であって，価値創造とは直接関連がない。仮
に，Amount A が価値創造に応じた課税を実現するためであると主張するの
であれば，その適用範囲や算出の仕方についての論拠を示す必要があろう。
（少なくとも，OECD［2019f］においてはそのような論拠は示されていない。）

　もちろん，国際課税ルールの策定の際，その焦点が各国間の税収配分の問題
である以上，合意に至ったとしてもその結果が何らかの政治的妥協を経たもの
であることは避けられない。したがって，その過程では，特定の「国際課税原
則」のスローガンが悪用されないように注意することが必要であり，「価値創
造に応じた課税」という考え方についても，それを曖昧な政治的スローガンと
いう位置づけにとどめておくことがむしろ望ましいのかもしれない。また，前
述のアメリカ財務長官の書簡では，ALP に基づく移転価格ルールと課税され
る nexus の基準は国際課税システムの支柱（pillars）であり，そこからの
"potential mandatory departures" に懸念していると述べているが，最初から
従来の基準を変えるべきでないという前提を置いてしまうと，議論が先に進み
ようがない。

　国際課税における基準や原則は，最終的には，国家間の税収配分を定めるた
めの政治的な妥協の産物と考えるべきであり，特定のスローガンにこだわるべ
きではない。国家間の税収配分は，国内における所得分配と同じく，公平や公
正の観点と切り離すことができないのだから，客観的に望ましい基準や原則を
打ち立てようとしても基本的に無理である。しかし，だからこそ，国際的な協
調体制が重要である。国際的な協調体制なしには，経済効率性やコンプライア
ンスコストの点で，すべての国にとって望ましくない仕組みが出来上がってし
まう恐れがある。電子化経済がもたらす問題に対して，各国が協調して取り組
むにあたり，デジタル・プラットフォームのビジネスモデルやビッグデータと
いう形をとる無形資産[39]がもたらす国際課税上の問題について，各国間で共

通理解が成立するよう，各国当局および国際機関をはじめとする関係者の尽力が求められる。

　但し，経済の電子化が国際課税システムにもたらす問題は，相当根が深く，解決困難なものである。電子化の進展は，人々の間の所得格差とともに，国家間の税収格差も広げていくであろう。このような状況に国際課税ルールが適切に対応していく，すなわち，各国における法人税の存在を前提に，電子化経済の発展を妨げることなく，「市場国」がある程度の税収を確保できるような国際課税ルールが実現可能であろうか[40]。ことによると，そのような対応策は，国際課税ルールの範囲の調整では不可能かもしれない。その場合，多国籍企業の超過利潤の一部を「市場国」が回収することを可能にするために，租税政策以外の手段，すなわち，独禁政策・貿易政策・価格規制といった政策も総動員する必要なのかもしれない[41]。さらに，個人情報保護政策との関連も検討することも必要となろう。経済の電子化がもたらす国際課税問題は，国家・企業・国民の間で従来想定されてきた関係がデジタル技術の発展を契機に基本的見直しを迫られていることの一端なのであろう。

［注］

1 ）　digitalization of the economy を直訳すると経済のデジタル化であるが，デジタル化されつつある経済という意味での「デジタル化経済」という表現はややぎこちないので，ここでは，「電子化」「電子化経済」という表現を用いる。

2 ）　2015年の BEPS プロジェクト最終報告書の中で，デジタル経済の問題を扱った Action 1 の報告書（OECD［2015］）は，総論的な位置づけが与えられている。

3 ）　Ault and Bradford［1990］, pp. 30-31. なお，所得と特定の場所を結びつけることはできないという原則のほとんど唯一の例外は，資産としての土地から生じる所得であろう。このため，土地は国際課税ルールの中で特殊な取り扱いを受ける場合が多い。

4 ）　国際所得課税の分野では，居住地管轄と源泉管轄の 2 つが課税管轄として挙げられる。水野［2000］, 4 頁以下。

5 ）　電子化の影響については，税務執行を効率化する面と困難にする面の両方がある。

6 ）　1990年代に行われた「電子商取引課税」に関する議論の文脈で，米国政府は，源泉地課税の困難化を背景に居住地課税の優位性を強調し，その文脈で理論的根拠として資本輸出中立性に言及されることはあったが，現実には，電子商取引のメインプレイヤーであった米系企業への課税を確保する観点から居住地国課税の優位性が唱えられた可能性が強い。現実には，電子商取引の発展は，源

泉地国課税だけでなく，居住地課税の困難ももたらし，結局後の BEPS プロジェクトで問題とされるに至ったことを考慮すると，1990年代における米国政府の議論は，低税率国への利益移転等の問題を軽視していた面があったと今日の観点からは評価せざるを得ないであろう。渡辺［2001］, 143頁。

7）　Mirrlees et al.［2011］, p. 431。なお，マーリーレビューで述べられている通り，R 国・S 国・D 国のいずれが課税権を持つべきかという議論に特段の解があるわけではない。また，増井［2017］, 17頁が指摘する通り，「特定の税目だから必然的にかくかくしかじかの分配基準が帰結する，という関係には必ずしもない」という点にも留意する必要がある。

8）　増井［2017］, 19頁。

9）　Mirrlees, et al.［2011］や Devereux and Vella［2018］では，居住地国における課税は，法人を保有する個人株主の居住地国における課税を想定しているものと考えられる。しかし，個人株主の居住地を特定することも，個人株主が他の法人やファンド等を通して法人の株式を保有している場合等においては，法人の居住地確定以上に困難な場合もあるかもしれない。

10）　図表１の R 国における出資者が仮に法人であれば R 国に存在する法人は，居住地課税としての法人税を課される。他方，S 国に設立された法人の課税関係において，S 国は当該法人の居住地であり，かつ，生産活動を行う源泉地国でもある。

11）　仮に図表１の S 国における生産者が法人ではなく，R 国の出資者が運営する工場であれば，S 国の生産者は PE として，当該 PE に帰属する事業所得について S 国の課税を受けることになる。

12）　但し，①を悪用して，タックスヘイブン等の軽課税国に人為的に法人を設立してそこに所得を集めることで税負担軽減を図る戦略への対抗措置が必要になる。

13）　「事業」は実体的・経済的な概念であり，「法人」のように国家主権に基づいた法的概念ではない。他方，課税は国家主権の機能であり，国家によって「法人」が認識されると課税が行われるために法人においては課税ベースの算定を行わざるを得ない。他方，事業の所得把握は国境とは無関係なので，国内に事業拠点を有する外国法人に課税ベース算定を行わせるためには当該国における「PE」の設定が必要になったのではないかと考えらえる。

14）　サプライチェーン型のビジネスにおいても，異なった国に所在する企業間の出資等，株主・企業間の関係構築（及び解消）を伴う取引については，独立企業間価格の基準のみでは十分な対応はできないと考えられるが，この問題は本稿では取り扱わない。また，サプライチェーン型ビジネスにおいても，無形資産等による超過利益が発生する場合，その課税ベースの国家間配分は独立企業原則だけでは一義的には定められない，という問題もある。しかし，独立企業原則の適用によって，ある程度の範囲が確定できれば，あとは最終的には当局間交渉によって合意に至ることが理論的には可能なはずである。

15）　事業所得以外の所得（利子・使用料等）についても，関連者間取引の影響を適切に除去することは困難な場合が多い。

16）　中里［1994］, 295頁以下。

17）　詳細については，渡辺［2019a, 2019b, 2019c］を参照。

18）　当初は，G 社の検索等サービスが有料であったために，当該サービスを利用するユーザーB の数は少なく，サービスの利用頻度も低い水準にとどまっていたものとする。

19）　ユーザーA の生産する消費財の取引に関しては，ⅡA 国が居住地国かつ源泉地国，ⅡB 国が仕向地国であることは言うまでもない。しかし本稿の主たる対象は G 社のビジネスに関する課税問

題であって，ユーザーAとユーザーBとの間で行われる消費財取引に関する課税問題ではない。

20)　G社はユーザーBに対して検索等サービスを提供し，その対価としてユーザーBに関する個人情報を物々交換の形で得ていると解釈することもできるが，このことからⅡB国をG社の仕向地国とすることはできないであろう。

21)　また，ⅡB国には，単なる顧客としての消費者がいるのではなく，個人情報を提供するという能動的な役割を果たすユーザーBが存在することで，G社の「マーケティング無形資産」がⅡB国に認識され，このことを根拠にⅡB国がG社の超過利益に対する課税権を持つ，という説明も可能かもしれない。なお，「ユーザー参加」や「マーケティング無形資産」を課税の論拠とする考え方の詳細については，OECD［2019b］を参照。

22)　この議論は，図表3において，ユーザーAとユーザーBの間で，ユーザーBからの間接ネットワーク効果しか想定していないことに依拠している。仮に，両方のユーザー間で相互に間接ネットワーク効果が働く状況を想定すると（例えば，G社がマーケットプレースを運営している場合等においては，両方向の効果が発生することを想定することが自然である。），G社の超過利益に対するユーザーAの貢献についても考慮に入れる必要がある。

23)　ビッグデータが分析されて有益な情報に変換されるのは，本国であるから，ビッグデータという無形資産が存在するのも本国であるという考え方もあり得る。しかし，ユーザーBが住んでいるのはⅡB国だから，ⅡB国に無形資産が存在すると考えることも可能であろう。

24)　ⅡB国の消費者がG社に個人情報を提供しているのは，無料で使える検索等サービスの便益の対価である。ⅡB国の消費者はG社のサービスによって消費者余剰を得ており，対価としての個人情報の提供が不当に高いものであると消費者が認識しているとは言えない。従来の理論的枠組みでは，ⅡB国当局による個人情報保護政策の厚生経済学的な意義を明確に示すことは容易ではないと考えられる。

25)　ⅡB国への消費財輸入に対する輸入付加価値税はⅡB国で課税できるが，この課税はG社のビジネスには直接の関わりはない。

26)　例えば，G社がGoogleではなくAmazonである場合には，G社とユーザーAの生産する消費財の流通業者が同一企業である場合がある。

27)　但し，G社がユーザーBにポイント等を供与する場合に付加価値税の仕入控除に関して起こりうる国内課税問題について，渡辺［2019b］を参照。

28)　GAFAのうちでも，Appleについては，現在でもiPhone等のプラットフォームの端末となる製品の販売が主力である点で，他のデジタル・プラットフォームとはやや性格が異なるかもしれない。

29)　OECD［2018］においては，Scale without Massと表現されている。

30)　野口［2019］，25-26頁によると，ビッグデータの大きさは，個人が扱うデータの10億倍規模であり，従来のデータとは異質のものである。

31)　モザド・ジョンソン［2018］，43-45頁。

32)　上述の製薬会社にとっての患者の治験情報もこの種の情報である。

33)　伝統的な流通業・金融業等あるいは一般企業のマーケティング活動もマッチメーキングを目的としていたとも考えられるが，ビッグデータを用いた普遍的なアプローチはとれず，個別分野でのマッチメーキングにとどまっていたため，その効果には限界があった。

34)　Cui［2019a, 2019b］及び Cui and Hashimzade［2019］は，location specific rents（LSR）という概念を用いて，顧客の所在する国での課税を正当化しようとしている。但し，これらの文献においては，LSR の概念をデジタル・サービス税（DST）正当化の論拠として用いており，本稿の立場とは異なる。なお上記の Cui 論文の解説・検討として，岡村⌊2019⌋，193-199頁。

35)　OECD［2019a-2019g］。なお，2019年になって国際的な検討作業が加速した背景には，フランス等におけるデジタル・サービス税（DST）導入の動きがあるが，本稿では DST の問題は扱わない。

36)　電子化経済に対応したコンセンサス形成のための OECD の作業計画（OECD［2019c］）においては，2つの柱（Pillars）が示された。Pillar 1 に関する事務局提案を示したものが OECD［2019f］であり，Pillar 2（税源浸食に対するグローバルな対抗策：Global Anti-Base Erosion）に関する事務局提案を示したものが OECD［2019g］である。

37)　OECD［2019f］は，このほかに，Amount B と Amount C にも言及しているが本稿では取り上げない。OECD［2019f］の簡潔な解説として，岡村［2019］，201-203頁。

38)　OECD［2019f］のパラグラフ15においても，Amount A を a formulaic approach と説明している。なお，渕［2016］，12頁は，従来から，「国際課税については独立企業間基準の系譜の考え方と定式配分法の系譜の考え方という2つの相反する見解が存在し，様々な局面で拮抗している」としている。

39)　ビッグデータという汎用性のある無形資産を獲得できた一部の企業は，高い収益を得るだけでなく，経済システムの中で今後ますます重要な幅広い機能を果たしていくことになるであろう。その場合，それらの企業は，その機能の重要性に見合った責任も担っていくことが期待される。

40)　「令和2年度税制改正大綱」（令和元年12月12日，自由民主党・公明党）では，経済のグローバル化・デジタル化に対応した国際課税ルールの見直しにおいて，政府が国際的な議論に取り組むにあたっての視点として，
　　　・安定的かつ予見可能な投資環境の構築
　　　・企業間の公平な競争条件の整備
　　　・新ルールの適用対象の明確化等
　　　・過大な事務負担及び二重課税の防止
　　　・法人税の引下げ競争への対抗
　　の5項目を挙げている。これらの項目はそれぞれにもっともなものであるが，それらの条件をすべて満たすような改革を実現していくことは至難の業であろう。

41)　Bankman, et al.［2018］, p. 30以下，杉本［2019］，135-136頁。

［参考文献］

エヴァンス・シュマレンジー［2018］『最新プラットフォーム戦略：マッチメイカー』（平野敦士カール訳）朝日新聞出版（原書：David S. Evans and Richard Schmalensee［2016］, *Matchmakers: The New Economics of Multisided Platforms*, Harvard Business Review Press.）

岡村忠生［2019］「デジタル経済の進展と国際租税の今後」，『財政のフューチャー・

デザインとデジタル経済の進展に伴う国際租税の今後』，日本租税研究協会。

佐藤良［2019］「デジタル課税をめぐる動向［第2版］」『調査と情報―ISSUE BRIEF―』1064号，2019年7月2日。

自由民主党・公明党［2019］「令和2年度税制改正大綱」，令和元年12月12日。

杉本和行［2019］『デジタル時代の競争政策』，日本経済新聞出版社。

中里実［1994］『国際取引と課税』，有斐閣。

野口悠紀雄［2019］『データ資本主義』，日本経済新聞出版社。

藤枝純・遠藤努［2019］「デジタル経済に関する近年の国際的動向」『国際税務』39巻5号。

渕圭吾［2016］『所得課税の国際的側面』，有斐閣。

渕圭吾［2018］「移転価格税制の法理上の基礎について―契約モデルから信認モデルへ」金子宏・中里実編『租税法と民法』，有斐閣。

増井良啓［2017］「国際課税の制度設計」渕・北村・藤谷編『国際課税』（現代租税法口座・第4巻），日本評論社。

水野忠恒［2000］『国際課税の制度と理論』，有斐閣。

南繁樹［2019a］「移転価格税制―無形資産に関する最新事情：DCF法，所得相応性基準，最新判例，海外での進展」『租税研究』第841号，141-201頁。

南繁樹［2019b］「デジタル経済に対する課税―OECDロードマップの概要と今後の実務に与える影響」『租税研究』第842号，89-131頁。

モザド・ジョンソン［2018］『プラットフォーム革命』（藤原朝子訳），英治出版（原書：Alex Moazed and Nicholas L. Jonson (2016), *Modern Monopolies*, St. Martin's Press）。

森信茂樹［2019］『デジタル経済と税―AI時代の富をめぐる攻防』，日本経済新聞社。

渡辺智之［2001］『インターネットと課税システム』，東洋経済新報社。

渡辺智之［2019a］「デジタル・プラットフォームと国際課税」日本機械輸出組合。

渡辺智之［2019b］「マルチサイド・プラットフォームの国内課税問題」『税研』204号，15-22頁。

渡辺智之［2019c］「経済のデジタル化と国際課税」『租税研究』840号，161-177頁。

渡辺智之［2019d］「経済の電子化と消費税制の対応」『ジュリスト』1539号，30-35頁。

渡辺智之［2020］「経済のデジタル化とBEPSプロジェクト」日本機械輸出組合。

Ault, Hugh and David Bradford [1990] "Taxing International Income: An Analysis of the U.S. System and ITS Economic Premises," Assaf Razin and Joel Slemrod ed., *Taxation in the Global Economy*, Chicago University Press.

Bankman, Joseph, Mitchell Kane, and Alan Sykes [2018] "Collecting the Rents: The Global Battle to Capture MNE Profits," Stanford Law School, Working Paper Series No.527 (forthcoming in *Tax Law Review*, Vol. 72, 2020).

Becker, Johannes and Joachim Englisch [2019] "Taxing Where Value is Created: What's "User Involvement" Got to Do With It?," *Intertax*, 47, Issue 2, pp. 161-171.

Cui, Wei [2019a] "The Digital Services Tax: A Conceptual Defense," Forthcoming in *Tax Law Review*.

Cui, Wei [2019b] "The Superiority of the Digital Services Tax over Significant Digital Presence Proposals," Forthcoming in *National Tax Journal*.

Cui, Wei and Nigar Hashimzade [2019] "The Digital Services Tax as a Tax on Location-Specific Rent," CESifo Working Paper, no.7737.

Devereux, Michael and John Vella [2018] "Value Creation as the Fundamental Principle of the International Corporate Tax System," European Tax Policy Forum, Policy Paper.

Grinberg, Itai [2019] "International Taxation in an Era of Digital Disruption: Analyzing the Current Debate," *Taxes*, Mar.2019, pp. 85-118.

HM Treasury [2018] "Corporate tax and the digital economy: position paper update," March 2018.

International Monetary Fund [2019] "Corporate Taxation in the Global Economy," IMF Policy Paper.

Mirrlees, James, et al. [2011] *Tax by Design: The Mirrlees Review*, Oxford University Press.

OECD [2015] *Addressing the Tax Challenges of the Digital Economy*, Action 1 : 2015 Final Report, OECD/G20 Base Erosion and Profit Shifting Project.

OECD [2017] OECD Transfer Pricing Guidelines for Multinational Enterprises and Tax Administrations.

OECD [2018] *Tax Challenges Arising from Digitalisation-Interim Report 2018*, OECD/G20 Base Erosion and Profit Shifting Project.

OECD [2019a] "Addressing the Tax Challenges of the Digitalisation of the Economy-Policy Note," January 2019.

OECD [2019b] "Addressing the Tax Challenges of the Digitalisation of the Economy: Public Consultation Document," February 2019.

OECD [2019c] "Programme of Work to Develop a Consensus Solution to the Tax Challenges Arising from the Digitalisation of the Economy," May, 2019.

OECD [2019d] "OECD Secretary-General Report to G20 Finance Ministers and Central Bank Governors," June 2019.

OECD [2019e] "The Role of Digital Platforms in the Collection of VAT/GST on Online Sales," June 2019.

OECD [2019f] "Public Consultation Document: Secretariat Proposal for a "Unified Approach" under Pillar One," October 2019.

OECD [2919g] "Public Consultation Document: Global Anti-Base Erosion Proposal ("GloBE") - Pillar Two," November 2019.

第7章　法人税はどこへ向かうのか？

鈴　木　将　覚

I.　問題意識

　1980年代以降，経済活動のグローバル化が進展し，多国籍企業の活動拠点が各国税制の影響を受けて移転することへの懸念が生じた。そして，企業が各国税率に反応を示すなかで，各国政府が国内に企業を呼び込むために税率の引き下げ競争を繰り広げるようになった。こうした租税競争は「底辺への競争」（race to the bottom）と捉えられ，国際的な協調政策が求められた。特に，タックス・ヘイブンについては経済協力開発機構（OECD）において問題視され，1998年以降有害な租税競争の排除という名目で，極端な税制優遇措置に対する監視が行われるようになった。

　また，近年は多国籍企業がタックス・プランニングを用いて活動国に適切な税金を納めていないことが明らかになり，国際的な租税回避問題がG20をはじめとする国際会議の場で脚光を浴びた。これに対して，OECD は2012年にBEPS プロジェクトを立ち上げ，各国の税制の違いを背景とした多国籍企業の租税回避行動を抑制するために動いた。BEPS プロジェクトでは，これまでの各種プロジェクトとは一線を画すスピードで検討作業が行われ，2015年秋までに15の行動計画の最終報告書が作成された。また，それと前後して，OECD 諸国では多国籍企業による国際的な租税回避を防止するための国内法の整備を進められた。今では，BEPS プロジェクトに関する国際的な協力体制はOECD・G20の枠を超え，100か国以上の国に浸透している。

　しかし，現行の法人税が源泉地主義課税になっている限り，上記の国際課税問題が完全に解決することはない。国際的な租税競争を回避する有効策は見つかっておらず，その結果として各国の法人税率は低下傾向を続けている。多国籍企業の所得移転についても，BEPS プロジェクトなど国際的な取り組みがみられるものの，国際的な租税回避防止策を整備すればするほど，管理費用や法令遵守費用が嵩むというジレンマが生じている。

　近年，こうしたグローバル化の問題に加えて注目されているのが、経済のデジタル化への対応である。デジタル課税は，OECD の BEPS プロジェクトの行動計画にも含まれ，2015年にも議論が行われたが，他の行動計画とは異なり，具体策の提案が大きく遅れた。デジタル課税は，本稿執筆時点でまさに議論が佳境を迎えており，国際的な合意に向けた作業が行われている最中である。デジタル化が税制にもたらす影響をどのように捉えるかという点については，これまで様々な論点が展開されてきたが，基本的な認識として経済のデジタル化がもたらす問題の多くは経済のグローバル化の問題をより悪化させるものと捉えることができる。よって，経済のデジタル化への対応は本来その場限りの方策ではなく，グローバル化の問題を含めた包括的な法人税改革の文脈で検討する必要がある。

　以上の問題意識から，本稿では経済のグローバル化・デジタル化が生じるなかでの今後の法人税の向かうべき方向性を，抜本的な改革の視点から検討する。デジタル課税については，OECD で行われている議論を紹介しつつも，そこから離れて法人税のあるべき姿を考えていきたい。次節では，まず経済のグローバル化への根本的な対応策として仕向地主義の法人税を取り上げ，その特徴を述べるとともに我が国への政策的含意を述べる。第Ⅲ節では，現実的な法人税改革の1つとして，Formula Apportionment（FA）と呼ばれる課税方法を考える。これは，定式を用いた課税権の配分を行うものであり，デジタル課税への対応としても注目されている手法である。第Ⅳ節では，FA と似た課税方法である Residual Profit Allocation（RPA）と呼ばれる課税方法を考える。第Ⅴ節では，OECD のデジタル課税案の特徴を述べるとともに，それと

上記の抜本的な法人税改革案との違いを指摘し，デジタル化への対応としては長期的には抜本的な法人税改革が必要になることを指摘する。最後に，結論を述べる。

Ⅱ．仕向地主義の法人税（DBCFT）

　法人税は，日本を含めて，どこの国でも実質的に源泉地主義課税になっている。国際課税の形式的な枠組みとしては居住地主義課税を採用している国もあるものの，たとえ形式的には居住地主義課税でも，実際には自国政府は外国子会社から配当が国内に還流してこない限り課税できないため，現行の法人税はどこの国でも実質的に源泉地主義課税になっている。そして，法人利潤が源泉地で課税されることが，国際的な租税競争や多国籍企業による租税回避を引き起こしている。

　一方で，付加価値税（Value-Added Tax，VAT）に目を転じると，それが通常仕向地主義で運用されていることから，経済のグローバル化に上手く対応できている。仕向地主義課税というのは，財・サービスの仕向先で課税する方法であり，そこでは輸出免税，輸入課税となるように国境税調整が行われる。仕向地主義のVATでは移動性の小さい最終消費に応じて各国の税収が決まるため，源泉地主義の法人税とは異なり，各国の税率に応じて資本が立地場所を変える誘因が生じない。

　そこで，法人税改革としても新たな発想が生まれる。それは，法人税についても，源泉地主義と居住地主義という（いずれにしても現実には源泉地主義になる）従来の課税主義から離れて，仕向地主義というVATの課税主義を用いようという考え方である[1]。こうした発想が生まれる背景には，法人税が実質的にVATの課税ベースの一部に含まれていることがある。法人税とVATの課税ベースの関係は次のようになる。まず，GDPの三面等価から，消費は（1）式のように労働所得と（投資を除く）資本所得を足して，純輸出を除いたものとして表される[2]。

$$C = W + R - I - X + M \qquad\qquad (1)$$

ここで，C は消費，W は労働所得，R は資本所得，I は投資，X は輸出，M は輸入を表す。VAT の課税ベースは，（1）式の右辺である。$R-I$ の部分はキャッシュフロー法人税[3]，$-X+M$ の部分は国境調整を表す。つまり，VAT は賃金税と国境調整付きのキャッシュフロー法人税の合計ということになる。

　次に，（1）の右辺の W を左辺に移行すれば，（2）式が得られる。

$$C - W = R - I - X + M \qquad\qquad (2)$$

（2）式は，消費税の仕組みを少し修正して，消費税の課税ベースから国内賃金を除けば，国境調整付きのキャッシュフロー法人税が出来上がることを示している。こうした法人税は，仕向地主義のキャッシュフロー法人税（Destination-Based Cash Flow Tax，DBCFT）と呼ばれている。DBCFT は，法人利潤に対して仕向地主義で課税するという一見途方もないことを行うものであるが，VAT と類似した課税方法を用いることで税務執行上の問題を回避することができる。

　DBCFT の長所は，まず投資や資金調達方法に対して中立的であることである。これは，DBCFT がキャッシュフロー法人税であるから得られる性質である[4]。第2に，DBCFT は多国籍企業の企業立地や租税回避に対しても中立的なことである。簡単に言えば，次のようになる（詳しくは鈴木［2017］を参照されたい）。仕向地主義課税では，各国の税収を決めるのは最終消費であり，生産地で生み出される利潤ではない。このため，企業立地が各国の VAT の税率差に反応しないのと同様に，企業立地が各国の DBCFT の税率差に反応しない。租税回避については，DBCFT では多国籍企業が各国で納める税額がそこで活動するグループ企業の利潤ではなく，各国の最終消費額に依存することから，グループ内取引に用いられる移転価格は税額に関係せず，それゆえ移転価格操作を用いた租税回避は行われない。また，無形資産を用いた租税回避についても，無形資産の使用料を輸入中間財の移転価格と捉えれば，その使用料

がいくらであっても税額が影響を受けないことがわかる。逆に，無形資産の使用を外国子会社に認める場合には，そのライセンス料は輸出に伴う利潤ということになり，DBCFT は課されない。つまり，無形資産の所有権を世界のどこに移そうとも，自国の税額を変えることがないので，DBCFT では無形資産を用いた租税回避が生じない。

DBCFT にも欠点はある。まず，DBCFT が単独導入される場合には，源泉地主義課税の下で生じる問題が悪化することである。ある国が DBCFT を導入して，他の国が源泉地主義の法人税を維持する場合を考えると，源泉地主義の法人税の観点からすれば DBCFT の税率はゼロであるため，DBCFT 国に立地する誘因が大きくなる。現行の法人税から DBCFT への移行は，現行の法人税を廃止して VAT の法人税部分を導入することと同じであるから，実質的に DBCFT 国がタックス・ヘイブンになる。租税回避に及ぼす影響についても，DBCFT 国では輸入中間財の価格が税額とは無関係である一方で，外国では源泉地主義の法人税がかかるため，移転価格操作によって出来るだけ外国子会社の利潤を小さくすることが有利になる。もっとも，DBCFT の提案者たち（Auerbach et al. [2017]）はある国が DBCFT を導入すると，国際競争的な観点から他の国も DBCFT を導入せざるを得なくなり，結果として DBCFT の採用国が拡大していくという点を重視して，DBCFT のこうした欠点を肯定的に捉えている。

DBCFT の別の問題としては，外国人に帰属する立地レントに対して，それが国内消費に結びつかない限り，課税することができないことがある。例えば，産油国で DBCFT が導入されると，原油販売から得られる超過利潤に対して産油国政府が課税することができず，税収が海外に流出してしまう。

DBCFT の最大の欠点とされているのが，WTO ルールへの抵触である。WTO ルールでは，国境税調整が間接税のみ認められており，直接税には認められていない。このため，輸出に課税しない DBCFT は輸出補助金とみなされる。また，DBCFT では国内品については賃金を控除することができるのに対して，輸入品についてはそれが認められないため，国内品の優遇とみなされ

る。こうした，WTO ルールを乗り越えることは難しいため，DBCFT は実現しないとの見方がとられることが多い。実際に，現在の米トランプ政権は DBCFT を税制改革の一要素として提案したものの，実現には至らなかった。

　しかしながら，米国のように VAT がない国の場合とは異なり，VAT がある国では WTO ルールに違反することなく DBCFT を導入することができる。DBCFT は，「VAT を課して，同率の賃金税減税を行うこと」と経済的に等価であるため，VAT 増税を行って同率の賃金税減税を行えば，実質的に新たに DBCFT を課すことになる。日本で言えば，消費税増税を行うことが DBCFT につながっていくのである。現在の日本では，消費税率を引き上げて同率の所得税率引き下げを行うという改革は想定しがたいが，長期的にみれば消費税増税を行う一方で法人税減税が行われているので，この流れは賃金税増税を行いつつ，法人税については源泉地主義から一部を DBCFT に振り替えていると解釈することができる。よって，日本では部分的ながら既に DBCFT が実現されていると考えられる。今後，消費税の拡大と法人税の縮小という組み合わせの改革が進めば，日本の法人税はその分だけ DBCFT の色彩を濃くした税制になるであろう。

　このように，グローバル化に対応できる究極的な法人税を検討していくと，DBCFT という抜本的な改革案に行き当たるが，それは現実の政策への含意という点では VAT の拡大を意味する。つまり，企業がグローバルに活動する世界に対して仕向地主義の法人税で対応すれば，VAT の役割が今よりも広がる。日本では，消費税が貴重な社会保障財源であり，かつ地方税の財源としてもその役割拡大が望まれるところであるが，消費税はそれだけでなく，経済のグローバル化（そして後述するようにデジタル化）への対応という新たな役割も果たさなければならなくなるということである。

Ⅲ．定式配賦（Formula Apportionment, FA）

　経済のグローバル化に対する法人税の対応としては，DBCFT のほかにもあ

る。それは，定式配賦（Formula Apportionment，FA）と呼ばれる課税方法である。FA は，越境して活動を行う企業の全所得を計算して，定式により各地域に課税ベースを割り振る方法である。FA は，米国やカナダなどで地方税として伝統的に用いられている課税手法であるが，近年では欧州委員会が提案する CCCTB（Common Consolidated Corporate Tax Base）のように国際的な文脈でもその導入が検討されている。

1．FA とは何か

現行の税制では各国で生じた利潤はその国の税率で課税されることになるが，こうした課税方式は分離会計（Separate Accounting，SA）と呼ばれる。FA の課税方法は，これとは全く異なる。

FA と SA の違いを把握するために，具体例で両者を比較しよう。ある多国籍企業が A 国に a 社を，B 国に b 社を持ち，それぞれの国で生産及び販売を行っているものとする。2つの会社の資産，給与総額，販売，課税所得は，それぞれ図表1のとおりとする。A 国の税率を20％，B 国の税率を30％とする。

このとき，SA では，A 国が a 社の課税所得に，B 国が b 社の課税所得にそ

図表1　FA の数値例

国		A 国	B 国
a 社	資産 給与総額 販売	30 30 40	
	課税所得	30	
b 社	資産 給与総額 販売		10 10 80
	課税所得		60
税率		20％	30％

〔出所〕　筆者作成

れぞれの税率で課税するから，各国の税収と合計税収はそれぞれ

$$T_A = 30 \times 20\% = 6 \text{（SA における A 国の税収）}$$

$$T_B = 60 \times 30\% = 18 \text{（SA における B 国の税収）}$$

$$T_A + T_B = 24 \text{（SA における合計税収）}$$

となる。一方で，FA ではまずグループ全体の課税所得が計算され（30＋60＝90），次にそれに対する課税権を A 国と B 国に配賦する。ここでは，資産，給与総額，販売の3つの要素に関して各1/3でウエイトづけされて課税所得が各国に分割されるものとする。例えば，a 社の資産は A 国に30，b 社の資産は B 国に10であるから，A 国の資産要素は30/（30＋10）と計算される。給与総額要素，販売要素についても同じである。こうして分割された課税所得に各国の税率をかけて，A 国と B 国の税収が決まる。

$$T_A = 90 \times \left[\frac{1}{3}\left(\frac{30}{30+10}\right) + \frac{1}{3}\left(\frac{30}{30+10}\right) + \frac{1}{3}\left(\frac{40}{40+80}\right) \right] \times 20\%$$

$$= 11 \text{（FA における A 国の税収）}$$

$$T_B = 90 \times \left[\frac{1}{3}\left(\frac{10}{30+10}\right) + \frac{1}{3}\left(\frac{10}{30+10}\right) + \frac{1}{3}\left(\frac{80}{40+80}\right) \right] \times 30\%$$

$$= 10.5 \text{（FA における B 国の税収）}$$

$$T_A + T_B = 21.5 \text{（FA における合計税収）}$$

この例では，A 国の税収は SA よりも FA の下で大きくなる。B 国の税収はその逆である。一般に，税収全体の額は SA と FA では異なる。

2．FA で用いられる定式

（1）　マサチューセッツ方式

FA の定式として最も基本となるのは，上記の例のように，課税ベース分割の要素として資本，労働，売上の3つを用いて，各要素に1/3のウエイトをつけて加重平均するという手法である。これは，マサチューセッツ方式と呼ばれる定式である。一般的には，マサチューセッツ方式の下ではある企業が多くの地域で活動しているとき，地域 A に配賦される課税ベースのシェアは（3）

式のようになる。

$$
地域Aのシェア = \frac{1}{3}\left(\frac{地域Aの資本}{グループ全体の資本}\right) + \frac{1}{3}\left(\frac{地域Aの労働}{グループ全体の労働}\right)
$$

$$
+ \frac{1}{3}\left(\frac{地域Aの売上}{グループ全体の売上}\right) \tag{3}
$$

グループ全体の所得に（3）式から計算される各地域のシェアをかけて，各地域の課税ベースが計算される。それに各地域の税率をかけて，（4）式のように各地域における税額が求められる。

$$
地域Aの税額 = グループ全体の所得 \times 地域Aのシェア \times t_A \tag{4}
$$

McLure [1980] が指摘したように，FAによる課税は定式に含まれる各要素に対する課税に等しい。これは，（3）式を（4）式に代入して変形すると（5）式が得られることからわかる。

$$
地域Aの税額 = 地域Aの資本 \times t_A \times \frac{1}{3}\left(\frac{グループ全体の所得}{グループ全体の資本}\right) + 地域Aの労働
$$

$$
\times t_A \times \frac{1}{3}\left(\frac{グループ全体の所得}{グループ全体の労働}\right) + 地域Aの売上
$$

$$
\times t_A \times \frac{1}{3}\left(\frac{グループ全体の所得}{グループ全体の売上}\right) \tag{5}
$$

例えば，資本に対する実効税率は $t_A \times (1/3) \cdot$（グループ全体の所得／グループ全体の資本）となる。

（2）　米国の定式

伝統的にFAを採用している米国の州法人税では，以前はマサチューセッツ方式が採用されることが多かった。図表2は，売上要素のウエイトが1/3，同1/3超～1未満，同1である州の割合を棒グラフで示したものである。これをみると，1991年は約3割の州で売上要素のウエイトが1/3だったことがわかる。これが，時が経つにつれて売上要素のウエイトが高まり，2000年代に

図表2　米国の州における各 FA 要素の割合

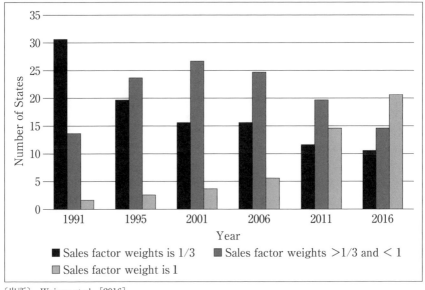

〔出所〕　Weiner et al.〔2016〕

入ると売上要素のウエイトを1/3よりも大きく設定する州の割合が最も高くなった。売上要素への依存の拡大はその後も続き，現在では売上要素を100％とする州が最も多くなり，その割合は全体の約3割に達するまでになった。

（3）　欧州委員会の CCCTB 提案の定式

　CCCTB では，EU 多国籍企業の課税ベースが同じルールの下で計算され，それが定式を用いて各加盟国に割り振られる。割り振られた課税ベースに対しては，各国が独自の税率を適用するが，その際各国が設定する税率には何ら制限は設けられない。CCCTB は，欧州委員会によって2011年に具体的な提案がなされた後，いくつかの修正が施され，2016年に再提案されている[5]。2016年の提案では，連結ベースの課税の採用が延期され，当面は共通課税ベースの導入を進めるなど改革を前に進めるための工夫がみられる。

　CCCTB の定式については，2011年と2016年で変更はなく，基本的にはマサ

チューセッツ方式となっている。但し，労働要素については，EU 加盟国における賃金の違いを考慮して，（6）式のように給与総額と従業員数の按分が用いられる。

$$地域 A のシェア = \frac{1}{3}\left(\frac{地域 A の資本}{グループ全体の資本}\right) + \frac{1}{3}\left[\frac{1}{2}\left(\frac{地域 A の給与総額}{グループ全体の給与総額}\right)\right.$$

$$\left. + \frac{1}{2}\left(\frac{地域 A の従業員数}{グループ全体の従業員数}\right)\right] + \frac{1}{3}\left(\frac{地域 A の売上}{グループ全体の売上}\right) \quad (6)$$

3．FA の特徴

　では，FA は SA と比べて，どのような長所を持っているであろうか。まず明らかなことは，連結ベースの課税が行われることから，移転価格操作などを用いた国際的な租税回避が防止されることである。FA では，グループ内の財・サービスや資金の取引による所得移転がグループ全体の税額に影響しないことから，多国籍企業に所得移転の誘因が生じない。

　第2に，税務当局の管理費用及び企業の法令遵守費用が低下する。現状の国際課税では，グループ内取引での独立企業間価格を守るために，税務当局は膨大な管理費用をかけ，また複雑な移転価格税制に対応するために企業は多額の法令遵守費用をかけている。これに対して，FA に移行すれば，（DBCFT と同じように）多国籍企業の所得移転がなくなるため，国際的な所得移転を防止するための費用もなくなる。FA というこれまでにない課税方式を導入することで新たな費用も発生するであろうが，それを勘案してもなお，全体として管理・法令遵守費用が低下すると言われている。

　逆に，FA が引き起こす問題点としては次のようなものがある。第1に，FA 導入に伴って新たに2つの外部性が発生することである[6]。FA が引き起こす外部性とは，まず高税率国で定式に含まれる生産要素を減らし，低税率国で同生産要素を増やすという操作が行われることである。こうした外部性は，定式外部性（formula externality）と呼ばれている。もう1つの外部性は，ある国が税率を引き上げると，それによって世界投資量が減少し，別の国の課税

ベースが悪影響を受けることである。これは，課税ベース外部性（tax-base externality）と呼ばれている。

　第2に，FA導入に伴う実務的な難しさである。FAには，後述するように多くの実務的な課題があるが，上手く設計を行ってそれらを克服することの難しさと，それらを克服できたとしても共通課税ベース及び定式に関して各国（各地域）が合意するという政治的な難しさがある。

4．FAの実務的な課題

　FAの実務的な課題としては，大きく分けて，所得の定義に関する問題，定式の選択に関する問題などがある[7]。

（1）　所得の定義に関わる問題

　まず，所得の定義に関わる問題として，誰の所得に対してFAを適用するか，その所得はどのように計算されるかという2つの問題がある。グループ企業は，法的な基準としては，直接または間接的なオーナーシップ比率が50%，75%，100%などの一定の基準が考えられる。一方で，経済的な観点からFA適用企業をユニタリー事業であるかどうかに設定することもできる。ユニタリー事業の基準は，企業が直接または間接的に共通の親会社に支配されているかどうかや，他のグループ企業と経済的な結びつきを持つかどうかなどである。

　また，FAで連結課税ベースとすべきか否かという問題もある。連結課税ベースとするならば，グループ内の損失は所得と相殺される。CCCTBでは，経過措置を挟んで，最終的には連結課税ベースの導入が目標とされている。これに対して，米国の州ではユニタリー事業をベースにFAが適用されている。何がユニタリー事業であるかについては，各州によって異なる。

　FAが適用される所得については，各国の企業会計を基に計算するのが1つの考え方であるが，実際には各国で異なる会計基準を用いていることから，それらの調整は難しい。税務会計を企業会計とは乖離したものに設定するにして

も，税務会計の方でも在庫費用の計算方法や有形・無形資産の減価償却方法な
どが各国で異なることから，課税所得の概念を共通化することは容易ではな
い。SA では独立企業間価格を用いて各国で課税所得が計算されるだけなの
で，多国籍企業は国による課税所得の定義の違いは課税の障害にはならない
が，FA では全世界課税所得を計算する必要があるため，各国の課税所得の概
念及び計算方法を揃える必要がある。

（2）　FA 定式をどのように設定するか

　第 2 に，FA 定式の要素として何が適切なのか，また各定式要素に対するウ
エイトをどのように設定すべきかという問題がある。伝統的な FA 定式に含ま
れる要素である資本，給与総額，売上それぞれを用いる場合に直面する課題を
順にみてみよう。

　（i）資本要素

　資本要素については，まずどのような資産が FA の資本要素に含まれるかを
決めなければならない。米国の FA では在庫を含む全ての有形資産が資本要素
に含まれることが多いが，CCCTB では工場，オフィスビル，倉庫，設備など
の有形固定資産が用いられる。CCCTB において在庫が除かれる理由は，在庫
は企業が容易に操作できるからである。無形資産については，CCCTB でも米
国の FA でも資本要素には含まれない。その背景には，無形資産はその評価が
難しいことがある。

　資本は，国際的な移動性が高いため，FA 定式の要素として用いると大きな
定式外部性が生じる。資本は，生産活動を支える重要な要素であることから，
伝統的には FA 定式の要素として用いられることが多いが，資本の国際的な移
動性の高さを背景として SA から FA への移行を検討する際には，資本要素を
用いることの妥当性は低くなるであろう。

　（ii）給与総額または従業員要素

　労働要素については，次のような点が問題として指摘されている。まず，誰
が雇用者で誰が独立契約者かという問題が生じることである。高税率国で独立

契約者を用い，低税率国で雇用者を用いることで，企業は税負担を軽減することができる。雇用者と独立契約者の線引きは，特にバックオフィス機能やルーティーン機能を外注すべきか否かの判断に影響を及ぼす。外注や独立契約者は，比較的低賃金の活動に用いられるため，この問題は給与総額よりも雇用者数を定式要素として用いたときにより大きな影響が出ると考えられる。

　また，給与総額については，株式ベースの報酬をどのように扱うかという問題が生じる。国によって株式ベースの報酬の税制上の概念が異なるので，これを国際的に合わせることは容易ではない。

（ⅲ）売上要素

　米国の州の例でみたように，近年定式要素として重要視されているのが売上である。定式要素に売上を含むことの理論的な根拠は，法人利潤に対して需要が果たす役割である。財がどこかで販売されることがなければ，そもそも利潤が生じないので，需要は法人利潤を生み出す要素の1つと考えられる。近年，FAで売上要素の重要性が指摘されることが多く，また米国の例でもみたとおり，実際にFAで売上要素が拡大傾向にあるが，この背景には生産要素と比べて消費の移動性が小さいことが指摘できる。経済の越境取引が増えている今，売上要素がより重視されるようになることは自然な流れと言えよう。

　しかし，売上要素についても乗り越えるべき課題がある。第1に，仕向地にPE（Permanent Establishment，恒久的施設）など物理的なネクサスがない場合の対応である。「PEなければ課税なし」と言われるように，伝統的な国際課税の枠組みでは物理的なネクサスがなければ，仕向国は企業に課税することはできない。伝統的な取引では企業が支店・販売店などの形で仕向地にPEを構えることが多かったため，「PEなければ課税なし」の原則が有効に機能したが，デジタル企業に代表されるIT利用企業の場合は仕向国にPEを設置しないままサービスを提供することができる。仕向国に物理的なネクサスを持たない販売の対応としてこれまで考えられてきた方法は，その取引をFAから外すか（throw out），またはその取引をFAに含めて源泉国に配賦する（throw back）ことである。米国では憲法上の理由もあって，企業が市場州と物理的

なネクサスを持っていない限り，単にその州では課税されない（throw out される）。一方で，CCCTB 提案では遠距離販売と EU 外への販売に関しては，企業がネクサスを持つ全ての加盟国に対して資本・労働を基準として配賦される（拡張 throw-back ルール）。

　第2に，第三者企業（流通企業）を通じた販売である。多国籍企業が子会社などの形で仕向国に何らかのネクサスを持つ場合には，その販売から生じる利潤は，連結課税ベースに含まれる。しかし，多国籍企業が仕向国で自ら販売活動を行うのではなく，第三者企業に販売し，第三者企業が仕向国に販売する場合には，多国籍企業の連結課税ベースに含まれるのは，第三者企業への販売に伴う利潤のみとなる。そして，第三者企業がタックス・ヘイブンにある場合には，この取引に関して多国籍企業の利潤に対する課税はゼロになる。仕向国の税率が適用されるのは第三者企業であるが，第三者企業の利潤率が小さい場合には，仕向国の税率の高低をあまり気にする必要はない。よって，多国籍企業は第三者企業を通じて租税回避を行うことができてしまう。多くの薬品会社は，第三者企業（流通企業）を用いて仕向国に製品を供給していると言われており，FA ではこうした租税回避の発生が懸念される。

　これを避けるためには，第三者企業（流通企業）への販売は消費者への販売までを含めたものとして取り扱う必要がある（look-through ルール）。但し，これを実現するためには，第三者企業が多国籍企業または税務当局に報告を上げる必要があり，こうした課題を解決するためのハードルは低くはない。

　第3に，原材料，部品，中間財の第三者企業（製造企業）への販売である。これらを look-through ルールで扱うべきか，または最終消費地以外の場所を仕向国にすべきかという問題が生じる。この問題は，第三者の流通企業に対する販売の問題と似た性質を持っているが，原材料，部品，中間財は購入されたものが変形されることがあるため，その最終消費地の特定は流通企業に対する販売の場合よりも難しい。Look-through ルールを適用するにしても，ビジネス上の理由から取引企業が第三者企業（製造業）に対して自らの販売先を教えたがらない可能性もある。このため，流通企業への販売には look-through ルー

ルを適用し，原材料，部品，中間財の購入企業（製造企業）への販売には同
ルールを適用しないことが1つの方法として考えられるが，そうなると流通企
業と製造企業の区別が必要になり，そこに租税回避の余地が生じてしまう。

　仕向国を第三者企業（製造企業）の国とすることも考えられる。その場合に
は，第三者企業よりも先の取引について考慮する必要はなくなる。しかし，販
売企業である多国籍企業が節税によって製品価格を引き下げる行動に出ること
が予想される場合，第三者企業（製造企業）はその立地先を比較的低税率の国
に変える誘因を持つであろう。

　また，似たようなケースとして資本財が考えられるが，資本財の場合には
look-through ルールを用いようとしても，そもそも最終消費地を特定すること
は不可能である。そこで，資本財の仕向国はそれを購入する第三者企業（製造
業）の立地国とすべきであろうが，そうすると流通企業への販売には look-
through ルールが適用され，資本財にはそれが適用されないということで，原
材料・部品・中間財と同じ問題が生じる。

　最後の問題点として，サービスについてはその仕向地の特定が難しいという
問題を指摘できる。とりわけ，個人向けサービスについてはそうである。これ
は，仕向地主義を採用している VAT でも長年課題となっているものである。
個人向けサービスに対する仕向地主義課税では，サービスの供給場所が仕向地
とされることがあるが，そうするとサービス提供を低税率国に移転する誘因が
生じる。

Ⅳ．Residual Profit Allocation とは何か

　以上のように，国際的な FA には様々な問題がある。また，上記の設計上の
問題のほかに，FA の導入時には生産国から市場国に税収が大きく移転する可
能性があるため，現実的にはその弱点を緩和することも必要になるかもしれな
い。FA の弱点を部分的に補うものとして，Residual Profit Allocation（RPA）
と呼ばれる課税方法が提案されている。

1．RPA の課税方法

　RPA は，Avi-Yonah, Clausing and Durst［2009］が提案したものである。RPA では，利潤全体が通常利潤（routine profits）と残余利潤（residual profits）に分けられ，通常利潤に対しては源泉地主義課税が，残余利潤に対しては仕向地主義課税が行われる（図表3）。Avi-Yonah, Clausing and Durst［2009］の提案では，通常利潤は費用の7.5%（＝マークアップ率）とされ，通常利潤は費用が発生した場所で課税される。つまり，立地国には利潤のうち7.5%が配分される。通常利潤以外の利潤が残余利潤であり，残余利潤は仕向地ベースの売上を要素とする定式によって様々な国に配賦される。

　FA と比べると，RPA は通常利潤に課税する分だけ源泉国にも税収が発生するため，現行税制からの乖離は小さくなるが，それだけ企業立地に対する課税の影響が出てしまう。このため，企業立地への影響を見越した租税競争が完全になくなることはない。しかし，この点に関して，RPA では費用に関するマークアップ率が低税率国に移転する誘因を最小限に抑制する水準に設定され

図表3　RPA の課税方法のイメージ

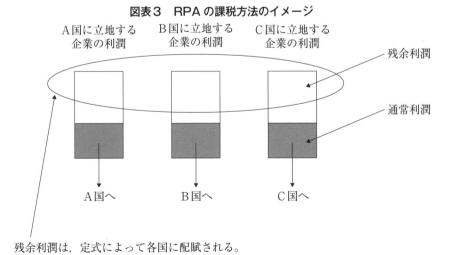

残余利潤は，定式によって各国に配賦される。
〔出所〕　筆者作成

ている。例えば，100の費用を税率35％の国から10％の国に移転すると1.9（＝100×0.075×(0.35−0.1)）の節税になるが，生産場所の移転には様々な費用がかかることを考えれば，2％にも満たない節税効果では企業の立地選択はあまり変化しないと考えられる。残余利潤に対する課税は，売上のみを要素とする定式によって各国に課税権が配賦されるため，企業立地に対する影響はない。

2．RPA-I 提案

近年オックスフォード大学の Devereux 教授を中心とする研究グループは，残余利潤の配賦を残余粗所得（Residual Gross Income，RGI）を用いて行う RPA-I（Residual Profit Allocation by Income）という提案を行っている。Avi-Yonah, Clausing and Durst [2009] の RPA との違いは，①通常利潤の計算方法の違いと，②残余利潤の配賦に用いる要素の違いである。

Devereaux et al. [2019] によれば，RPA-I が想定するのは多国籍企業グループ内に大部分のリスクを引き受ける起業家的な会社があり，他の全てのグループ会社が通常業務を行う起業家モデル（entrepreneurial model）である。通常業務に従事する会社は，移転価格税制の原価基準（Cost-Plus，CP）法で計算される利潤を計上する。通常利潤とは，ある業務をアウトソーシングされた第三者が期待できる利潤のことであり，サービス供給者としてその業務を遂行するための専門知識の価値を反映するものである。一方で，残余利潤は多国籍企業が直面するリスクを反映したものであり，これは全て起業家的な会社で生じる。こうした通常利潤の概念を用いることで，グループ内取引と第三者との取引を概念的に分ける必要がなくなる[8]。

RPA-I では，通常利潤のマークアップ率は生産費の場合は10％，販売・マーケティング費は5％など費目によって異なる値が設定されており，全ての分割可能な費用それぞれに関する通常利潤が計算される。分割可能な費用は，第三者からの購入については実際の価格で控除し，関連会社からの購入については移転価格に基づいたものが使われる。そして，費目別の通常利潤を全て足し合わせて，通常利潤の合計が計算される。残余利潤の合計は，利潤の合計から通

常利潤の合計を引いたものとなる。

　そして，残余利潤の合計を各国に配賦する際には，各国の RGI のシェアを要素とする定式が用いられる。RGI とは，各国の売上から分割可能な費用と通常利潤を引いたものである。RGI の合計から分割不可能な費用の合計を引くと，残余利潤の合計が得られる。

　残余利潤を RGI で配賦することの利点の 1 つは，売上による配賦と比べて各国で生じる費用を勘案することができることである。RGI による配賦は，売上による配賦と比べると，利潤率が高い国の課税ベースが大きくなる。例えば，ある国で他国よりも薬が高い価格で売られている（利潤率が高い）場合，RGI も高くなるので，その国の税収は薬の高い価格を反映したものとなる。同様に，ある国が特許や商標の権利を保護せず，それゆえにその国の取引の利潤率が低いとき，その国は相対的に狭い課税ベースしか得ることができない。ちなみに，RPA-I において，通常利潤のマークアップ率を7.5％にして，売上に対する費用の割合が各国で同じであれば，各国の課税ベースは Avi-Yonah, Clausing and Durst［2009］の RPA と同じになる。

　RPA-I のもう 1 つの長所は，RPA-I では移転価格税制の実務家に馴染みのあるボトムアップ・アプローチ（各国ベースでの計算）で実施することができる点である。RPA-I では，ボトムアップ・アプローチとトップダウン・アプローチの結果が同じになる。

トップダウン・アプローチ

　残余利潤（各国）

　　＝［売上（世界）－分割可能な費用（世界）－分割不可能な費用（世界）

　　　－通常利潤（世界）］× RGI の割合　　　　　　　　　　　　　　（5）

ボトムアップ・アプローチ

　残余利潤（各国）

　　＝売上（各国）－分割可能な費用（各国）

　　　－分割不可能な費用（RGI により各国に配賦）－通常利潤（各国）

　　＝ RGI（各国）－分割不可能な費用（RGI により各国に配賦）　　　（6）

　残余利潤を売上で配賦する RPA では，ボトムアップ・アプローチでは分割不可能な費用のみが売上で配賦されるのに対して，トップダウン・アプローチでは全ての費用が売上で配賦されるため，２つの方法で計算結果が一致しない。移転価格税制の実務家に馴染みのあるのはボトムアップ・アプローチである。費用に基づく移転価格と通常利潤の計算をボトムアップで行うことで，定式による配賦における企業範囲や適用所得の決定などの問題が軽減される。

3．RPA の特徴

　RPA（RPA-I も含む）は，DBCFT のように，理想的な性質を持つわけではない。RPA は，DBCFT よりも導入が容易な一種の妥協案と言える。RPA では DBCFT のように超過利潤に対してのみの課税ではないので，投資に対する中立性が確保されない。また，RPA ではグループ内の内部負債に関する支払利子は控除されないものの，外部負債に関する支払利子は控除されるので，企業の負債調達バイアスについても解消されない。

　しかし，前述のように，RPA では企業の立地選択への影響は大きくない。また，企業の租税回避への影響については，全ての国が RPA を採用するとき，負債，無形資産，移転価格を用いた租税回避を行う誘因が生じない。RPA はグループ内の負債（内部負債）に関する支払利子については控除が認められないため，低税率国にある会社から高税率国にある会社（親会社など）に貸出を行っても意味はない。無形資産が生み出す利潤についても，その大部分が残余利潤である場合には，無形資産の保有国ではほとんど課税されないため，無形資産を用いて所得移転を行う誘因は小さい。また，RPA では通常利潤が決められたマークアップ率によって決まり，それは実際の販売価格ではないため，純粋な独立企業間価格（Arm's Length Principle）からは乖離する。このため，RPA は移転価格操作による所得移転に強い。

　一方で，FA の弱点として指摘される仕向国に PE がない場合の問題，第三者の流通企業の問題，原材料・部品・中間財購入の問題，サービスの仕向地特定の問題などは，RPA でも解決されない。

Ⅴ．デジタル化への対応

　近年，法人税に関する問題で注目を集めているのがデジタル課税である。現在，GAFA（Google，Amazon，Facebook，Apple）に代表されるデジタル企業が個人データを利用して巨額の利潤を得ているが，その利潤の計上先が一部の国に偏っている。こうした現状に対して，従来の源泉地主義の法人税ではデジタル企業に対して適切な課税を行うのが難しいのではないか，何か他の方法を用いて課税を行うべきなのではないかという問題意識が国際的に広がってきた。デジタル課税を巡っては様々な意見が出ているが，そこでは前節までにみてきた仕向地主義課税や定式を用いた課税権の配賦の考え方も登場する。本節では，DBCFT，FA，RPA などの課税方法を念頭に，デジタル分野に対して法人税を抜本的にどのように改革していくべきかを考える。

１．デジタル課税の議論及び欧州各国の動き

　OECD の BEPS プロジェクトで行われてきたデジタル課税の議論は，行動計画１のなかで行われてきたが，他の行動計画とは異なり，2015年の最終報告書ではその方向性に合意が得られず，具体的な提案が先送りされた。2018年３月には一旦報告書がまとまったものの，それは中間報告（Interim Report）としての位置づけで，2020年までに最終的な「最終報告書」が作成されることになった。2019年に入り，デジタル課税案の姿が見え始め，同年５月になってようやくデジタル課税に関する「作業計画」（Programme of Work）として，正式な課税案が提示された（図表４）。「作業計画」には第１の柱（Pillar One）として定式を用いた課税方法，第２の柱（Pillar Two）としてミニマム課税が提案され，これらをたたき台として，デジタル課税案の合意に向けた議論が進められた。本稿は，このうち FA や RPA の考え方と関連する第１の柱に着目する。

図表4　BEPS プロジェクト「作業計画」の第1の柱と統合アプローチ

	「作業計画」の「第1の柱」			統合アプローチ
ネクサス	ユーザー参加（英国案）	マーケティング上の無形資産（米国案）	重要な経済的存在（インド案（途上国案））	消費者向けビジネスを行っており，市場国に一定額以上の売上があること。
課税権の配賦ルール	通常利潤と残余利潤に分けて，残余利潤を売上を基準とした定式により各国に配賦。	利潤全体を定式によって各国に配賦。	各市場における売上に一定率をかけてみなし利潤を計算。	残余利潤の一部を売上を基準とした定式により各国に配賦。

〔出所〕　OECD［2019a, b］より作成。

　第1の柱では，2つの点に関して3つの案が提示された。1つが PE のような物理的存在に代わるネクサスの設定である。3つの案は，ユーザー参加，マーケティング上の無形資産，重要な経済的存在である。もう1つが，課税権の配賦ルールである。これについては，通常利潤と残余利潤に分けて残余利潤のみを定式によって配賦する案，利潤全体を定式によって配賦する案，そして各市場における売上に一定率をかけてみなし利潤を計算する簡素な案の3つが提示された。

　2019年10月には，第1の柱に関して，OECD 事務局による統合アプローチ（Unified Approach）が公表され，デジタル課税案は最終的な決着に向けて議論が行われるようになった。統合アプローチは，パブリック・コンサルテーションを経て，2019年末までに最終案が確定する予定である（本稿執筆時点）。統合アプローチでは，ネクサスの改革としては①消費者向けビジネスを行っていることと②市場国に一定額以上の売上があることの2つの条件を満たせば，企業が市場国にネクサスを持つこととされた。課税権の配賦ルールについては，売上を定式要素とする RPA 案に近いものとなったが，配賦の対象は残余利潤の全てではなく，その一部のみとなった。

　OECD によるデジタル課税案の策定が急がれた背景には，欧州委員会や欧

州各国が単独でデジタル企業に対して課税する動きがみられたことがある。欧州委員会は，2018年3月にデジタル課税に関する報告書を公表し，短期的な課税案として売上が一定額を超える企業に対してはその売上に対して一定率の課税を行うことを提案した[9]。これは，実質的に GAFA など一部のデジタル企業を狙いうちするものであった。欧州委員会の提案は，その後加盟国の意見がまとまらず頓挫したが，その結果欧州各国がそれぞれ独自にデジタル課税の検討を進める事態となった。デジタル課税として導入が検討されたのは，欧州委員会案と同じく，デジタル・サービス・タックス（Digital Service Tax，DST）と呼ばれるデジタル企業に対する売上税である（図表5）。DST は，安易な課税方法として選択された感が強く，経済のデジタル化が税制に及ぼす影響が根本から検討された結果として導き出された課税案ではない。本来であれば，デジタル企業に対する場当たり的な課税を避けるためにも，デジタル課税の議論を抜本的な法人税改革の観点から検討する必要がある。

図表5　欧州各国のデジタル・サービス・タックス（DST）

	時期	税率	課税対象となるサービス	課税対象企業
EU	挫折	3 %	・オンライン広告事業 ・ユーザー間の資産と役務の取引を可能とするデジタル・プラットフォームサービス ・ユーザーから提供された情報から創出されるデータの販売	年間連結グループ総収入7.5億ユーロ超の多国籍企業で，かつ EU 域内での課税対象ビジネスの年間収入5000万ユーロ超の企業。
イタリア	2019予算法	3 %	・オンライン広告事業 ・ユーザー間の資産と役務の取引を可能とするデジタル・プラットフォームサービス ・ユーザーから提供された情報から創出されるデータの販売	年間連結グループ総収入7.5億ユーロ超の多国籍企業で，かつイタリア国内での課税対象ビジネスの年間収入550万ユーロ超の企業。

フランス	2020年1月1日	3％	・オンライン広告事業 ・ユーザー間の資産と役務の取引を可能とするデジタル・プラットフォームサービス ・ターゲット広告用のユーザー・データの移転	年間連結グループ総収入7.5億ユーロ超の多国籍企業で，かつフランス国内での課税対象ビジネスの年間収入2500万ユーロ超の企業。
英国	2020年4月1日	2％	・ソーシャルメディア・プラットフォームの提供 ・サーチ・エンジン ・オンライン・マーケットプレイスの提供	年間連結グループ総収入5億ポンド超の多国籍企業で，かつ英国国内での課税対象となる英国ユーザーの参加からの年間収入2500万ポンド超の企業。
スペイン	広報に掲載された日から3か月後	3％	・オンライン広告事業 ・ユーザー間の資産と役務の取引を可能とするデジタル・プラットフォームサービス ・ユーザーから提供された情報から創出されるデータの販売	年間連結グループ総収入7.5億ユーロ超の多国籍企業で，かつスペイン国内での課税対象ビジネスの年間収入300万ユーロ超の企業。
オーストリア	2020年	5％	・オンライン広告売上	年間連結グループ総収入7.5億ユーロ超の多国籍企業で，かつオーストリア国内での課税対象ビジネスの年間収入2500万ユーロ超の企業。

〔出所〕溝口［2019］

2．HDBs に対する課税にとどめるべきか，それとも全ての企業を対象にすべきか

　デジタル課税に関するこれまでの議論をみると，大きく2つの論点があるように見受けられる。第1に，新しい課税の対象をHDBs（Highly Digitalized Businesses）と呼ばれる高度にデジタル化された企業に対する課税にとどめるべきか否かである。HDBsとは，具体的にはソーシャル・ネットワーク，サー

チ・エンジン，ファイル・シェアリング・プラットフォーム，オンライン市場
などのオンライン・ネットワーク企業である。

　HDBs は，伝統的な企業と比べて，次のような課税上の違いがあることが指
摘されている（OECD [2018]）。第1に，HDBs が PE（恒久的施設）なしで
市場に供給できることである。前述のように，伝統的な企業は顧客に商品を提
供するために物理的な存在を必要とするため，PE の有無が課税の基準とされ
てきたが，デジタル経済では PE なしで海外から国内消費者に対して直接サー
ビスが提供される。第2に，HDBs はその事業がデータとユーザー参加に大き
く依存することである。HDBs の事業では，データやユーザー参加がその付加
価値に大きな貢献をしていると考えられる。第3に，HDBs は無形資産の利用
が多いことである。伝統的な製造業が商品製造のための大規模な有形資産を保
有しているのに対して，HDBs は有形資産はあまり保有せず，その代わり無形
資産が利潤獲得の重要な手段となっている。

　こうした性質を持つ HDBs に対して，それが伝統的な企業とは異なる性質
を持つものとして分離し，特別な課税を課すべきか否かを考える必要がある。
この点は，専門家の間でも必ずしも意見が一致しているとは言えないが，少な
くとも財政学者のなかでは HDBs の特別扱いは容易ではないとの認識が広がっ
ている。その理由の1つは，こうした企業とそれ以外を分けるためには何らか
の線引きが必要であるが，それが十分に説得力のある理由の下で行われるとは
考えにくいことである。企業のデジタル化の程度は二者択一のものではなく，
連続的なものであるため，デジタル企業であるか否かの線引きは難しい。ま
た，より長期的な視点で捉えれば，デジタル化は伝統的な製造業も含めて，ほ
ぼ全ての企業によって取り入れられることが予想される。デジタル化の程度は
各企業によって異なるが，デジタル化が引き起こす問題は全ての企業に共通の
ものと考えられる。つまり，デジタル課税の問題は digital economy に対する
課税の問題ではなく，digitalized economy に対する課税の問題として処理す
る必要があるということである。

　そもそも，前述の HDBs の3つの性質のうち，PE と無形資産の問題は経済

のグローバル化・サービス化に伴う法人税の問題としてこれまでも認識されて
きたことである。よって，これら2つの性質はHDBsを課税上特別扱いしな
ければいけない強い理由にはならない。付加価値におけるユーザー参加・デー
タの役割が大きいという点については，現時点ではHDBs特有の性質と考え
られるかもしれないが，長期的には伝統的な企業においても多かれ少なかれ顧
客データの利用が進むことを考えれば，少なくとも抜本的な法人税改革の視点
からはこれもHDBsだけを抜き出して課税すべき理由にはならないであろう。
この点については，OECD［2015，2018］も「デジタル経済だけを他の経済か
らring-fenceすることは，不可能とまでは言えないまでも難しい」ことを認め
ている。

3．価値創造原理 vs．仕向地主義

　デジタル課税のもう1つの論点は，どのような主義に基づいて課税すべきか
ということである。OECDや欧州諸国のデジタル課税の議論では，法人税は
価値創造が行われた場所で課されるべきという価値創造原則（Value Creation
Principle）が用いられてきた。価値創造原則は，独立企業原則（Arm's
Length Principle）の下で各国の価値創造を把握して課税するものである。
OECDは，長年にわたって独立企業原則に基づく課税を掲げており，FAや
RPAのような定式に基づく課税を徹底的に否定してきた。「作業計画」の第1
の柱にはRPAに似た課税方法が含まれているが，元々第1の柱は価値創造原
則に基づいており，RPAは仕向地主義課税である。このため，第1の柱と
RPAは表面的には似ているものの，その発想は根本的に異なっている。
　また，価値創造原則に関しては，各国でつけられる価値は供給者やユーザー
によって生み出されるものであり，単なる消費者は価値を創造しないとされる
ことも多い。価値創造においてユーザーと単なる消費者が異なるものであると
の主張は，ユーザー参加を重視する英国の議論で多くみられる。
　Devereux and Vella［2018］は，こうした価値創造原則を強く批判してい
る。その理由は，次のようなものである。第1に，価値創造原則ではどこでど

のくらいの価値が創造されたかを特定しなければならないが，それが実務的には困難なことである。多国籍企業が世界中で販売とマーケティングを行っている場合，独立企業原則によって各地域の付加価値を把握するのは容易ではない。また，各地域の付加価値を正確に把握しようとすればするほど，税制が複雑になり，管理・法令遵守費用が増大する。

　第2に，そもそも現在の法人税が価値創造原則に基づくものにはなっていないことである。例えば，ある国の企業が自国で生産活動を行う上で，外国から資金を調達する場合，現行の法人税では自国では支払利子の控除が認められ，外国では受取利子に対する課税が行われる。たとえ価値創造が全て自国で生じるとしても，利子の大きさに応じて外国政府も課税することになっている。また，ある国が居住地主義で課税しているとき，自国企業が世界のどこで活動しようともその利潤に対して課税することになるが，これは自国企業が外国で行った価値創造に対しても自国政府が課税することを意味する。そこには価値創造原則は考慮されていない。

　第3に，消費者が所得を生み出す過程に関係しないというのは，経済学の論理からみて違和感がある。所得は，需要と供給が一致する点で決まる価格に依存し，需要がなければ所得は生まれない。FA のマサチューセッツ方式において，定式要素として資本と労働といった生産要素に加えて売上が要素として加えられているのは，法人利潤に対する需要側の役割を認めているが故である。

　では，ユーザーと単なる消費者を分けるという議論についてはどうであろうか。まず，ユーザーとはデジタルサービスにおけるコンテンツの生成やプラットフォームとの関わりの深さなどから，ネットワーク効果や外部性をもたらす人と考えられているが，実際にはどのような人がユーザーであり，どのような人が単なる消費者であるかの判別は難しい。また，企業の立場からすれば，デジタルサービスを無料または安価な価格で用いる代わりにデータ等を提供してくれるユーザーは，中間投入財を有利な価格で提供してくれる取引相手とみなすことができる。もしユーザーが価値創造に貢献しているからユーザー国に課税権を配分すべきという議論が展開されるのであれば，伝統的な取引において

も有利な価格で中間財を提供してくれる企業がいる国に対しても，課税権を配
分しなければ公平な扱いとは言えなくなる。現行の法人税では，有利な価格で
中間財を提供してくれる仕入先企業が立地する国に対して，課税権が配分され
ることはない。

4．デジタル経済に対する仕向地主義課税

　最後に，国際的な二面市場を想定して，デジタル課税に関するこれまでの議
論をまとめよう。

　図表6の上図は，HDBs の典型的な活動状況を示している。HDBs がユー

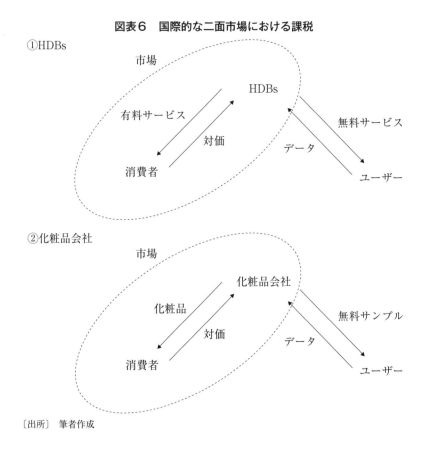

図表6　国際的な二面市場における課税

①HDBs

市場
HDBs
有料サービス
対価
消費者
無料サービス
データ
ユーザー

②化粧品会社

市場
化粧品会社
化粧品
対価
消費者
無料サンプル
データ
ユーザー

〔出所〕　筆者作成

ザーに無料サービスを提供し，その代わりに個人データを得る。一方で，HDBs は消費者に対して有料サービスを提供し，消費者からその対価を得る。このように，一方の取引相手には無料サービスを提供し，もう一方の取引相手に有料サービスを提供して，全体として帳尻を合わせる市場は，二面市場（two-sided market）と呼ばれている。例えば，クレジットカード市場は，クレジットカード会社が消費者からは手数料を徴収せず，代わりにその分も含めて加盟店から手数料を徴収するため，典型的な二面市場である。

　国際課税の観点からみれば，二面市場でも企業とユーザーと消費者が同じ国で活動している場合には特に問題が生じない。ユーザーに与える無料サービスの費用を消費者に対する有料サービスで賄ったとしても，その取引から生じる利潤は結局のところ国内政府によって課税されるからである。これに対して，HDBs が活躍するデジタル市場では，HDBs，ユーザー，消費者の所在国が異なる場合が少なくない。典型的には，この三者の所在国が全て異なる場合に，どこの国が課税権を持つべきかという問題が生じる。

　HDBs，ユーザー，消費者が全て異なる国にいるとき，現行の源泉地主義の法人税では課税権を持つのは HDBs 国である。ユーザーは市場取引の外にいるため，ユーザー国は課税権を持たない。消費国は，市場取引には関連しているものの，源泉地主義課税の下では課税権はない。こうした状況に対して，価値創造におけるユーザーの役割に応じて，ユーザー国にも課税権を配分すべきであるというのが，よくみられるデジタル課税の議論である。つまり，HDBs 国のみが課税権を持つ現状の法人税に対して，ユーザー国にも課税権を配分するのが価値創造原則に基づく課税，消費国のみに課税権を配分するのが仕向地主義課税である。抜本的な法人税改革が行われるとき，現状の源泉地主義課税から価値創造原則に基づく課税と仕向地主義課税のどちらに移行するかによって，各国の税収には大きな変化が生じる。デジタル課税を巡る議論が，しばしば純粋な税制論議の枠を超えて政治的な駆け引きに発展するのは，デジタル課税の方法が各国の税収に大きな影響を及ぼすからである。

　前述のデジタル課税に関する 2 つの論点を軸に，価値創造原則に基づく課税

と仕向地主義課税のどちらが望ましいかを考えてみよう。まず，HDBs におけるユーザーの役割が大きいことを重視する価値創造原則に基づく課税の場合，HDBs に対してユーザーを考慮に入れた源泉地主義課税を行うことになる。もし HDBs を狙い撃ちにした課税が許されるのであれば，伝統的な企業に対する法人税とは切り離した課税ができるので，HDBs だけを対象とした課税を行えばよい。これは目的が明確であり，その実施は難しいものではなかろう。これに対して，HDBs だけではなく，デジタル化した全ての企業に対する課税を考えるのであれば，HDBs に対する課税を伝統企業に対する課税と整合的なものにする必要がある。既述のように，HDBs とそれ以外の企業の線引きも難しい上に，HDBs のみを特別に課税すべき説得的な理由がないため，我々は本来こうした課税方法を検討する必要があると考えられる。いまの例で言えば，図表 6 の下図のように，化粧品会社がサンプルをユーザーに無料で配布して，その代わりに製品に対する評価を受け取る状況も考慮に入れて，新たな課税のあり方を考えなければならないということである。

　つまり，法人税の抜本改革として価値創造原則に基づく課税を行い，HDBs のユーザーがいる国に課税権を配分するのであれば，化粧品サンプルを用いたユーザーのいる国にも課税権を配分しなければならない。これは，現行の法人税からは大きな飛躍になる。いまの例では化粧品会社を用いているが，それは自動車会社かもしれないし，電機会社であるかもしれない。価値創造原則に基づく課税を行うのであれば，これら伝統的な企業についても，市場のみならず非市場を含めて価値創造を捉え，それを課税権に正確に反映させなければならなくなる。これは，「法人税の抜本改革」の枠を超えて，法人税の概念を根底から覆す「世紀に一度の法人税の大転換」となる。

　これに対して，源泉地主義課税から仕向地主義課税に移行する場合には，HDBs，化粧品それぞれの市場について，課税権が企業の立地国から消費国に移るだけで済む。仕向地主義課税の具体策としては，DBCFT のような実質的な VAT で行うか，売上要素のみの定式を用いた FA または RPA を選択することができる。前者については，法人税の話をしているのに，いつの間にか消

費税の話になっていることに違和感を覚える人がいるかもしれないが，実はこうした変化自体は「法人税減税＋仕向地主義の VAT 増税」という趨勢的な変化として，我々が既によく目にしているものである。そう考えると，長期的には法人税から消費税への移行によって経済の新たな動きに対応するというのは奇異なことではなく，むしろそれは経済環境の変化に応じた法人税の対応として自然である。もちろん，既述のとおり，仕向地主義課税には立地レントに対する源泉地での課税ができないという欠点があるので，立地レントに対する何らかの源泉地課税が妥当と判断される場合にはそれに対する課税を別途考える必要があるが，それは経済のデジタル化に対する仕向地主義課税拡大という基本的な対応に変更を迫るものにはならないであろう。

VI. 結　語

このように，デジタル経済への対応としては，税務執行の観点からも，法人税の概念を根底から覆す「世紀に一度の大改革」を行う必要がないという点からも，源泉地主義の法人税から仕向地主義の法人税への移行が望ましい。源泉地主義から仕向地主義への移行は，デジタル化への対応だけでなく，グローバル化への対応でもあるため，国際的な租税競争や租税回避といったグローバル化が引き起こす法人税の2つの大きな問題も同時に解決することができる。

現在，OECD や欧州諸国で行われているデジタル課税の議論とその解決策は，本稿で述べたような抜本的な法人税改革を伴うものではない。OECD が検討してきた案は，基本的には HDBs やそれに類するものを何らかの基準を設けて線引きし，それら企業に対して何らかの課税を行うという，ある意味で現実的な要請に応えるためのものであり，現行の法人税とは別に付加的に課されるものである（但し，税額控除を認めて法人税との二重課税を回避する措置が講じられている）。こうした動きは，これまで手薄だったデジタル経済への対応がなされるという点で一歩前進しているとはいえ，一時的な対処法の印象が拭えない。長期的には，やはり経済の変化に合わせて法人税を抜本的に改革

していくという視点が必要になるであろう。その点では，OECDの検討案が多くの議論を経て，当初の価値創造原則に基づく課税から仕向地主義課税に近づいてきた感があることは評価できる。

　本稿で検討したように，グローバル化・デジタル化といった経済の変化に対応できる法人税を突き詰めて考えていくと，最終的には仕向地主義課税に行き着く。このため，法人税は長期的にはグローバル化・デジタル化を背景として仕向地主義に向かうことになるであろう。

［注］

1）　消費税の課税主義は，最終消費地で課税する仕向地主義と生産地で課税する原産地主義の2つがある。原産地主義は，法人税の源泉地主義に相当する。

2）　GDPの所得面からみると $Y = W + R$, 支出面からみると $Y = C + I - X + M$ となる（ともに政府部門は無視する）。両式からYを消去すると $C = W + R - I - X + M$ が得られる。

3）　設備投資の即時償却が認められる（課税ベースがキャッシュフローで捉えられる）法人税をキャッシュフロー法人税という。

4）　キャッシュフロー法人税では設備投資の即時償却が認められるが，これは正常利潤に対する課税がゼロであることを意味する。正常利潤に対する課税がないので，キャッシュフロー法人税は投資に対して中立的である。また，キャッシュフロー法人税では直接的または間接的な方法によって支払利子が控除されないため，株式調達と負債調達の中立性が確保される。

5）　提案の詳しい内容は，European Commission［2011, 2016a, 2016b］を参照されたい。

6）　FAが引き起こす外部性の性質は，標準的な租税競争モデルを用いて議論されることが多い。詳しくは，Eichner and Runkel［2008, 2011］等を参照されたい。

7）　FAの実務的な問題については，Weiner［2005］, Agundez-Garcia［2006］, Andrus and Oosterhuis［2017］, 伊藤［2015］等が詳しい。

8）　通常利潤と残余利潤の概念は，経済学的な正常利潤と超過利潤に対応するものである。但し，両者の関係は全く同じというわけではない。例えば，通常利潤にはその企業の独占力から生じる利潤のように経済学的には超過利潤になるものが含まれる。一般的には，通常利潤は正常利潤よりも大きくもなるし，小さくもなる（Devereux et al.［2019］）。

9）　長期的な課税案は，CCCTBを用いた対応である。

［参考文献］

伊藤公哉［2015］『国際租税法における定式所得配賦法の研究』，中央経済社。

鈴木将覚［2017］「法人税の『国境調整』とは何か？」『租税研究』第814号，11-28頁。

溝口史子 [2019]「諸国におけるデジタル課税制度の状況」『税務弘報』2019年9月号, 18-26頁。

Agundez-Garcia A. [2006] "The Delineation and Apportionment of an EU Consolidated Tax Base for Multi-jurisdictional Corporate Income Taxation: A Review of Issues and Options," European Commission Taxation Papers, Working Paper No. 9/2006.

Andrus J. and P. Oosterhuis [2017] "Transfer Pricing after BEPS: Where Are We and Where Should We Be Going," *Tax Magazine*, pp. 89-107.

Auerbach, A., M. P. Devereux, M. Keen and J. Vella [2017] "Destination-Based Cash-Flow Taxation," Oxford University Centre for Business Taxation Working Paper, No. 17/01.

Avi-Yonah, R., K. Clausing and M. Durst [2009] "Allocating Business Profits for Tax Purposes: A Proposal to Adopt a Formulary Profit Split," *Florida Tax Review*, Vol. 9, pp. 497-553.

Devereux, M. P., A. Auerbach, A., P. Oosterhuis, W. Schon and J. Vella [2019] "Residual Profit Allocation by Income," Oxford University Centre for Business Taxation Working Paper, No. 19/01.

Devereux, M. and J. Vella [2018] "Taxing the Digitalised Economy: Targeted or System-Wide Reform?"*British Tax Review*, Vol. 4, pp. 387-406.

Eichner, T. and M. Runkel [2008] "Why the European Union Should Adopt Formula Apportionment with a Sales Factor," *Scandinavian Journal of Economics*, Vol. 110, pp. 567-589.

Eichner, T. and M. Runkel [2011] "Corporate Income Taxation of Multinationals in a General Equilibrium Model," *Journal of Public Economics*, Vol. 95, pp. 723-733.

European Commission [2011] *Proposal for a Council Directive on a Common Consolidated Corporate Tax Base (CCCTB)*, COM (2011) 121/4.

European Commission [2016a] *Proposal for a Council Directive on a Common Consolidated Corporate Tax Base (CCCTB)*, COM (2016) 683 final.

European Commission [2016b] *Proposal for a Council Directive on a Common Consolidated Corporate Tax Base*, COM (2016) 685 final.

McLure, C. [1980] "The State Corporate Income Tax: Lambs in Wolves' Clothing," in H. Aaron and M. Boskin (eds.), *The Economics of Taxation*, Brookings Institution, pp. 327-346.

OECD [2015] *Addressing the Tax Challenges of the Digital Economy, Action* 1 –
2015 *Final Report*, OECDD/G20 Base Erosion and Profit Shifting Project,
OECD.

OECD [2018] *Tax Challenges Arising from Digitalisation – Interim Report* 2018,
OECD/G20 Inclusive Framework on BEPS, OECD.

OECD [2019a] *Programme of Work to Develop a Consensus Solution to the Tax
Challenges Arising from the Digitalisation of the Economy*, OECD/G20 Inclusive
Framework on BEPS, OECD.

OECD [2019b] *Secretariat Proposal for a Unified Approach under Pillar One*, Public
Consultation Document, OECD.

Weiner, J. [2005] "Formulary Apportionment and Group Taxation in the EU: In-
sights from the United States and Canada," European Commission Taxation Pa-
pers, Working Paper No. 8.

Weiner, J., J. Alvarino, E. Dubin and A. Wang [2016] "The CCCTB, Brexit, and
Unitary Taxation: Recent Developments in Corporate Tax Policies in the Euro-
pean Union and in the U.S. States," Paper prepared for the National Tax Asso-
ciation annual conference, Baltimore, Maryland, November 10, 2016.

第8章　利益移転の実証分析[1]

長 谷 川　　誠

I. はじめに

　多国籍企業は複数の国や地域に子会社（および支店）を設立し，事業を展開している。進出先の国では，子会社が稼得した利益に対しては，現地の法人税が課される。法人税の税率は国ごとに異なるため，企業グループの利益の総額を一定とすると，税率が低い国でより多くの利益を報告することで，企業グループ全体での税負担は軽減できる。そのため，多国籍企業は税率の高い国に立地する関連企業（親会社および子会社）から，税率の低い国に立地する関連企業へと利益を移す誘因を持つ。このような多国籍企業の節税行動は，利益移転と呼ばれる。利益移転は関連企業間での移転価格の操作，無形資産の移転，借入などを利用して行われる。このような利益移転の手法を濫用した過度な節税を抑止するために，各国は移転価格税制，過少資本税制，タックスヘイブン対策税制（外国子会社合算税制）などの税制で対応している。

　近年，世界中で事業展開する大規模多国籍企業の租税回避に批判が集まる中，経済協力開発機構（OECD）がBEPS（Base Erosion and Profit Shifting の略称，日本語では「税源侵食と利益移転」）プロジェクトを2012年に立ち上げ，国際的に協調して多国籍企業の利益移転に対応するための15の行動計画（アクション・プラン）をまとめた最終報告書が2015年に公表された。この最終報告書では，世界の法人税収入の総額の約4-10%（1,000-2,400億ドル）がBEPSによって失われていると指摘されている（OECD [2015]）。現在，

BEPS 参加各国・地域は行動計画に沿った国内法の整備を求められており，利益移転への対応は国際的に喫緊の政策課題として，各国の政策担当者や実務家の関心を集めている。

　経済学の学術分野においても，多国籍企業の利益移転や節税・脱税など，租税回避行動に関する実証研究の蓄積が近年急速に進んでいる。特に2000年以降は企業の財務情報を収録した商用データが充実してきたこと，さらに政府統計や納税データの研究利用が各国で活発化したこともあり，企業レベルの詳細な情報を用いた分析によって利益移転に関する多くの学術的知見が得られている。しかし，それらの研究はほぼ全てが英語の国際学術誌に掲載されており，日本国内では知られていないものも多い。また，最新の研究成果を日本語で体系的にまとめた論文も筆者の知る限り存在しない。

　そこで本稿では，多国籍企業の利益移転行動を実証的に分析した近年の経済学の主要な研究を紹介し，その分析手法や結果の概要を解説する。利益移転の実証研究は大きく分けると，（1）利益移転の手段に着目した研究と，（2）利益移転によって流入・流出する利益の動きに着目した研究の二つに分類することができる。前者の研究は，利益移転を目的とした関連企業間での移転価格の操作，無形資産の移転，および借入などの節税行動の有無やその程度を検証している。後者の研究は，それらの利益移転の手段によって，高税率国から低税率国へとどの程度利益が移転されているのかを分析している。本稿ではこれら二つの分類に属する先行研究を紹介する。利益移転に関する研究の多くは，米国企業やヨーロッパに立地する企業（日本企業の海外子会社も含む）を分析対象としており，日本の多国籍企業に焦点を当てた研究はほとんど存在しない。そこで，2009年度税制改正における国際課税制度の変更が日本の多国籍企業の利益移転行動に与えた影響を分析した筆者の研究とその関連研究も紹介する。

　本稿の構成は以下のとおりである。II 節では利益移転の手段に焦点を当てて，節税を目的とした関連企業間での移転価格の操作，無形資産の移転，借入行動を分析した実証研究を紹介する。III 節ではそれらの手段によって移転された報告利益に着目して利益移転を分析した研究の手法と結果の概要を解説す

る。Ⅳ節では日本の多国籍企業の利益移転行動を分析した研究を紹介する。Ⅴ
節はまとめである。

Ⅱ．利益移転の手段に着目した研究

　2012年10月に，スターバックスの英国法人が過去3年間で12億ポンドもの売
上がありながら法人税を払っていないことが判明し，英国ではスターバックス
への批判が高まり不買運動にまで発展した。これを受けて，スターバックスは
2013年から2年間にわたり計2,000万ポンドを自主的に支払うことになった。
スターバックスが英国での利益を圧縮し，法人税を回避するために採用した手
法が関連企業間取引を利用した移転価格の操作と無形資産の移転であった。本
節では，多国籍企業の代表的な利益移転の手段である移転価格の操作，無形資
産の移転，関連企業間での借入をスターバックスの事例に沿って説明し，関連
する実証研究を解説する[2]。
　なお留意点としては，本節以降で紹介する研究では法人税率の情報が用いら
れているが，特に断らない限り法人税率とは法定法人税率を指す。代替的な法
人税率の指標として，法人税額を税引前利益で割った平均税率が用いられるこ
ともある。この税率は企業が実際に支払った税負担を反映しているという利点
があるものの，借入や繰越欠損の利用など企業行動の影響を受けるため，回帰
分析で説明変数として用いる際に内生性の懸念が生じる。そのため
Dharmapala［2014］も指摘するように，必ずしも実際の税負担率を正確に反
映しているとは限らないが，企業行動の影響を受けない法定法人税率が実証分
析では用いられることが多い。平均税率を用いる場合は，法定法人税率を用い
た場合の結果も確認したり，平均税率を定義する際に内生性を緩和するための
工夫をすることもある。

1．移転価格の操作

　移転価格とは，親会社や海外子会社などの関連企業間で取引される財やサー

ビスに設定される価格である。移転価格を操作することによって利益移転が可能となる場合がある。例えば，法人税率30%の日本の親会社が，法人税率20%の国Aに立地する子会社との間で原材料などの中間財を取引するとしよう。親会社が中間財を子会社から輸入する場合，中間財の価格を通常よりも高く設定することで，国Aの子会社への支払いが増え，子会社の利益は増加する。一方，親会社は材料費が増えた分だけ利益が減ることになる。その結果，利益を日本から国Aへと移転することができ，国Aの方が日本よりも税率が低いため，企業グループ全体での法人税の総額も減る。親会社が中間財を子会社に輸出する場合は，価格を通常より低く設定することで，日本から国Aへと利益を移転し，節税することができる。

　恣意的な移転価格の操作を利用した節税を抑止するために，各国は移転価格税制を導入している。この制度の下では，移転価格が通常の取引価格（非関連企業との取引で適用される価格，独立企業間価格と呼ばれる）と異なる場合に，独立企業間価格で取引されたものとみなして所得を計算し，課税する制度である。ただし，取引される財・サービスが関連企業間特有のものであり，比較対象となる非関連企業との取引がない場合は独立企業間価格の算定が困難であり，企業の裁量で移転価格を決められる余地がある場合も多い。

　スターバックスの事例では，英国法人がスイスの関連法人からコーヒー豆を輸入する際に割高な価格を設定した（20%のマークアップ）。さらに，スイスではカントン（州）によっては優遇税制が適用され，日用品の貿易に係る利益に課される法人税率は5%まで下がり，英国の当時の法人税率（24%）よりも低かった。このように材料費の支払いを通して，英国法人の利益を低税率のスイスの関連法人へと移転することで節税が図られたのである。

　節税を目的とした移転価格の操作を実証的に検証した研究の嚆矢はClausing［2003］である。この研究は米国の労働統計局（Bureau of Labor Statistics）が収集した1997-1999年の物品レベルの輸出入価格の月次データを利用して分析を行っている。このデータには物品ごとに各取引先国との輸出・輸入価格指数の情報が，関連企業間での取引価格（移転価格）と非関連企業間

での取引価格（独立企業間価格）を区別して収録されている。関連企業間取引価格は，非関連企業間取引価格と比べて，節税の誘因に従って取引先国の法人税率に機敏に反応すると考えられる。

　そこで Clausing 氏は，取引先国の法人税率が下がると，非関連企業間取引価格と比較して，関連企業間での輸入価格が上昇し，輸出価格が低下するという仮説を立て，回帰分析によってその仮説を検証した。分析の結果，取引先国の法人税率が1％低くなると関連企業間取引の輸入価格は2％高くなり，輸出価格は1.8%低くなることが示された。したがって仮説は支持され，移転価格の操作を用いた利益移転の存在とその程度が実証的に明らかにされた。

　Clausing［2003］が用いたデータでは，国ごとに物品の取引価格の情報が集計化されていた。近年は企業レベルでの取引価格の情報を用いた研究も出てきている。Cristea and Nguyen［2016］と Liu, Schmidt-Eisenlohr and Guo［forthcoming］はそれぞれオランダと英国の関税データから各企業の各品目の取引先国ごとの詳細な輸出価格の情報を収集して，取引先国の法人税率に対する関連企業への輸出価格の反応を分析している。そして親会社が自国よりも税率が低く，かつ関連企業が立地している国に輸出する際は，取引価格が低く設定されることを明らかにしている。

２．無形資産の移転

　多国籍企業は商標や特許などの無形資産を低税率国に立地する子会社へと移転し，現地で保有・管理させることで利益移転を図る場合がある。そうすることで，他の関連企業は無形資産の使用許諾の対価として使用料を当該子会社に支払い，低税率国に利益を集めることで，企業グループ全体での税負担を軽減することが可能となるからである。また，無形資産を関連企業間で取引する際にも移転価格税制が適用されるが，無形資産は企業ごとの独自性が高いため，独立企業間価格の算定が困難である場合が多い。このとき，多国籍企業は低税率国に立地する子会社に無形資産を低価格で譲渡し，さらにその子会社が他の関連企業から受け取る使用料を高く設定することで利益移転を行うことが可能

となる。そのため各国の課税当局は，無形資産を利用した利益移転に対して懸念を募らせている。

　上記のスターバックスの租税回避の事例においても無形資産が利用されている。まず，米国本社はコーヒーの製法に関する知的財産権や商標権等の無形資産をオランダの関連法人に譲渡している。そして，このオランダの関連法人は保有する無形資産の使用について英国法人とライセンス契約を結び，英国法人から使用料を受け取る。オランダの当時の法定法人税率は25％であったが，オランダ税務当局との合意により優遇税制が適用され，その結果英国よりも低い税率で課税されていた。そのため，英国法人からオランダの関連法人へと使用料の支払いを通して利益移転が行われていたのである。

　無形資産の移転を利用した利益移転行動を分析した研究としては，Dischinger and Riedel［2011］がある。この研究では，Bureau van Dijk（ビューロー・ヴァン・ダイク）が提供している Amadeus（アマデウス）というデータベースを利用している。Amadeus はヨーロッパに立地している企業の財務情報を集めたデータベースであり，企業の株式所有関係の情報も利用可能である。したがって，多国籍企業のグループ内の親会社，子会社，孫会社など関連企業を特定でき，その財務情報を集めることができる。Dischinger 氏と Riedel 氏は，欧州連合（EU）加盟25か国に立地する海外子会社の1995-2005年の財務情報を収集し，海外子会社レベルのパネルデータを用いて分析を行っている。

　実証分析では，海外子会社の無形資産を被説明変数，現地の法人税率を説明変数として様々な定式化の回帰分析を行っている。分析の結果，海外子会社の所在地国の税率が1％ポイント低くなると，子会社が保有する無形資産が1.7％増加することを示した。回帰分析では，子会社の特性（売上高や子会社固定効果など）や所在地国の特性（人口，一人当たり GDP，GDP 成長率，失業率など）も説明変数として用いられており，法人税率以外に無形資産に影響を与えうる様々な要因が考慮されている。したがって，この回帰分析で示された法人税率の低下に伴う無形資産の増加は，法人税率単独の効果であり，利益移転を

目的として低税率国の子会社ほど多くの無形資産を保有していることを示唆している。

3. 関連企業間での借入

　一般的に，借入に伴う支払利子は損金に算入され課税所得から差し引かれる。したがって，利子を支払った分だけ課税所得は減り，節税することができる。その節税額は，課税所得の減少額と税率を掛け合わせた額に等しく，法人税率が高いほど大きくなる。したがって企業グループ内で，高税率国に立地する関連企業が低税率国に立地する関連企業から借入を行えば，利子の支払いを通して利益を高税率国から低税率国の関連企業へと移すことが可能となる。

　支払利子の損金算入を無制限に認めると，多国籍企業は特に高税率国では節税のために過剰に借入による資金調達を行い，税源浸食につながる恐れがある。そこで，多くの国は過少資本税制によって，支払利子の損金算入に制限をかけている。この制度の下では，子会社の親会社に対する負債残高が親会社の資本持分の一定割合（日本の場合は3倍）を超える場合に，その超えた部分に相当する支払利子の損金算入が認められない。日本の場合は，親会社に対する負債・資本持分の比率だけでなく，総負債・自己資本比率も3以上である場合のみ過少資本税制の適用対象となる。

　スターバックスの事例においても，英国法人が米国本社から借入を行い，割高（約4.9%）な利子率で利子を支払っており，英国法人の課税所得を減らすために関連企業間の借入を利用したことが指摘されている。この場合の利益の移転先は米国であり，米国の法人税率は英国よりも高かったので，米国に利益を移すだけでは企業グループ全体では節税になるとは限らない。しかし，英国下院の報告書は，上述した移転価格の操作や無形資産の移転と同様に，米国法人からの借入についても，英国から低税率地域へと利益を移転させる手段として用いられていたと主張している（House of Commons Committee of Public Accounts [2012]）。

　関連企業間での借入を用いた節税に着目した研究としては，Desai, Foley

and Hines [2004] がある。Desai 氏らは米国の多国籍企業の海外子会社の財務データを用いて，子会社の所在地国の法人税率が子会社の負債に与える影響を分析した。用いたデータは米国商務省経済分析局（Bureau of Economic Analysis）による1982，1989，1994年の米国多国籍企業への調査データである[3]。実証分析では，負債・総資産比率を被説明変数，法人税率を説明変数として回帰分析を行っている。その際，税率以外に負債に影響を与えうる企業特性（売上高，利益率，有形固定資産など）や国の特性（政治の安定性，物価上昇率など），および親会社・産業・年レベルの固定効果も説明変数として加えながら様々な定式化の推定を試みている。主要な結果としては，海外子会社の所在地国の法人税率が 1 ％ポイント高くなると，負債・総資産比率が0.28％ポイント高くなることを示した[4]。さらに，親会社からの借入の方が，非関連者からの借入よりも税率に関する弾力性が大きく，税率に敏感に反応することも示した。これらの結果は，子会社は所在地国の法人税率が高くなるほど親会社からの借入を増やすことで，節税を行っていることを示唆している。

　Desai, Foley and Hines [2004] は海外子会社の所在地国の法人税率を使って借入に際しての税誘因を捉えようとした。しかし，節税を目的とした借入を行う際には，当該子会社の所在地国の法人税率だけでなく，その子会社に貸付を行う関連企業の所在地国の法人税率も考慮に入れるだろう。利子の支払いを通して利益移転を行う場合，資金を貸し付ける関連企業の所在地国の法人税率と，資金を借り入れる子会社の所在地国の法人税率の差が大きいほど，節税効果も大きくなる。

　Huizinga, Laeven and Nicodeme [2008] はこの点に着目して，他の関連企業が直面する税率も考慮しながら関連企業間での借入を実証的に分析している。分析に用いたデータは，上述の Amadeus から収集した1994-2003年のヨーロッパ32か国に立地する海外子会社とその親会社の財務情報である。この研究のもう一つの特徴は，子会社の所在地国の法人税率だけでなく，現地で法人税を払った後に親会社に配当を支払う際に発生する追加的な税負担も考慮していることである。子会社から親会社に払われる配当に対しては，子会社の所在地

国で源泉税が課され，親会社の国でも法人税が課される場合がある。配当を受け取った際の親会社の所在地国での法人税の課税方式（外国税額控除方式，国外所得免除方式，国外所得控除方式のいずれか）は，親会社と子会社の所在地国間の租税条約の有無によって変わる。配当への源泉税率も租税条約の中で規定されている場合が多い。Huizinga 氏らは，ヨーロッパの二国間の租税条約や源泉税率に関する情報をもとに，配当所得への実効法人税率を計算した。

　そして，海外子会社の所在地国と他の関連企業（親会社および子会社）の所在地国との実効法人税率の差の加重平均（ウェイトは関連企業の総資産）を計算し，それを関連企業間での借入を利用した節税の誘因の指標として用いた。回帰分析では負債・総資産比率を被説明変数，実効法人税率および他の関連企業との税率差を説明変数として推定が行われている。分析の結果，所在地国の実効法人税率が高いほど，そして他の関連企業との税率差が大きいほど海外子会社の負債・総資産比率が高くなることを明らかにした。この結果は，所在地国の法人税率だけでなく，同一企業グループ内の他の関連企業が直面する法人税率との差が，借入を利用した利益移転に影響を与えることを示唆している。

　借入を利用した節税行動を分析した上記の研究に続き，そのような節税行動を規制する過少資本税制の効果を検証した研究もある。Buettner, Overesch, Schreiber and Wamser [2012] は各国における過少資本税制の有無，および規制の厳格さが海外子会社の関連企業からの借入に与える影響を分析している。その際，規制の厳格さを数値化するために，過少資本税制の適用対象となる負債・総資産比率を σ として（日本の場合は $\sigma = 3$），$\lambda = 1/(1+\sigma)$ をその指標として用いている。σ の値が小さい国ほど，過少資本税制の適用対象になりやすく，規制が厳格だと解釈でき，このとき λ の値は大きくなる。

　実証分析では，ドイツ連邦銀行（Deutsche Bundesbank）が収集している1996-2004年のドイツ企業の海外子会社の財務データが用いられている。このデータには，Desai, Foley and Hines [2004] が用いた米国のデータと同様に，親会社に対する負債（内部負債）と非関連者に対する負債（外部負債）の情報がどちらも含まれている。分析の結果，Desai, Foley and Hines [2004] と同

様に，海外子会社の所在地国の法人税率が高くなると，子会社の内部負債・総
資産比率が増加することを確認している。ただし，所在地国に過少資本税制が
ある場合，内部負債・総資産比率の法人税率への反応が弱くなることを明らか
にしている。さらに，過少資本税制の規制が強くなるほど（λが大きいほど），
内部負債・総資産比率の法人税率への反応が弱くなることも示している。これ
らの結果は，過少資本税制によって，法人税率が高くなっても内部負債を利用
した節税が抑制されていることを示唆している。

Ⅲ．移転された利益に着目した研究

　前節で紹介した研究は，多国籍企業が利益移転を行うための特定の手段に焦
点を当てて分析を行っていた。そして，多国籍企業が投資先国の法人税率に反
応して，関連企業間取引において移転価格の操作，無形資産の移転，借入を利
用した節税を行っていることを実証的に明らかにしていた。スターバックスの
事例のように，多国籍企業は複数の手法を組み合わせて利益移転を行うことが
考えられる。それでは，様々な手段で利益移転を行った結果，多国籍企業の報
告利益は低税率国の関連企業ほど高くなっているのであろうか。また，多国籍
企業の利益は法人税率や税制に反応してどの程度移転されているのだろうか。
本節では，これら疑問に答えるために，税率に反応して移転された利益に着目
した一連の研究を解説する。

1．Hines-Rice アプローチ

　まずは，この分野で広く用いられている標準的な利益移転の分析手法とし
て，Hines and Rice［1994］が開発した手法を紹介する。この手法は
Dharmapala［2014］では Hines-Rice approach（Hines-Rice アプローチ）と呼
ばれている[5]。Hines-Rice アプローチの鍵となるアイデアは，海外子会社の報
告利益（税引前利益）が，現地での事業活動から得られた利益（以下では，
「真の利益」と呼ぶ）と，節税の誘因に反応して流入・流出した利益（以下で

は，「移転利益」と呼ぶ）の二種類の利益から成り立つと考えることである。ここで，「真の利益」は利益移転とは関係のない生産・販売など本来の事業活動から発生する利益である。「移転利益」は節税を目的として，高税率国から低税率国へと移転された利益である。Hines and Rice［1994］が構築した利益移転行動に関する理論モデルでは，真の利益は資本と労働に関してコブ・ダグラス（Cobb-Douglas）型の関数であると仮定されている。さらに利益を移転するには税務当局や移転価格税制に対応するための事務的な費用がかかり，その費用は移転する利益の額に関して単調増加の二次関数であり，課税所得からは控除可能であることが仮定されている。

　利益移転行動を分析するにあたって，関心があるのは税の誘因（例えば，法人税率）に反応して「移転利益」がどのように変化するのかということである。ただし，移転利益の法人税率への反応を計測するためには，二つの技術的な問題がある。一つは，企業の財務データから観察できるのは，真の利益と移転利益の合計額である報告利益のみであり，真の利益と移転利益は区別して観察することができないということである。そのため，移転利益の法人税率への反応をデータから直接的に計測することはできない。二つ目の問題は，法人税率は移転利益だけでなく，企業の資本や労働への需要にも影響を与え，その結果真の利益も変化させうるということである。例えば，海外子会社の所在地国の法人税率が上昇すると，その国への海外直接投資から得られる税引き後の収益率は低下する。そのため，現地の海外子会社の資本や労働への需要は低下し，その結果通常の事業活動から得られる利益，つまり真の利益も低下する可能性がある。したがって，財務データから利用可能な報告利益の情報をもとに法人税率への反応を計測すると，移転利益の反応だけでなく，真の利益の反応も混同して捉えてしまうことになるのである。

　これらの問題を解決するためには，真の利益を固定して，報告利益の税率への反応を測ることができればよい。なぜならば，真の利益を固定すれば，報告利益の税率への反応は，移転利益の税率への反応とみなすことができるからである。真の利益は資本と労働の投入量の関数だと仮定されている。そこで，資

本と労働への需要を制御変数として含めつつ，報告利益を被説明変数，法人税
率を説明変数とした回帰式を推定する。このとき，法人税率の推定係数は，真
の利益を一定としたときの，移転利益の税率への反応を捉えていると解釈でき
る。これが Hines-Rice アプローチの基本的な考え方である。理論モデルを解
いて厳密に定式化すると，真の利益と利益移転費用に関する上記の仮定の下で
は，報告利益の自然対数が，資本と労働の自然対数および税率に関して線形の
関数として表されることが論文では示されている。

　実証分析では，米国商務省経済分析局（Bureau of Economic Analysis）の
1982年の米国多国籍企業への調査データを用いている。このデータには米国多
国籍企業の海外子会社の詳細な財務情報が含まれている。Hines 氏と Rice 氏
は海外子会社の財務データを所在地国ごとに合算して，国レベルに集計化した
データを用いて回帰分析を行った。推定式は以下のように表される。

$$\log \pi_i = \beta_0 + \beta_1 \tau_i + \beta_2 \log K_i + \beta_3 \log L_i + X_i \gamma + \epsilon_i \tag{1}$$

　この式の中で，i は海外子会社の所在地国を表す。τ_i は国 i の法人税率であ
る。π_i は国 i に立地する海外子会社の税引前利益の合計額である。同様に国ご
とに集計化して，K_i は有形固定資産の合計額，L_i は給与総額の合計額であり，
それぞれ資本と労働の代理変数として用いられている。X_i は国 i のマクロ経
済変数のベクトルを表しており，Hines and Rice［1994］では一人当たり GDP
の自然対数が用いられている。以下に紹介する近年の研究では一人当たり
GDP だけでなく，人口，GDP 成長率，失業率など様々な国レベルの変数を用
いて，投資先国の市場規模や経済状況が海外子会社の利益に与える影響を考慮
している。ϵ_i は誤差項である。

　この回帰式を推定する際に最も関心があるのは，法人税率 τ_i の係数 β_1 であ
る。資本と労働を説明変数に含めて真の利益を一定とすることで，β_1 は法人
税率に対する移転利益の反応を捉える。β_1 が負の値で推定されれば，投資先
国の法人税率が上昇すると，節税を目的として国外に利益が移転されて，子会
社の税引前利益が減ることを意味している。β_1 の絶対値は，報告利益の法人

税率に関する半弾力性であり，法人税率が1％ポイント上昇すると，利益移転によって税引前利益が$|\beta_1|$％減少することを意味している。Hines and Rice [1994] は式（1）を最小二乗法（Ordinary Least Squares, OLS）で推定して，$\beta_1 = -2.25$という推定値を得ている。この結果は，投資先国の法人税率が1％ポイント上昇すると，利益移転によってその国で報告される税引前利益が2.25％減少することを示している[6]。

2．近年の研究動向

　Hines and Rice [1994] に続いて，多くの研究が彼らの手法を応用して利益移転を分析している。Hines and Rice [1994] が国レベルに集計化したデータを使用していたのに対して，近年の研究の特徴は企業レベルのミクロデータを用いて分析を行っていることである。企業レベルデータを使うことで，企業ごとに異なる特性を考慮しながら利益移転行動を分析することが可能になる。Huizinga and Laeven [2008] は Hines and Rice [1994] の手法を拡張し，海外子会社レベルのデータを用いた分析を行っている[7]。Hines and Rice [1994] は海外子会社の所在地国の税率のみを用いて利益移転の誘因を捉えていた。しかし，親会社や他の関連企業が直面する法人税率も当該子会社の利益移転に影響を与えると考えられる。例えば他の関連企業が直面する法人税率が，自らが直面する税率と比較して低いほど，当該子会社は利益を国外に移転させる誘因を強く持つだろう。そこで，Huizinga and Laeven [2008] は海外子会社と他の関連企業との間の税率差を考慮して利益移転行動を分析した。

　そのために，Huizinga and Laeven [2008] は Amadeus データベースからヨーロッパに立地する多国籍企業の親会社および海外子会社の1999年の財務情報を収集し，海外子会社レベルのデータを構築した。ただし，多国籍企業が一つの国に複数の子会社を所有している場合は，進出先の国ごとに子会社の財務情報を集計化している。そして，海外子会社の所在地国と他の関連企業（親会社および子会社）の所在地国との税率差の加重平均（ウェイトは関連企業の売上高）を利益移転の誘因の指標として定義した[8]。その上で，海外子会社の税

引前利益を被説明変数，他の関連企業との税率差を説明変数とした回帰式を推定している。その際，Hines and Rice［1994］と同様に，真の利益を一定とするために，海外子会社の固定資産と給与総額の自然対数をそれぞれ資本と労働の代理変数として説明変数に加えている。

　分析の結果，海外子会社の所在地国の税率と他の関連企業の所在地国との税率差が大きくなるほど，その子会社の税引前利益が減ることが示された。このことは，企業グループ内の関連企業間の法人税率差を考慮して利益移転が行われていることを示唆している。また式（1）における $|\beta_1|$ に相当する，報告利益の法人税率に関する半弾力性（以下では「税の半弾力性」と呼ぶ）を計算すると1.3であった。これは，子会社の所在地国の法人税率が1％ポイント上昇すると，報告利益が1.3%減ることを意味している。この半弾力性の値はHines and Rice［1994］で得られた2.25と比べて小さいことに留意してほしい。以下に紹介する研究も含めて，企業レベルデータを用いると，平均的な海外子会社の税の半弾力性は，Hines and Rice［1994］の推定値よりも小さい値になる。

　Huizinga and Laeven［2008］は企業レベルの単年度（1999年）のデータを用いている。近年の研究では，複数年にわたる海外子会社の財務情報をもとにパネルデータを構築して利益移転行動を様々な観点から分析する研究が主流となっている。Hines and Rice［1994］の回帰式（1）をパネルデータに応用すると，例えば以下のような推定式になる。

$$\log\pi_{it}=\beta_1\tau_{it}+\beta_2\log K_{it}+\beta_3\log L_{it}+X_{it}\gamma+\mu_i+\delta_t+\epsilon_{it} \tag{2}$$

　ここで，各変数の下付き添え字の i は海外子会社を表しており， t は年を表している。 τ_{it} は子会社 i の所在地国の t 年の法人税率である。ただしHuizinga and Laeven［2008］のように，子会社の所在地国と親会社の所在地国との税率差や，子会社の所在地国と他の関連企業の所在地国との税率差の平均値（あるいは加重平均）を用いることもある。 π_{it} は子会社 i の t 年の税引前利益， K_{it} は固定資産（あるいは有形固定資産）， L_{it} は給与総額である。こ

れらの変数の下付き添え字 it が表すように，この回帰式では各子会社の複数年の財務情報が用いられる。μ_i は子会社固定効果であり，子会社固有の時間を通じて不変かつ観察不可能な特性の影響を考慮するために回帰式に含める。δ_t は年固定効果（年ダミー変数）であり，各年における全ての子会社に共通する利益への影響（ショック）を考慮するために説明変数として含める。子会社が所属する産業ごとに異なるショックを考慮するために，年固定効果の代わりに，年ダミー変数と産業ダミー変数（産業分類を表すダミー変数）の交差項を用いることもある。ϵ_{it} は誤差項である。

　変数の定義に関する留意点として，被説明変数 π_{it} として税引前利益（profit before tax，PBT）ではなく，利払前税引前利益（earnings before interest and taxes，EBIT）を用いている研究もある。前者は利払い後の税引前利益であり，借入を利用した利益移転行動もこの利益には反映されている。そのため，移転された利益の総額を分析するには，税引前利益を被説明変数として用いることが適切である。一方，後者には借入を利用した利益移転行動は反映されないため，移転価格の操作を利用した利益移転に分析の焦点を当てたい場合は利払前税引前利益を被説明変数として用いることも考えられる。後で紹介する Riedel, Lohse and Hofmann［2015］は移転価格税制の効果を評価するために，利払前税引前利益を被説明変数に用いている。ただし以下では，特に必要がない限り両者は区別せずに税引前利益あるいは報告利益と表記する[9]。

　Hines and Rice［1994］や Huizinga and Laeven［2008］のようにクロスセクション（単年度）の国レベルデータや子会社レベルデータを使う分析と比較して，式（2）のように子会社レベルのパネルデータを用いることの利点は，子会社固定効果を考慮して税の半弾力性が推定できることである。例えば税コスト意識（税を管理すべき費用と捉える意識）のように、利益移転を伴わない節税への積極性や納税意識などの企業特性はデータからは観察できない。税コスト意識の高い多国籍企業ほど税率の低い国に子会社を設立し，かつ子会社の生産性や利益率も高いかもしれない。このとき，税コスト意識は子会社の所在地国の税率と報告利益の両方に影響を与えるため，クロスセクション・データ

を使った OLS 推定では利益移転に関する税の半弾力性を過大推定してしまうことになる。パネルデータを用いて固定効果推定を行えば，このような納税意識がデータ期間中に変化していなければ（時間を通じて不変であれば），バイアスのない推定が可能となる。以下では，パネルデータを用いた近年の研究を紹介する。

　Dowd, Landefeld and Moore [2017] は，無作為抽出された米国企業の税務申告書の情報を用いて，米国多国籍企業の海外子会社レベルのパネルデータを構築した。データの年度は2002, 2004, 2006, 2008, 2010, 2012年である。税務データを使う利点は，タックスヘイブン（租税回避地）の海外子会社の財務情報が高い精度で利用できることである。この研究は，海外子会社の利益移転の程度（税の半弾力性）が所在地国の法人税率に応じて異質的である可能性に着目した。もし多国籍企業がタックスヘイブンのように税率が極端に低い国に立地している海外子会社を重点的に利用して利益移転を行っているのであれば，税の半弾力性は税率の低い国に立地している子会社ほど大きくなると考えられる。

　Dowd 氏らはまず，式（2）とほぼ同じ回帰式を推定し，法定法人税率に関する報告利益の半弾力性を推定すると1.44であった[10]。次に，子会社が税率の低い国・地域（法定法人税率がサンプルの下位10%の国・地域）に立地している場合に1をとるダミー変数を作り，そのダミー変数と法定法人税率との交差項を説明変数として回帰式に加えて推定した。その結果，低税率国の子会社の税の半弾力性（約4.9）は，その他の国・地域の子会社の税の半弾力性（約0.5）よりも4.4ポイントも大きいことが分かった。この結果は，例えばある国で法定法人税率が30%から29%に下がると報告利益は0.5%しか増えないが，低税率国で税率が5%から4%に下がると報告利益は4.9%も増えることを意味している。一方，そのような異質性を考慮しないで推定した場合は，税率の水準にかかわらず，1%ポイント税率が低下すると，報告利益は1.44%増えるという解釈になる。したがって，異質性を考慮しない場合の税の半弾力性は，高税率国では過大に，低税率国では過少に推定されていることを Dowd

氏らは指摘している。

　米国の多国籍企業はタックスヘイブンや低税率国に資産や利益を集中させているが，低税率国で税の半弾力性が大きいという結果は，その利益のうち相当の額が利益移転によって流入していることを示唆している。Dowd, Landefeld and Moore［2017］によると，米国多国籍企業の海外利益の総額の53%に当たる4,350億ドルは，アイルランド，ルクセンブルク，オランダ，スイス，バミューダ諸島，ケイマン諸島の6つの軽課税国・タックスヘイブンで報告されている。今回得られた低税率国での高い税の半弾力性の値をもとに計算すると，もしこれら6か国の法定法人税率がサンプルの平均である29%になると，2010年の報告利益は合計で1,160億ドル減ることになる。米国の多国籍企業は軽課税国やタックスヘイブンの子会社に集中的に利益を移転させることで節税を図っていると解釈できる。

　Dowd, Landefeld and Moore［2017］と同様に，近年の研究は子会社や所在地国の特性に応じた利益移転行動の異質性に着目したものが多い。Dischinger, Knoll and Riedel［2014］は，親会社・子会社間の利益移転の程度（税の半弾力性）が，親会社から子会社に移転する場合と，子会社から親会社へと移転する場合で異なるのかどうかを検証した。実証分析では，Amadeusデータベースから EU 加盟27か国およびノルウェーとスイスに立地している多国籍企業の海外子会社および親会社の1995-2007年の財務情報を収集し，パネルデータ分析を行っている。推定式は式（2）とほぼ同じであるが，親子間の利益移転に分析の焦点を当てるため，子会社の所在地国の法人税率ではなく，子会社の所在地国の法人税率と親会社の所在地国の法人税率の差を説明変数として用いている。分析の結果，子会社が親会社よりも高い税率の国に立地しているときは税の半弾力性は1.7であるのに対し，子会社が親会社よりも低い税率の国に立地しているときは税の半弾力性は0.5程度であることを示した。このことは，子会社から親会社への利益移転の方が，親会社から子会社への利益移転よりも，税率差に敏感に反応して活発に行われていることを意味している。その理由としては，多国籍企業の経営陣が子会社よりも本社に資金を集め

ることを好む本社バイアス（headquarter bias）があることや，海外子会社か
ら税引後利益を本社に還流してくる際にかかる源泉税などの税負担を避けるた
めであることをDischinger氏らは議論している。

　Riedel, Lohse and Hofmann［2015］は移転価格税制が利益移転行動に与える
影響を分析している。Ⅱ節で述べた通り，移転価格の操作を利用した過度な節
税を防ぐために各国は移転価格税制を導入している。ただし，移転価格税制の
適用や規制の厳格さは国ごとに異なる。例えば，関連企業間取引における移転
価格や独立企業間価格の算定の根拠を説明した文書を提出すること（文書化制
度）が国内法で規定されている国もあれば，そのような制度がない国もある。
さらに，移転価格税制や文書化制度を遵守しない場合に罰則を科す国もあれ
ば，科さない国もある。Riedel氏らは，移転価格税制における文書化制度や
罰則制度が利益移転を抑制する効果があるのか実証的に検証した。

　実証分析では，Amadeusデータベースからヨーロッパ26か国に立地する海
外子会社の1999-2009年の財務情報が用いられている。回帰分析では式（2）
と類似の固定効果モデルを推定している。移転価格税制の効果を検証するた
め，文書化制度の有無や罰則制度の有無を表すダミー変数を定義し，そのダ
ミー変数と法人税率との交差項を説明変数として加えている。この交差項の係
数が，文書化制度や罰則制度が導入された場合の報告利益の法人税率への反応
の変化を計測する。この論文では移転価格の操作を利用した利益移転を分析す
るため，報告利益の指標には利払前税引前利益（EBIT）を用いている。

　主要な結果としては，文書化制度や罰則制度が導入された国では，報告利益
の法人税率への反応が弱くなっていることが明らかになった。被説明変数とし
て利払前税引前利益・総資産比率の自然対数を用いた場合，文書化制度によっ
て被説明変数の税率への反応が50%程度小さくなることが示された。さらに
式（2）のように被説明変数として利払前税引前利益の自然対数を用いた場
合，文書化制度が導入されると税の半弾力性が1.4から0.4へと約1ポイント減
少することも示されている。このことは，移転価格税制の適用の厳格化が利益
移転の抑止に効果的であることを示唆している。

　Ⅱ節で紹介した Dischinger and Riedel［2011］は多国籍企業が低税率国の海外子会社に無形資産を集約させていることを明らかにした。彼らは無形資産が利益移転を活発化させているかどうかも Hines-Rice アプローチを用いて検証している。その結果，無形資産・売上高比率の高い企業グループに属する海外子会社は，その比率の低い企業グループに属する海外子会社と比較して，税引前利益の税の半弾力性が 2 倍の大きさを示した。このことは，企業規模（売上高）に比べて無形資産を集約的に持つ多国籍企業グループの海外子会社は，無形資産を利用して利益移転を活発に行っていることを示唆している[11]。

Ⅳ．日本の多国籍企業の利益移転

　前節で解説した Hines-Rice アプローチを応用して，日本の多国籍企業の利益移転行動を分析した研究として櫻井［2018］と Hasegawa［2019］がある。日本は2009年度税制改正において外国子会社配当益金不算入制度を導入し，法人所得に関する国際課税制度（国際的二重課税の調整方式）を変更した。Hasegawa［2019］はこの国際課税制度の変更が利益移転に与える影響を分析している。以下では，まず外国子会社配当益金不算入制度の概要を説明した上で，Hasegawa［2019］の内容を紹介する。次に櫻井［2018］の概要を紹介する。

1．外国子会社配当益金不算入制度[12]

　日本は2008年度までは，日本企業の海外子会社が稼得した利益に対しても，親会社が配当，使用料，利子などの形で海外子会社から支払いを受け取った時点で法人税を課していた。ただし国内外での二重課税を避けるために，海外子会社が投資先国で支払った法人税や，親会社への配当などの支払いの際に投資先国から課された源泉税の支払額分は日本の税額から控除することが認められていた（外国税額控除と呼ばれる）。このように，多国籍企業の海外利益に対しても本国で課税する方式は，全世界所得課税方式と呼ばれる。一方，海外利

益に対して本国では原則課税しない方式を国外所得免除方式という。日本は2009年度税制改正において外国子会社配当益金不算入制度を導入し，日本の親会社が海外子会社から受け取る配当については，その95%分を一定の条件の下で非課税とした。それに伴い，配当に係る外国税額控除は廃止された。この税制改正によって，日本の法人所得に関する国際課税制度は全世界所得課税方式から国外所得免除方式へと移行した。なお2009年には日本だけでなく英国も，そして2018年には米国も全世界所得課税方式から国外所得免除方式に移行している。

　この制度変更が海外利益への税負担をどのように変えたのかを簡単な数値例を使って確認してみよう。日本企業（親会社）がシンガポールに子会社を設立し，現地で100ドルを稼得したとする。日本の法人税率は40%，シンガポールの法人税率は18%だとする（2009年当時の税率）。シンガポールの子会社が18ドルの法人税を現地で払ったのち，税引後利益の82ドルを日本の親会社に配当として送金するとする。このとき，2008年度までの全世界所得課税方式の下では，税引前利益の100ドルに対して，日本の法人税が課され，親会社の法人税額は40ドルである。ただし，子会社が現地で払った18ドルの法人税額分は外国税額控除が請求できるため，控除後の日本での税額は22ドルになる。したがって，企業グループ全体での税額は，シンガポールでの法人税18ドルと日本での法人税22ドルを合わせて，40ドルとなる。

　2009年度以降の外国子会社配当益金不算入制度の下では，82ドルの配当の5%分にのみ日本の法人税が課される。したがって，日本での税額は1.64ドル（=0.05×82×0.4）になる。そのため，企業グループ全体での税額は，シンガポールでの法人税18ドルと日本での法人税1.64ドルを合わせて，19.64ドルになる。以上より，2009年度税制改正によって100ドルの海外利益に対する総税額が40ドルから19.64ドルへと減少したことが分かる。この税額の減少は，親会社が子会社から配当を受け取る際に課される日本の法人税が22ドルから1.64ドルへと減ったことによるものである。

　この国際課税制度の変更は，海外子会社の配当送金，親会社の国内での設備

投資・雇用・株主還元，海外直接投資など多国籍企業の様々な事業活動に影響を与える可能性があり，近年実証研究の蓄積が進んでいる[13]。この税制改正は多国籍企業の利益移転にも影響を与えている可能性がある。全世界所得課税方式の下では，上記の数値例で示した通り，日本よりも税率の低い国で利益を稼得しても，日本に利益を還流した場合の総税額は日本の税率によって決まっていた[14]。しかし，外国子会社配当益金不算入制度の下では，配当の5％分への日本での課税を除けば，海外利益への税負担は子会社の所在地国の税率によって決まる。したがって新制度への移行とともに，日本の多国籍企業にとっては低税率国に立地している子会社に利益を移すことで節税を図る誘因が強くなったと考えられる。この税制改正が提案された際には，経済産業省の国際租税小委員会［2008］においても，国外所得免除方式の導入が租税回避に拍車をかける懸念が指摘されていた。また，Markle［2016］はヨーロッパ34か国に立地している多国籍企業の親会社と子会社の2004-2008年の財務情報を用いて，国外所得免除方式を採用している国の多国籍企業が所有する海外子会社の方が，全世界所得課税方式を採用している国の多国籍企業が所有している海外子会社よりも，税誘因（Huizinga and Laeven［2008］と同様の定義）に敏感に反応して活発に利益移転を行っていることを示している。また，II節で紹介したLiu, Schmidt-Eisenlohr and Guo［forthcoming］は，英国が国外所得免除方式に移行した2009年以降，英国企業から低税率国の関連会社への輸出価格が一層低く設定されるようになったことを明らかにした。これらの研究は，国外所得免除方式の導入が利益移転を活発化させることを示している。

２．日本の多国籍企業の利益移転

　Hasegawa［2019］は2009年度税制改正における国外所得免除方式への移行が，日本の多国籍企業の利益移転を活発化させたのかどうかを検証した。分析に用いたデータは Bureau van Dijk が提供している Orbis（オービス）というデータベースである。Orbis は Amadeus と違い，ヨーロッパだけでなく世界中の上場・非上場企業の財務情報を収録したデータベースである。筆者は

Orbis のデータベースから2004-2016年にかけての日本の多国籍企業の海外子会社の財務情報を収集した。また比較対照群として，米国の多国籍企業の海外子会社の財務情報も2004-2016年にかけて収集した。米国はデータ期間中は全世界所得課税方式を採用し続けていた。したがって，日米企業の海外子会社の利益移転の程度（税の半弾力性）が2009年度税制改正前後で大きく異なる傾向を示した場合，その違いは税制改正の効果を反映していると考えられる。

　Hasegawa［2019］では，日米の多国籍企業の利益移転行動の全体的な傾向をつかむため，まずは日本企業と米国企業にサンプルを分けて，式（2）と同様の回帰式を推定することで，海外子会社の税の半弾力性を推定している。その結果，2004-2016年にかけて，米国の多国籍企業の海外子会社の税の半弾力性は0.74，日本の多国籍企業の海外子会社の税の半弾力性は0.28であった。このことは，平均的には日本企業の海外子会社は，米国企業の海外子会社よりも利益移転の誘因に対する反応が弱いことを示している。次に，日米企業の海外子会社を総資産額をもとに大規模子会社と小規模子会社にサンプルを分割して税の半弾力性を推定した。すると，日米の大規模な海外子会社の税の半弾力性はそれぞれ0.99と0.65であり，小規模な海外子会社の税の半弾力性（米国：0.41，日本：0.15）よりも高い値となった。この結果は，日米ともに大規模な海外子会社の方が利益移転を活発に行っていることを示唆している。

　次に，筆者は国外所得免除方式への移行とともに日本企業の海外子会社の利益移転が活発化し，その結果税制改正後に税の半弾力性が上昇しているかどうかを検証した。そのために式（2）の推定式を拡張し，日米企業のそれぞれの海外子会社の2004-2016年の各年における税の半弾力性を推定した。その結果，日本企業の海外子会社の税の半弾力性が2008年と2009年に急激に増加し，2007年の0.45から2009年には2.13にまで上昇したことが示された。そのため，2008-2012年にかけては，米国企業の海外子会社と比較して，日本企業の海外子会社の方が高い税の半弾力性の値を示した。また，このような税の半弾力性の増加は，日本企業の大規模な海外子会社においてより顕著に見られた。これらの結果は，外国子会社配当益金不算入制度の導入に反応して，日本の多国籍

企業が利益移転を活発化させたことを示している。税の半弾力性が2008年から上昇し始めた理由は，2008年度から新制度の導入を予期した反応があったためだと考えられる。外国子会社配当益金不算入制度の施行は2009年度からであるが，2008年5月に翌年に国外所得免除方式の導入を検討していることが政府から発表されていた。さらに，2008年8月には新制度案を経済産業省の国際租税小委員会が発表した（国際租税小委員会［2008］）。そのため，日本企業は2008年度から国外所得免除方式の導入を予期して利益移転を活発化させていた可能性がある。

　研究結果の留意点としては，日本企業の海外子会社の税の半弾力性は2013年から低下し始め，2016年には税制改正前と同水準に戻っていることである。米国企業の海外子会社についても税の半弾力性が2014年から低下している。この税の半弾力性の低下の原因は論文では解明されていないが，日米の多国籍企業にある程度共通した傾向であることから，2009年度税制改正の影響ではないと考えられる。可能性としては，例えばBEPSプロジェクトや各国のBEPS最終報告書への対応など，日米双方の多国籍企業の利益移転に影響を与えうる要因が働いていると思われる。

　日本企業の利益移転を分析したもう一つの実証研究としては，櫻井［2018］がある。この研究は経済産業省が実施している海外事業活動基本調査の個票から，2004年度の日本企業の海外子会社の財務情報を収集して分析を行っている。海外事業活動基本調査を使うことの利点は，Orbisでは情報が欠落しているアジア諸国の海外子会社の財務情報が利用可能なことである。欠点としては，貸借対照表の詳細な情報が利用可能な直近の年度が2004年であり，近年の財務情報を用いたパネルデータ分析ができないことである。

　分析の結果，日本企業の海外子会社の報告利益の税の半弾力性は約2.0であることを示した。また，同一企業グループの他の子会社が直面する税率が高くなると，当該子会社の報告利益が増加することを示した。このことは，企業グループ内での海外子会社の所在地国の税率の違いを考慮して利益移転が行われていることを示唆している。さらに，税率に応じた税の半弾力性の異質性を考

慮するために，税率の 2 乗を説明変数として加えた推定も行い，税率が低いほど税の半弾力性が高くなることも示した。特に，税率が 0 ％の国の海外子会社の税の半弾力性は約 8 になるという結果を得ている。

　このように櫻井［2018］は Hasegawa［2019］よりも高い税の半弾力性の推定値を得ている。両論文の推定値の違いは，分析に用いたデータ，分析期間，データのサンプルに含まれる海外子会社の違いによるものだと考えられる。ただし，櫻井［2018］で得られた推定値は，タックスヘイブン子会社の情報を含む米国の税務データを用いた Dowd, Landefeld and Moore［2017］やその他の企業レベルデータを使った研究と比べても高い値になっていることに留意すべきだろう。子会社固定効果を考慮した分析ができないというデータ上の制約によって，税の半弾力性が過大に推定されている可能性があるかもしれない。今後より質の高いデータの利用が可能になり，日本企業の税の半弾力性の推定の精度が向上することが期待される。

V．まとめ

　本稿では多国籍企業による利益移転行動を分析した実証研究を紹介し，その概要を解説した。Ⅱ節で紹介した研究は，多国籍企業が関連企業の所在地国の法人税率に反応して，利益移転のために関連企業間で移転価格の操作，無形資産の移転，借入を行っていることを明らかにしていた。Ⅲ節で紹介した一連の研究は，報告利益の税率への反応を分析することで，多国籍企業の利益が節税を目的として低税率国へと移転されていることを明らかにし，さらに利益移転の程度（報告利益の法人税率に関する半弾力性）を推定していた。Hines and Rice［1994］に代表される初期の研究では国レベルデータが用いられていたが，近年の研究では企業レベルデータ，特に複数年の財務情報を収録した企業レベルのパネルデータを用いた研究が主流となっている。これらの研究は分析に用いたデータや分析期間が異なっており，回帰式に含める固定効果や説明変数も少しずつ違うため，推定された税の半弾力性にもばらつきがあった。

　Heckemeyer and Overesch［2017］は，27本の論文において推定された203の税の半弾力性の推定値や回帰式の定式化に関する情報を収集してメタ・アナリシスを行い，適切に定式化された回帰式を推定すると，信頼できる税の半弾力性は約0.8だと結論付けている。また，Beer, de Mooij and Liu［2018］はより最近の論文も含めて同様のメタ・アナリシスを行い，信頼できる推定値は1.0程度であり，近年のデータを使うとさらに高くなるという結果を得ている。これらの値はⅢ節で紹介した研究で得られた推定値から考えても尤もらしく思えるが，あくまでも平均的な子会社の税の半弾力性であることに留意すべきであろう。

　Ⅲ節での先行研究のサーベイから明らかになった重要な知見の一つは，報告利益の法人税率に関する半弾力性は企業特性に応じて極めて異質的であるということである。これらの研究はタックスヘイブンや低税率国に立地する子会社，および無形資産集約的な子会社は他の子会社よりも高い税の半弾力性を示すことを明らかにしていた。また，親子間での利益移転の方向によって税の半弾力性は異なっていた。したがって，多国籍企業の利益移転行動を理解するためには企業特性の違いを考慮することが重要である。もう一つの知見は，多国籍企業の利益移転行動は法人税率だけでなく，税制の様々な側面に機敏に反応するということである。移転価格税制や過少資本税制は利益移転を抑制する効果が実証的に確認されていた。Ⅳ節で紹介した研究は国際課税制度も税の半弾力性に影響を与えることを示していた。このことから，税制の設計は多国籍企業の過度な利益移転による節税を抑止するための重要な手段になりうるといえる。

［注］

1）　本研究は科学研究費助成事業若手研究（B）（研究課題番号：17K13748）の助成を受けたことに感謝する。
2）　スターバックスの租税回避の事例についての説明は，主に EY 税理士法人［2017］に基づいている。
3）　日本にも多国籍企業への同様の調査として，経済産業省が実施している海外事業活動基本調査が

ある。

4）　Desai, Foley and Hines［2004］では，子会社ごとに平均税率（＝法人税額／税引前利益）を計算し，企業レベルの平均税率の内生性を緩和するために，各年の各国ごとに子会社の平均税率の中央値を国レベルの平均法人税率と定義して分析に用いている。

5）　Dharmapala［2014］は Hines-Rice アプローチの概要を解説し，この手法を応用した近年の利益移転の研究動向を紹介している。本節の内容の一部は Dharmapala［2014］に基づいている。

6）　Grubert and Mutti［1991］も Hines and Rice［1994］と同じ1982年の調査データを用いて，多国籍企業の各国での利益率と税率との間に負の相関があることを示し，この結果は利益移転によるものだと解釈している。ただし，利益率の指標として，税引後利益・売上高比率あるいは税引後利益・自己資本比率を用いている点，そして資本や労働への需要を説明変数として含めていない点で Hines and Rice［1994］の推定式とは異なる。

7）　会計学の分野でも利益移転は活発に研究されており，Huizinga and Laeven［2008］に先がけて企業レベルデータを用いて利益移転を分析した研究として，Collins, Kemsley and Lang［1998］がある。Collins 氏らは Hines and Rice［1994］と類似のアイデアをもとに，米国の多国籍企業の親会社レベルのパネルデータを用いて，親会社と海外子会社間の利益移転を分析している。Klassen and Laplante［2012］は Collins, Kemsley and Lang［1998］の推定モデルを拡張することで，1988年から2009年にかけての米国企業の利益移転の程度の変化を分析している。

8）　この指標は理論モデルから導かれており，多国籍企業が n か国に進出しているとすると，国 i における利益移転の誘因は $C_i = \dfrac{1}{1-\tau_i} \dfrac{\sum_{k \neq i}^{n}\left(\dfrac{B_k}{1-\tau_k}\right)(\tau_i - \tau_k)}{\sum_{k=1}^{n}\left(\dfrac{B_k}{1-\tau_k}\right)}$ となる。ここで，τ_i は国 i の法人税率，B_k は国 k における売上高（真の利益の代理変数）である。

9）　もう一つの留意点は，税引前利益の自然対数を被説明変数として用いるため，税引前利益がマイナスで損失がある子会社は変数が定義できず，回帰分析のサンプルからは除外されるということである。損失企業を分析から除外することは，損失企業の利益移転行動は，利益がある企業とは大きく異なるという理由で多くの研究で受け入れられている。De Simone, Klassen and Seidman［2017］は，損失企業の税引前利益・総資産比率は所在地国の法人税率が高くなるほど大きくなることを示した。この結果は，多国籍企業がグループ内の損失企業へと利益を移転することで節税を図っていることを示している。

10）　Dowd, Landefeld and Moore［2017］では式（2）のように税率 τ_{it} をそのまま説明変数として用いるのではなく，$(1-\tau_{it})$ の形で説明変数に用いているが本質的な違いはない。また，税率も法定法人税率を使った場合と，平均税率を使った場合の結果を両方示しているが，本稿では法定法人税率を使った場合の結果をもとに議論を行う。なお，平均税率を使った場合も結果は質的には変わらない。

11）　Dharmapala and Riedel［2013］は，新たな利益移転の分析手法として，親会社の外生的な利益の増加（ショック）が海外子会社にどの程度伝播する（移転される）のかに着目して分析を行った。その結果，親会社に外生的な利益の増加が起きると，低税率国の子会社により多くの利益が移転され，その子会社の税引き前利益が増加することを示した。ただし，利益移転の規模は親会社の（追加的な）利益の約 2 ％程度と小さかった。

12)　外国子会社配当益金不算入制度の詳細については青山［2009］や長谷川［2016］を参照のこと。
13)　長谷川［2016］は国際課税制度や日英の2009年度税制改正が多国籍企業の事業活動に与えた影響
　　を分析した実証研究をサーベイしている。
14)　全世界所得課税方式の下でも，日本に海外利益を還流しなければ，日本の法人税は課されなかっ
　　た。そのため，日本での追加的な税負担を避けるために日本の多国籍企業は利益を海外に留保する
　　傾向があり，海外現地法人の内部留保残高が2001年から2006年にかけて急増していることを国際租
　　税小委員会［2008］は指摘している。

［参考文献］

青山慶二［2009］「外国子会社配当益金不算入制度の考察」，『筑波ロー・ジャーナ
　　ル』，6号，99-117頁。

EY税理士法人［2017］『詳解　新しい国際課税の枠組み（BEPS）の導入と各国の税
　　制対応―企業への影響と留意点―』，第一法規。

国際租税小委員会［2008］『我が国企業の海外利益の資金還流について～海外子会社
　　からの配当についての益金不算入制度導入に向けて～』，経済産業省貿易経済協
　　力局貿易振興課。

櫻井智美［2018］「日本の多国籍企業による利益移転：子会社立地国の税率が1％下
　　がったら，どれくらいの利益が移転するのか」，『財政経済理論研修論文集』，
　　143-162頁。

長谷川誠［2016］「国際課税制度が多国籍企業の経済活動に与える影響」，『フィナン
　　シャル・レビュー』，127号，146-165頁。

Beer, Sebastian, Ruud de Mooij and Li Liu［2018］"International Corporate Tax
　　Avoidance: A Review of the Channels, Magnitudes, and Blind Spots," IMF
　　Working Paper WP/18/168.

Buettner, Thiess, Michael Overesch, Ulrich Schreiber and Georg Wamser［2012］
　　"The Impact of Thin-capitalization Rules on the Capital Structure of Multina-
　　tional Firms," *Journal of Public Economics*, 96, (11-12), pp.930-938.

Clausing, Kimberly A.［2003］"Tax-Motivated Transfer Pricing and US Intrafirm
　　Trade Prices," *Journal of Public Economics*, 87 (9-10), pp.2207-2223.

Collins, Julie, Deen Kemsley and Mark Lang.［1998］"Cross-Jurisdictional Income
　　Shifting and Earnings Valuation," *Journal of Accounting Research*, 36 (2), pp.209-
　　229.

Cristea, Anca D. and Daniel X. Nguyen［2016］"Transfer Pricing by Multinational
　　Firms: New Evidence from Foreign Firm Ownerships," *American Economic*

Journal: Economic Policy, 8 (3), pp.170-202.

Desai, Mihir A., C. Fritz Foley and James R. Hines Jr. [2004] "A Multinational Perspective on Capital Structure Choice and Internal Capital Markets," *Journal of Finance*, 59 (6), pp.2451-2487.

De Simone, Lisa, Kenneth J. Klassen and Jeri K. Seidman. [2017] "Unprofitable Affiliates and Income Shifting Behavior," *The Accounting Review*, 92 (3), pp.113-136.

Dharmapala, Dhammika [2014] "What Do We Know about Base Erosion and Profit Shifting? A Review of the Empirical Literature," *Fiscal Studies*, 35 (4), pp.421-448.

Dharmapala, Dhammika and Nadine Riedel. [2013] "Earnings Shocks and Tax-Motivated Income-Shifting: Evidence from European Multinationals," *Journal of Public Economics*, 97, pp.95-107.

Dischinger, Matthias, Bodo Knoll and Nadine Riedel [2014] "The Role of Headquarters in Multinational Profit Shifting Strategies," *International Tax and Public Finance*, 21 (2), pp.248-271.

Dischinger, Matthias and Nadine Riedel [2011] "Corporate Taxes and the Location of Intangible Assets within Multinational Firms," *Journal of Public Economics*, 95 (7), pp.691-707.

Dowd, Tim, Paul Landefeld and Anne Moore [2017] "Profit Shifting of US Multinationals," *Journal of Public Economics*, 148, pp.1-13.

Grubert, Harry and John Mutti [1991] "Taxes, Tariffs and Transfer Pricing in Multinational Corporate Decision Making," *Review of Economics and Statistics*, 73 (2), pp.285-293.

Hasegawa, Makoto [2019] "Territorial Tax Reform and Profit Shifting by US and Japanese Multinationals," KIER Discussion Paper No. 1016.

Heckemeyer, Jost H. and Michael Overesch [2017] "Multinationals' Profit Response to Tax Differentials: Effect Size and Shifting Channels," *Canadian Journal of Economics*, 50 (4), pp.965-994.

Hines, James R. and Eric M. Rice [1994] "Fiscal Paradise: Foreign Tax Havens and American Business," *Quarterly Journal of Economics*, 109 (1), pp.149-182.

House of Commons Committee of Public Accounts [2012] HM Revenue & Customs: Annual Report and Accounts 2011-12, Nineteenth Report of Session 2012-13.

Huizinga, Harry and Luc Laeven [2008] "International Profit Shifting within Multi-nationals: A Multi-Country Perspective," *Journal of Public Economics*, 92 (5-6), pp.1164-1182.

Huizinga, Harry Luc Laeven and Gaetan Nicodeme [2008] "Capital Structure and International Debt Shifting," *Journal of Financial Economics*, 88 (1), pp.80-118.

Klassen, Kenneth J. and Stacie K. Laplante. [2012] "Are US Multinational Corpora-tions Becoming More Aggressive Income Shifters?," *Journal of Accounting Re-search*, 50 (5): pp.1245-1285.

Liu, Li, Tim Schmidt-Eisenlohr and Dongxian Guo [forthcoming] "International Transfer Pricing and Tax Avoidance: Evidence from Linked Trade-Tax Statis-tics in the UK," *Review of Economics and Statistics*.

Markle, Kevin [2016] "A Comparison of the Tax-Motivated Income Shifting of Mul-tinationals in Territorial and Worldwide Countries," *Contemporary Accounting Research*, 33 (1), pp.7-43.

Organisation for Economic Co-operation and Development (OECD) [2015] Final BEPS Package for Reform of the International Tax System to Tackle Tax Avoidance, Available at http://www.oecd.org/ctp/beps-2015-final-reports.htm.

Riedel, Nadine, Theresa Lohse and Patricia Hofmann [2015] "Do Transfer Pricing Laws Limit International Income Shifting? Evidence from Europe," Working Paper.

第9章　2014年税制改正が，個人投資家の投資意識・行動に与えた影響
——マイクロデータによる株式投資に関する実証分析——[※]

大　野　裕　之

Ⅰ．はじめに

　本章では，2014年施行の税制改正（以下，「2014年税制改正」と称する[1]）が，個人投資家の投資意識・行動に如何なる影響を与えたかを，実証的に明らかにする。長引く株式市場の低迷を受けて，2003年に「新証券税制」が施行された。同年1月の譲渡益課税に続き，4月には配当課税で複雑な制度の簡素化がなされ，株式等にかかる両税に軽減税率が適用されることになり，適用税率が20％から10％まで引き下げられた[2][3]。当初は5年間の時限的措置であったが，株式市場が復調しない中，延長が繰り返された。公募株式投信については，2004年1月，同様に分配金，譲渡益への税率がともに10％に引き下げられた。しかし，その後，株式市場が持ちなおすと，やがてこれらの軽減税率の廃止論が取りざたされるようになり，3度の延長の末，ついに2013年12月末を以て廃止される。その結果，株式・株式投信の譲渡益，配当・分配金への課税の税率は20％へと戻された[4]。

　この「増税」は，個人投資家の意識・行動に変化を与えたか，与えたとしたらどのようなものであったか[5]。これが本章の中心的な問いである。税制改正後，他の条件を一定としたとき，税引き後の受取譲渡益，配当額・分配金は減少する。その結果，株式や株式投信への魅力は小さくなる。一方，この改正では，利子課税には大きな変化はなく，預貯金や公社債，公社債投信等への魅力は，改正前後で不変と考えられる[6]。そのため，株式や株式投信はこれらの他

の資産へ乗換えられ，よって需要は減少すると考えられる。こうした仮説がサポートされるか否かを，データ解析の手法で検証する。

　用いるデータは，日本証券業協会が実施する『個人投資家の証券投資に関する意識調査』（以下『調査』と称する。）の個票である。『調査』は2006年より毎年行われている，証券投資に関する総合的なアンケート調査である[7]。この中に，2014年を挟む前後数年間，同一の内容で繰り返されている，株式および株式投信に関する質問がいくつかある。これらの質問には，用意された選択肢番号を質問の条件に沿って選択する形式で答えることになっている。そこで，各回答者が選んだ選択肢を目的変数として，回答者の属性や投資意識・行動に関わる適当な説明変数で回帰する。その際，目的変数は質的変数であるので，それに適合した手法を用いる必要があるが，具体的な質問形式に応じて，３種類の解析手法を用いる。

　本章の構成は以下の通りである。まず，次節では，2014年税制改正に至る経緯を説明する。第Ⅲ節では，関連する若干の先行研究を紹介する。第Ⅳ節では，本研究で用いた『調査』の詳しい内容と，そこから採用する変数の詳細を説明する。第Ⅴ節では，質問の具体的形式に応じた３つの分析手法を解説し，第Ⅵ節で分析結果を報告する。第Ⅶ節は本章のまとめであり，本章で十分に対応できなかった課題と，それを踏まえた後続の研究の方向性を展望し，本章を締めくくる。

Ⅱ．2014年税制改正

1．「新証券税制」

　先述のように，2014年税制改正の主要な内容は，「新証券税制」で導入された，株式や株式投信の配当・分配金，譲渡益に対する軽減税率10％を廃止し，もとの20％に戻すことであった。そこで，この2014年改正について論じる前に，「新証券税制」について簡単に触れておこう。

　90年代初頭のバブル崩壊，それに続く銀行等の不良債権問題を受けて，我が国の金融市場は大きく様変わりした。「護送船団方式」と称される従来の過剰な規制は金融セクターの健全な発展を阻害し，以って経済全体に弊害を及ぼすとの反省にたち，「金融ビッグバン」の名の下に各部門で大幅な規制緩和が行われた。これにより，「貯蓄から投資へ」のスローガンのもと，銀行を経由する間接金融から証券市場による直接金融にシフトしていくことが，日本経済にとって喫緊の課題とされる。株式市場においては，特に，諸外国に比して遅れている個人投資家の育成が企図された。そのため，委託手数料自由化（1998年4月，1999年10月）を始めとして，インターネット証券会社解禁（1998年），単元株制度の導入（2001年）などの制度変更が次々と実施されることになったが，その最大の焦点のひとつは税制改革であった。1999年の有価証券取引税の廃止を経て，個人所得税制は2003年に「新証券税制」が導入されることによりひとつの頂点を極めた。この改革では譲渡益課税が申告分離課税に一本化されるとともに，配当課税は配当額にかかわらず，源泉分離と総合課税の選択制に改められた。そして，税率も時限的ながら10％に軽減された[8]。さらに，損失の多年度繰越を認めることにより，家計の資金をリスク資産へ誘導することも図られた。

　株式の投資信託に関しては，8ヵ月遅れで新制度が施行された。2004年1月施行の改正で，最も一般的な公募・契約型の投資信託の制度が大きく変わった。すなわち，公募株式投資信託の収益の分配金等は2003年12月までは利子所得と同じ扱いで，国税15％，地方税5％の源泉分離課税に服していたものが，2004年1月より株式の配当金と同様の課税に服することとなった[9]。つまり，総合課税もしくは確定申告不要が選択可能になり，前者を選択した場合には配当控除が認められる。そればかりか，源泉徴収税率が2008年3月まで10％に軽減された[10]ほか，解約・償還損は株式の売買益との損益通算が可能となっている。私募型の株式投信についてはそれ以前より配当並み課税で総合課税が原則であったが，これに対し，同じ投資信託でも公社債投資信託の収益金は，2004年以降も公社債の利子所得と同様，一律20％の税率で源泉分離課税される。

２．2014年税制改正と NISA の導入

　2003年４月に底をついた株式市場はその後，徐々に回復基調に入る。同年８月に日経平均株価（月間終値）は１万円台を回復すると，その後も順調に上昇し，軽減税率廃止が予定されていた2007年初めには１万７千円台に達していた。一方，軽減税率のもうひとつの目的であった，「貯蓄から投資へ」への促進はその時点で達成されたとはいいがたかったため，延長論が持ち上がり，2007年（平成19年）度税制改正では，１年の延長が決まる。しかし，翌年８月にはリーマンショックが日本経済を襲い，日経平均株価（月間終値）は再び１万円を割るまでに落ち込んでしまう。その後も株価は東日本大震災などもあり低迷を続けたため，さらに２度延長が行われる。

　その間，なかなか進まない「貯蓄から投資へ」を強く推し進めるため，少額投資に対して非課税制度を設けるべきだとの議論が金融業界から沸き上った。その結果，2010年（平成22）年度税制改正で，2012年から NISA とよばれる少額投資非課税制度（NISA）が導入されることがいったん決まる。結局，この NISA は翌年度の税制改正で，配当・譲渡益の軽減税率の2013年12月までの再延長と引き換えに，２年実施が先送りされ，2014年１月からスタートすることになった。こうした中，株式市場は持ち直しを見せ，2012年末には日経平均株価（月間終値）は１万円台を回復したため，2013年度税制改正では，予定通り，軽減税率の廃止が決定される[11]。

　但し，その時点でも，また2014年の NISA 導入後も，「貯蓄から投資へ」への促進は達成されたとはいいがたいことは特記に値する。我が国家計の金融資産の構成は，諸外国と比べて依然として預貯金偏重である。2016年９月末時点で，個人金融資産に占める「株式・債券・投信」の割合は，米国が35.8％，ドイツが19.4％であるのに対し，我が国は11.3％という水準である。反対に，「現金・預金」の割合は，米国が13.9％，ドイツが39.1％であるのに対し，我が国は52.3％もの高水準にある[12]。家計の証券投資を税制面からも後押しするために，1990年代末より金融税制の改革が進められてきたが，これをみる限り

その成果が表れているとは言い難い。そのため，現在も NISA の制度改良が進められている[13]。

Ⅲ．若干の先行研究

2014年改正の効果を実証的に研究した研究は，筆者の知るところ存在しない[14]。そこで，ここでは筆者自らが行った「新証券税制」の効果に関する研究を紹介したい[15]。

Hayashida and Ono［2010］は，2003年４月施行の株式譲渡益課税の減税が取引高に与えた効果を，３つの分析で実証的に検証した。東京証券取引所第一部に上場されている株式の集計データは一般に利用可能であるが，このデータを用いて，第一に標準的な時系列分析を行った。第二に，５つの匿名の証券会社から提供された600の無作為銘柄のデータを用いて，証券会社ごとに，第一の分析と同じような回帰分析を行った。この時，同時に全てのデータをプールしてパネル分析も行った。第三に，値上がり株の売買の価格変化感応性が税制改革後に増大したかどうかを追求した。もし，感応性が上がっていれば，減税は個人投資家の投資行動を活発にする。以上の３つの分析の結果は，株式譲渡益課税は個人投資家による売買にネガティブな影響を与え，それ故，2003年の減税は個人投資家の売買を拡張し，その後数年にわたって見られた市場の拡大に貢献したことを示している。

大野・林田［2008, 2010］では，新証券税制のもうひとつの焦点となった配当課税に光を当て，アンケート調査の個票データを用いて，家計の株式投資行動を探った。新証券税制施行前は，源泉分離選択制とよばれる複雑な制度が採用されていたが，日本証券業協会の実施する『証券投資に関する全国調査』には，この複雑な制度故に各家計で異なる，限界税率を推計することを可能にする質問項目が含まれる。これを利用して，同調査で各家計が答えている株式需要，保有行動に関する回答が限界税率にいかなる影響を受けているか，順序トービットモデルの推計を用いて，平成12年単年度と平成３年から18年までの

多年度で分析した。その結果，配当への課税は家計の株式需要を減退させ，投資を控えさせる効果が示唆された。

　大野・林田［2012］は，株式投資信託に焦点を当てる。一般の株式より8ヵ月遅れで実施された投資信託の税制改革は，公募型株式投信を「利子並み課税」から「配当並み課税」に変更するなど，株式投信の制度を大きく変更する一方で，公社債投信には変更を加えないという，「非対称」的なものであった。この非対称性に着目し，貯蓄広報中央委員会が毎年実施している『貯蓄に関する全国調査』の個票データを用い，家計の株式投信への投資行動を分析した。多変量（multivariate）プロビットモデルの推計により，実質的に税負担を軽減したと考えられるこの税制変更が，株式投信へ需要を推し進めたことが示された。

　このように，新証券税制に関する研究では，いずれも，軽減税率が株式・株式投信への投資にポジティブな影響を与えたことが示唆されている。そこで，次節以降でこの軽減税率の廃止が与えた影響を探っていこう。

Ⅳ．使用するデータ

1．データの概要

　『調査』は2006年より毎年実施されている。調査方法は郵送である[16]。日本証券業協会によると，全国のNOSデータベース登録者[17]から，株式，投資信託，公社債のいずれか，若しくは複数所有している人を無作為抽出して，株式会社日本リサーチセンターがアンケートを実施しているという。同じ個人を追いかけるパネルデータではなく，毎回別の個人が回答する，反復クロスセクション（Repeated Cross-section）である。

　使用する2009～2016年調査における，各年の回答数と回答率（カッコ内）は以下のとおりである。2016年以外は概ね1,000，2016年はその倍の約2,000となっており，合計でおおよそ10,000人分のデータがある。

2009年：1,095（51.8％），2010年：992（48.4％），2011年：967（45.0％），

2012年：1,050（47.7％），2013年：1,108（48.2％），2014年：1,143（52.0％），

2015年：1,044（47.5％），2016年：2,024（40.5％）

回答時期と日数についても触れておこう。以下のとおりである。

2009年： ６月29日発送， ７月13日回収締め切り

2010年： ４月16日発送， ５月10日回収締め切り

2011年： ７月15日発送， ７月25日回収締め切り

2012年： ７月27日発送， ８月15日回収締め切り

2013年： ８月１日発送， ８月12日回収締め切り

2014年： ７月２日発送， ７月15日回収締め切り

2015年： ７月２日発送， ７月14日回収締め切り

2016年： ６月10日発送， ６月21日回収締め切り

時期も日数も毎年，異なっている。最も発送が早いのが2010年の４月16日，回収が遅いのが2012年の８月15日，最も調査期間が長いのが2010年の25日，短いのが2016年の11日となっている。

２．目的変数

　今回の分析では，『調査』の2009年〜2016年までの個票を用いる。これら８年分の『調査』には，2014年を挟んで全く同じ内容で問われている質問が17問ある。そのうち，重要と思われる６問を取り上げ，それらを次節以降で展開する分析の目的変数とする。以下，それぞれ敷衍する[18) 19)]。

（１）　質問①：保有金融商品

　ひとつめは，保有している金融商品を問う，以下の質問である。2009年〜2016年の８年分の調査で利用可能である。

　　問「次の金融商品のうち，あなたが現在保有しているものをお答えください。ご回答に当たってはページ上部の【主な金融商品表】をご参照ください。（いくつでも）」

回答は以下の選択肢の中から，いくつでも選ぶことができる[20]。

　　1　預貯金（普通預金，当座預金や定期預金など）　2　株式（国内で発行
　　されたもの）　3　投資信託（国内で設定されたもの）　4　公社債（国内
　　で発行されたもの）　5　外国で発行された証券（株式，投資信託，公社債）
　　6　外貨建て金融商品（証券を除く外貨預金など）　7　デリバティブ商品
　　（外為証拠金取引（FX），証券CFD取引，商品先物取引など）　8　その
　　他　9　いずれも持っていない

2014年施行の税制改正の後，選択肢2の選択確率は減るのではないかと考えら
れる。

（2）　質問②：増やしたい金融商品

　2つめは，増やしたい金融商品を問う質問である。2016年の調査では行われ
ていないが，2009年～2015年の7年分の調査で利用可能である[21]。

　　問「現在保有している金融商品のうち，今後1～2年以内に金額を増やし
　　たいと考えているものはありますか。（いくつでも）」

回答は以下の選択肢の中から，いくつでも選ぶことができる。

　　1　預貯金　2　信託　3　株式　4　投資信託　5　公社債　6　有価
　　証券関連デリバティブ商品　7　有価証券関連デリバティブ商品以外のデ
　　リバティブ商品　8　その他　9　金額を増やしたいものはない

2014年施行の税制改正の後，この問いでは，選択肢3の選択確率は小さくなっ
たと考えられる。

（3）　質問③：株式保有金額

　3つめは，株式保有金額を問う，次の質問である。2009年～2016年の8年分
の調査で利用可能である。これは，その前に株式保有経験の有無を問う問いが

あり，それに「現在持っている。」と答えた者のみが回答する。

　　問「あなたが現在保有している株式の総額は，時価でおよそどの位ですか。
　　（1つだけ）」

回答は以下の選択肢の中から，ひとつだけ選ぶことができる。

　　1）10万円未満　2）10〜50万円未満　3）50〜100万円未満　4）100〜
　　300万円未満　5）300〜500万円未満　6）500〜1,000万円未満　7）1,000
　　〜3,000万円未満　8）3,000〜5,000万円未満　9）5,000万円以上

2014年施行の税制改正の後，株式の魅力が減った結果，より小さい額が選ばれ
るようになったのではないかと考えられる。

（4）　質問④：株式投資方針
　4つめは，株式投資方針を問う，次の質問である。2009年〜2016年の8年分
の調査で利用可能である。

　　問「株式の投資方針について，最も当てはまるものを教えてください。（1
　　つだけ）」

回答選択肢は，2012年までと2013年以降で少し異なる。2012年までは，以下の
ような5択である。

　　1　概ね長期保有だが，ある程度値上がり益があれば売却する　2　値上
　　がり益重視であり，短期間に売却する　3　配当を重視している（配当の
　　状況によっては売却する）　4　その他（具体的に　　　　　）　5　特に
　　決めていない

2013年以降は，株主優待が付け加えられて，6択になっている。

　　1　概ね長期保有だが，ある程度値上がり益があれば売却する　2　値上

がり益重視であり，短期間に売却する　3　配当を重視している（配当の
状況によっては売却する）　4　株主優待を重視している　5　その他（具
体的に　　　　　）　6　特に決めていない

どちらにおいても我々の関心対象は同じ番号が付されて存在している[22]。すな
わち，2014年改正では，株式に対する譲渡益課税，配当課税の税率が10%から
20%に引き上げられたため，2014年以降は選択肢2および3の選択確率が小さ
くなったものと考えられる。

（5）　質問⑤：保有投信の種類
　5つめは，保有している投資信託の種類に関する，以下の問である。2009年
～2016年で利用可能である。

　　問「現在保有している投資信託の種類（いくつでも）」

回答は以下の選択肢からいくつでも選ぶことができる。

　　1　公社債投資信託（国債や社債を中心に運用するもので，日本で作られ
　　たもの）　2　株式投資信託（株式を組み入れたもので，日本で作られたも
　　の）　3　ETF（上場投資信託）　4　REIT（不動産投資信託）（マンショ
　　ンやオフィスビル等に投資するもの）　5　外国で作られた投資信託（外貨
　　建て MMF など外国籍の投資信託）

2014年改正では，株式投資信託に対する譲渡益課税，配当課税の税率が10%か
ら20%に引き上げられたため，2014年以降は選択肢2の選択確率が小さくなっ
たものと考えられる。

（6）　質問⑥：保有投資信託の購入額
　最後は，保有している投資信託の種類ごとに購入額を問う，以下の問であ
る。2009年～2016年で利用可能である。これは，質問⑤であげた各投資信託に

ついて, 購入額を問うている。

問「保有している投資信託の購入金額（保有種類ごとの合計額）」

回答は保有している投信ごとに, 以下の選択肢から選択する。

1 50万円未満　2 50～100万円未満　3 100～300万円未満

4 300～500万円未満　5 500～1,000万円未満　6 1,000万円以上

前問で, 株式投資信託を選択した人について, 2014年以降はより低い数値の選択肢を選ぶ確率が大きくなったのでないかと考えられる。

3. 説明変数

　説明変数には, 利用可能なデータから, これまでの類似の分析を踏まえて, 金融総資産, 年収, 年齢, 性別, 株式保有の有無, 債券保有の有無, 投信保有の有無の7つを選択的に用いる。また, データが多年度にわたるため, 各年の株式市況を示す変数が必要と考えられる。そのため, 東証株価指数（TOPIX）でそれを示すこととし, これを説明変数に加えた[23]。以下, 各説明変数について敷衍する。

（1）　金融総資産

「あなたが現在保有している金融商品の合計額はいくら位ですか。預貯金以外については時価で計算してください。（1つだけ）」という問いに対する, 以下の9段階の値を用いた。

（ⅰ）10万円未満, （ⅱ）10～50万円未満, （ⅲ）50～100万円未満, （ⅳ）100～300万円未満, （ⅴ）300～500万円未満, （ⅵ）500～1,000万円未満, （ⅶ）1,000～3,000万円未満, （ⅷ）3,000～5,000万円未満, （ⅸ）5,000万円以上

（2）　年収

年収を以下の8段階から選ばせる問いへの回答を用いた。

（ⅰ）300万円未満，（ⅱ）300万円～500万円未満，（ⅲ）500万円～700万円
未満，（ⅳ）700万円～1,000万円未満，（ⅴ）1,000万円～1,200万円未満，
（ⅵ）1,200万円～1,500万円未満，（ⅶ）1,500万円～2,000万円未満」，（ⅷ）
2,000万円以上

（3）　性別

男性を1，女性を2とするダミー変数である。

（4）　年齢

「20歳～24歳」から「70歳以上」までの，5歳刻みの11段階の回答を用いた。

（5）　株式保有

　これは前項で質問①の目的変数として紹介したものであるが，質問②以降の
分析では説明変数としても用いる。「保有」を1，「非保有」を0とするダミー
変数である。

（6）　債券保有

　同じく，前項で質問①の目的変数として紹介したものである。質問②以降の
分析では説明変数としても用いる。「保有」を1，「非保有」を0とするダミー
変数である。

（7）　投信保有

「保有」を1，「非保有」を0とするダミー変数である。質問⑤ではその種類
を問うているが，説明変数として用いる場合はすべての投信について，「保有」
か「非保有」を変数として用いている。

（8）　TOPIX

　各年の市況は，回答者の判断に影響を与えるであろう。そこで説明変数に加える。これには，各年の調査期間中の終値平均を用いた[24]。

4．NISA による増税回避の処理

　前述のように，2014年税制改正では軽減税率廃止と同時に，NISA が導入された。これらを利用した回答者は，株式・株式投信への投資でも増税にならない。そのため，彼らを対象から外す必要がある。これについては，NISA が導入された2014年以降の調査で以下のような問がある。

> 問　あなたは，NISA 口座を開設していますか。あるいは開設の申込みを行う予定ですか。（1つだけ）
>
> 1　証券会社に開設している　2　銀行・信用金庫・信用組合などに開設している　3　郵便局に開設している　4　今後，証券会社で申込む予定　5　今後，銀行・信用金庫・信用組合などで申込む予定　6　今後，郵便局で申込む予定　7　今後，申込みたいが，どこで申込むかは決めていない　8　申込むつもりはない

以下の分析では，この質問で1と答えた回答者を全ての分析から除外した[25]。

V．分析手法

1．質問ごとの解析方法

　前節でみたように，目的変数となる質問①から質問⑥までの回答は，いずれも質的変数である。しかも，それらに順序のあるものとないもの，ひとつだけ選ぶものといくつ選んでもいいものがあり，形式が異なっている。そのため，質問ごとに適切な分析手法を選ぶ必要がある。いずれの手法も直感的に述べれ

ば，目的変数となる選択肢の選択確率に各説明変数がどのような影響を与える
かを分析するものである。

　いくつでも選ぶことのできる質問①，②，⑤については，各選択肢が選ばれ
るか選ばれないかの２択となる。そこで，各選択肢が選ばれるか選ばれないか
を独立に推定することとし，単純なプロビットモデルを用いることとした[26]。
回答選択肢に順序が認められ，その中からひとつ選ぶ質問③と⑥には，順序プ
ロビットモデルとその限界効果を用いるのが常套である。ひとつだけ選ばせる
ものの，選択肢に順序のない質問④には，多項ロジット（m-logit）とその限
界効果を用いるのが適切である。

　以下，各手法について概要を説明する[27]。

（1）　プロビットモデル

　用意された選択肢の中から当てはまるものをいくつでも選ぶことのできる質
問①，②，⑤については，各選択肢を「選ぶか，選ばないか」の二値データで
あるため，プロビットモデルを推定する。観測されない潜在変数（スカラー）
をy^*，それに影響を与えると考えられる定数項を含む説明変数（ベクトル）
をxとすると，

$$y^* = x'\beta + \varepsilon$$

と表すことができる。ただし，βは説明変数にかかる係数，εは撹乱項（いず
れもベクトル）である。ここで，被説明変数yをある選択肢が選ばれた場合に
は１，選ばれなかった場合には０をとる変数とおくと，以下を意味する。

$$y = \begin{cases} 1, & y^* > 0 \text{ の時} \\ 0, & y^* \leq 0 \text{ の時} \end{cases}$$

撹乱項εに正規分布を仮定し，かつその平均と分散をそれぞれ０，１に基準化
すると，以下の確率に関する定式化を得る。

$$Prob(y = 1 \mid x) = \Phi(x'\beta)$$

ただし，$\Phi(\cdot)$は標準正規分布のCDFである。通常の回帰分析と同様，説
明変数の係数推定値が統計的に有意であれば，その変数が被説明変数の選択確

率に影響を与える蓋然性が高い。そして，その符号が正であればより $y=1$，すなわち当該選択肢を選択するように，負であればより $y=1$，当該選択肢を選択しないように働くと考えられる。

（2）　順序プロビットモデル

　一方，回答選択肢の中からひとつ選ぶ質問③と⑥では，1は金額が最も小さく，③の場合は9，⑥の場合は6が最も大きいというように，選択肢に明確な序列がついている。こうしたデータを解析する場合，順序プロビットモデルによる推計が必要となる。前項のプロビット同様，観測されない潜在変数（スカラー）を y^*，それに影響を与えると考えられる説明変数（ベクトル）を x とすると，

$$y^* = x'\beta + \varepsilon$$

と表すことができる。ただし，β は説明変数にかかる係数，ε は撹乱項（いずれもベクトル）である。ここで，被説明変数 y が質的かつ序列のついたデータであるということは，以下を意味する。

$$
\begin{aligned}
y &= 1 \quad \text{if} \quad y^* \leq \mu_1 \\
&= 2 \quad \text{if} \quad \mu_1 < y^* \leq \mu_2 \\
&\quad\ \vdots \\
&= J \quad \text{if} \quad \mu_{J-1} < y^*
\end{aligned}
$$

被説明変数 y を y^* にしたがって選択させるところの閾値 $\mu_1 \sim \mu_{J-1}$ は，モデルでは未知のパラメータで，β とともに推定される。撹乱項 ε に正規分布を仮定し，かつその平均と分散をそれぞれ0，1に基準化すると，以下の確率に関する定式化を得る。

$$
\begin{aligned}
Prob(y=1 \mid x) &= \Phi(\mu_1 - x'\beta) \\
Prob(y=2 \mid x) &= \Phi(\mu_2 - x'\beta) - \Lambda(\mu_1 - x'\beta) \\
Prob(y=3 \mid x) &= \Phi(\mu_3 - x'\beta) - \Lambda(\mu_2 - x'\beta) \\
&\quad\ \vdots \\
Prob(y=5 \mid x) &= 1 - \Phi(\mu_{J-1} - x'\beta)
\end{aligned}
$$

通常の回帰分析と同様，説明変数の係数推定値が統計的に有意であれば，その変数が被説明変数の選択確率に影響を与える蓋然性が高い。そして，その符号が正であればより順位の高い選択肢を選ばせるほうに働き，負であればより低い選択肢を選ばせるほうに働くと解釈される。ただし，係数推定値の値そのものには，通常の回帰分析と同様の解釈を与えることができないことには注意を要する。この場合，限界効果（marginal effect）とよばれる，以下の数値を選択肢ごと，説明変数ごとに別途計算しなくてはならない。尚，以下の分析では，紙面の都合上，限界効果の報告はしない。

$$\frac{\partial Prob(y=0 \mid x)}{\partial x} = -\varphi(x'\beta)\beta$$

$$\frac{\partial Prob(y=1 \mid x)}{\partial x} = [\varphi(-x'\beta) - \varphi(\mu_1 - x'\beta)]\beta$$

$$\frac{\partial Prob(y=2 \mid x)}{\partial x} = [\varphi(-x'\beta) - \varphi(\mu_2 - x'\beta)]\beta$$

$$\vdots$$

$$\frac{\partial Prob(y=J \mid x)}{\partial x} = \varphi(\mu_{J-1} - x'\beta)\beta$$

（3）　多項ロジットモデル

複数の選択肢を選ぶ多項選択モデルには大きく分けて，多項ロジット（multinomial logit）と多項プロビット（multinomial probit）モデルとがある。多項プロビットモデルは，いわゆる IIA[28] 問題が生じないので，理論的には優れているが，選択肢が増えていくと，推定に当たって必要な積分ができなくなるという大きな問題を抱えている。他方，多項ロジットモデルは推定が簡単であるかわりに，IIA の問題を回避できない。しかし，我々の分析対象となる問の回答選択肢には IIA 問題が深刻であるようなものは含まれていないので，本稿では多項ロジットモデルを使って，推定・検定を行うことにした。

被調査者 i が $J+1$ 個の回答選択肢からひとつの選択肢を選ぶ場合を考える。

i が選択肢 j を選ぶ選択確率を以下のようにモデル化する。

$$\pi_{ij} = \frac{e^{x_i'\beta_j}}{\sum_{r=0}^{J} e^{x_i'\beta_r}}, \quad \beta_0 = 0, \ j = 1, \ ..., \ J.$$

この時，以下の式が成立する。これを多項ロジットモデルと呼ぶ。

$$log \frac{\pi_{ij}}{\pi_{i0}} = \sum_{k=0}^{K} \beta_{jk} x_{jk} = x_i'\beta_j, \ j = 1, \ ..., \ J.$$

推定には最尤法を用いる。上式の左辺をオッズとよぶが，これはベースとなる選択肢の選択確率に対する当該選択肢の選択確率の比（の対数）であるため，直感的にはわかりにくい。ここで β の符号が正となっても，当該選択肢の選択確率が大きくなったとは直ちに言えない。何故なら，例えば当該選択肢の選択確率が不変でもベースの選択肢の選択確率が小さくなっている可能性があるからである。そこで，多項ロジットモデルでは，π_{ij} を x_{ik} で偏微分して得た，次の限界効果（marginal effect）を算出して効果を論じるのが標準的に行われている。

$$\frac{\partial \pi_{ij}}{\partial x_{ik}} = \pi_{ij} \left(\beta_{jk} - \sum_{r=0}^{J} \pi_{ir} \beta_{rk} \right)$$

限界効果を標本平均から推定したものを，平均限界効果（average marginal effect）と呼ぶ。本項では，この平均限界効果を算出して分析を行った[29]。

VI.　分析結果

2014年税制改正が各目的変数に与える影響を探るため，以下の推定では，次のような手法を用いる。まず，それぞれの目的変数に応じて採用される説明変数とともに，2013年までは0，2014年以降に1をとる「税制改正ダミー」を切片ならびに各説明変数（但し TOPIX は除く）との交差項（以下では，これらを「税制改正関連の説明変数」と総称する。）として入れた「Full model」を推定する。次いで，Full model で10％水準でも非有意となった交差項を除いた「Reduce model」を推定する。プロビットモデル，順序プロビットモデル

では紙面の都合で，Reduced model の結果のみを報告する。多項ロジットモデルについては，さらにそこで用いられた税制改正関連の説明変数について，限界効果を算出し報告する[30]。

1．質問①：株式保有

　株式の配当，譲渡益への増税となる2014年税制改正により，株式の魅力が下がったと考えられるから，税制改正後に株式の保有確率は下がったという仮説が立てられる。ここでの目的変数は，株式を保有している場合には1，していない場合には0をとる「株式保有」である。説明変数には金融総資産，年収，年齢，性別，投信保有，債券保有，TOPIX をとる。

　推定結果は図表1のとおりである。Full model において，少なくとも10％水準で有意な係数推定値を得た税制改正関連の説明変数は，切片ダミーと投信保有との交差項，債券保有との交差項のみであった。それ以外の変数を見てみると，係数推定値が，金融総資産は0.035，年収は0.128，年齢は0.043，性別は−0.347，投信保有は−0.524，債券保有は−0.565，TOPIX は−0.0003となっており，いずれも1％水準で有意である。つまり，金融資産をより多く持つ人，年収の高い人，年齢の高い人ほど，株式を保有する確率が高く，それぞれ1カテゴリー上がると，3.5％，12.8％，4.3％，保有確率が上がる。一方，女性は男性に比して，投信保有者は非保有者に比して，債券保有者は非保有者に比して，株式保有確率が34.7％，52.4％，56.5％，低い。性別の結果は，危険資産である株式を避ける女性の保守性の表れと考えられるし，投信保有と債券保有については，株式と投信や債券の代替関係を表しているものと考えられる。TOPIX については，1ポイント上昇すると，株式保有確率が0.03％下落する。これは一見，反直感的であるが，現時点で株価が高いほど，将来は下がる可能性を予測して，株式保有を避けるためだと解釈可能である。

　Reduced model に残った税制改正関連の変数では，切片ダミーの係数推定値が0.466，投信保有との交差項が−0.696，債券保有との交差項が−0.644であり，いずれも1％水準で有意である。切片については，他の説明変数の値を

図表1　質問①（株式保有）のプロビット分析結果
(Reduced Model) (2009年〜2016年)

切片	0.7491177***
切片ダミー	0.4659916***
金融総資産	0.0348938**
年収	0.1278197***
年齢	0.0426867***
性別	−0.3471151***
投信保有	−0.5238173***
投信保有交差項	−0.6960153***
債券保有	−0.5650088***
債券保有交差項	−0.6444107***
TOPIX	−0.0002906**
疑似決定係数	0.1662
対数尤度	−3649.3782
データ数	7,306

（注）　アステリスク＊，＊＊，＊＊＊はそれぞれ，10％，
　　　5％，1％有意水準で有意であることを示す。
〔出所〕　筆者作成

全て一定とした場合の株式保有確率が税制改革後には0.466％上昇するもの
の，投信保有者と債券保有者が株式保有をより避ける傾向が強まっていること
が示された。これら3つの係数推定値の絶対値を単純に比較すると，負の符号
のほうが勝っているので，税制改正は，株式保有確率をネットで押し下げると
いう仮説は裏付けられたとみることができよう。但し，その様相は単純に全体
的に押し下げるというものではなく，もともと株式保有を避けて投資をしてい
た人たちが，さらにその傾向を強めるという形で表れたということになる。

2．質問②：増やしたい金融商品

「今後1〜2年」で増やしたい金融商品を問う質問②のプロビット推定の結果は，図表2のとおりである。Full model において，少なくとも10%水準で有意な係数推定値を得た税制改正関連の変数は，切片ダミーのみであった。それ以外の変数を見てみると，係数推定値が，金融総資産は−0.018，年収は0.031，年齢は−0.020，性別は−0.403，投信保有は−0.017，債券保有は−0.177，TOPIX は0.0004となっており，金融総資産と投信保有は非有意，それ以外は少なくとも10%水準では有意となっている。つまり，年収の高い人ほど，また TOPIX が高いほど，今後1〜2年に株式を増やしたいと考える傾向があり，その選択確率は年収が1カテゴリー上がると2.0%，TOPIX が1

図表2　質問②（増やしたい金融資産・資産）のプロビット分析結果
（Reduced Model）（2009年〜2015年）

切片	−0.3768784**
切片ダミー	−0.3702668***
金融総資産	−0.0182701
年収	0.031014*
年齢	−0.0200529**
性別	−0.4030275***
投信保有	0.0165127
債券保有	−0.1765352***
TOPIX	0.0004147**
疑似決定係数	0.0312
対数尤度	−3649.3782
データ数	4,515

（注）　アステリスク＊，＊＊，＊＊＊はそれぞれ，10%，5%，1%有意水準で有意であることを示す。

〔出所〕　筆者作成

ポイント上がると0.04％上昇する。一方，年齢が上がるほど，女性は男性に比して，債券保有者は非保有者に比して，「増やしたい」を選択する確率は，それぞれ2.0％，40.3％，17.7％低くなる。性別と債券保有に関しては，前項で示した解釈がほぼそのまま，ここでも当てはまると考えてよいだろう。年齢の符号が前項と逆になったが，これは「今後１～２年の間に」となっていて，最長２年とやや長いタームで意向を尋ねているためではないかと考えられる。すなわち，特に高齢者ほど長いタームで危険資産を保有することを嫌う傾向が表れたのではないかということである。TOPIX の符号が前項と逆になっているのも，やや長いタームで意向を尋ねていることが効いているとみられる。金融総資産と投信保有は，選択確率に影響がない。

　税制改正関連の変数では，切片ダミーの係数推定値が−0.372で，１％水準で有意である。前項の結果と異なり，税制改正が株式投資に与えると予想される負の効果は切片に表れた。他の説明変数の値が一定である場合，全体的に「増やしたい」という確率を引き下げる。つまり，税制改正の影響は，何か特定の変数を通じて出現するのではなく，直接的に表れたということになる。

３．質問③：株式保有金額

　次に，株式保有金額を問う質問③の Reduced model の結果は，図表３に示した通りとなった。ここでは，前２項と異なり，順序プロビットモデルを推定している。Full model において，少なくとも10％水準で有意な係数推定値を得た税制改正関連の説明変数は，切片ダミーと年収との交差項，債券保有との交差項であった。それ以外の変数を見てみると，係数推定値の符号は，金融総資産，年収，年齢，投信保有，TOPIX は正，性別と債券保有は負となっているが，投信保有は非有意，それ以外はいずれも５％水準では有意である。つまり，金融資産をより多く持つ人，年収の高い人，年齢の高い人ほど，TOPIX が高いほど，株式保有額が高くなっているが，女性は男性に比して，債券保有者は非保有者に比して，株式保有額は低い傾向が示されている[31]。TOPIX の符号が質問①と異なり正となっているが，TOPIX が上がれば各回答者の保有

**図表3　質問③（株式保有額）の順序プロビットモデルの分析結果
（Reduced Model）（2009年〜2016年）**

切片ダミー	− 0.3367169***
金融総資産	0.4309437***
年収	0.0623618***
年収交差項	0.0544919***
年齢	0.0801503***
性別	− 0.2106521***
投信保有	0.0289344
債券保有	− 0.0257317***
債券保有交差項	− 0.2211067**
TOPIX	0.0002919***
μ_1	1.465358
μ_2	2.498921
μ_3	3.027004
μ_4	4.034417
μ_5	4.52707
μ_6	5.143746
μ_7	6.152755
μ_8	6.553471
疑似決定係数	0.1319
対数尤度	− 8689.0118
データ数	5,244

（注）　アステリスク＊，＊＊，＊＊＊はそれぞれ，10％，5％，1％有意水準で
　有意であることを示す。
〔出所〕　筆者作成

株の価値も上がっている可能性が高いので，予想通りの結果である。

　税制改正関連の変数では，切片ダミーの係数推定値が符号は負で，1％水準で有意である。年収との交差項は，符号は正，債券保有との交差項は負であるが，前者は1％水準で，後者は5％水準で有意となった。これら3つの係数推定値を加えた値は負となるので，ここでの結果は，税制改正は株式保有金額を押し下げたということを意味する。そして，これは税制改正は株式保有確率を押し下げたという，質問①の結果と整合的である。株式保有確率が下がれば，当然，保有額も小さくなるはずだからである[32]。

4．質問④：株式投資方針

　次いで，質問④の株式投資方針の結果に移ろう。ここでは，これまでの分析のいずれとも異なり，多項ロジットモデルとそれをベースにした限界効果の推定を行う。結果は図表4のとおりである。Full modelで少なくとも10％水準で有意な係数推定値を得た税制改正関連の説明変数は，切片ダミーだけであったので，それについてだけ報告する。

　税制改正は，「1　概ね長期保有だが，ある程度値上がり益があれば売却する」，「2　値上がり益重視であり，短期間に売却する」，「3　配当を重視して

図表4　質問④（株式投資方針）への多項ロジットモデル推定の限界効果
（Reduced Model）（2009年〜2012年）

		切片ダミー
1	概ね長期保有だが，ある程度値上がり益があれば売却する	−0.5089713***
2	値上がり益重視であり，短期間に売却する	−0.0960837***
3	配当を重視している（配当の状況によっては売却する）	−0.0969592***
4	その他	0.0026988
5	特に決めていない	0.6993155***

（注）　アステリスク＊，＊＊，＊＊＊はそれぞれ，10％，5％，1％有意水準で有意であることを示す。
〔出所〕　筆者作成

いる（配当の状況によっては売却する）」の選択確率を１％有意水準で有意に
引き下げ，「４　その他」の係数推定値は非有意だが，「５　特に決めていな
い」の係数推定値は１％水準で有意に押し上げている。事前の予測では，「２」
と「３」のみ選択確率が下がると考えたが，「１」も売却益が含まれているの
で下がっていると考えられる。一方，選択確率が上がったものは，「わからな
い」という，明確な投資方針がないものである。配当，譲渡益への増税となっ
た2014年税制改正は，投資家の株式への投資方針を配当狙い，譲渡益狙いとい
う明確なものから，不明確なものへと移行させた可能性が示唆されている。

５．質問⑤：保有投信の種類

　以上４つの質問は全て，株式に関するものであったが，2014年税制改正は，
株式投信の分配金，譲渡益への増税ともなっている。そこで，保有投信に関す
る質問から，株式投信の保有確率と保有額を分析しよう。まず，本項では保有
確率を取り上げる。

　この質問では，多数の選択肢から「いくつでも」選択可能なので，分析手法
は再び，プロビットに戻る。結果は図表５である。Full model で，少なくと
も10％水準で有意な係数推定値を得た税制改革関連の説明変数は切片ダミー
と，年齢，株式保有，債券保有それぞれとの交差項である。

　それ以外の説明変数では，金融総資産，年収，債券保有が１％水準で有意に
正の，株式保有が１％水準で有意に負の係数推定値を得ている。株式投信は株
式，債券とそれぞれ代替関係，補完関係にあることが示唆されているが，これ
は各資産のリスクを考えれば絞首できる。TOPIX の係数推定値が正の値に
なっているのも，株式投信がむしろ株式の代替資産となっていることと整合的
である。つまり，TOPIX が高いと将来の値下がりを予想して株式は持たない
ようにする傾向が質問①では示されたが，ここではそのため，株式投信に乗り
換えるという傾向が表れたものと考えられる。

　税制改革関連の説明変数をみると，切片ダミーと年齢，株式保有，債券保有
それぞれとの交差項は，係数推定値が0.329，−0.029，−0.457，−0.644と

図表5　質問⑤（株式投信保有）へのプロビットモデルの推定結果
（Reduced Model）（2009年～2016年）

切片	−1.704201***
切片ダミー	0.3294306**
金融総資産	0.1499924***
年収	0.041883***
年齢	−0.0113866
年齢交差項	−0.0285787**
性別	−0.044079
株式保有	−0.2130491***
株式保有交差項	−0.4574464***
債券保有	0.3564259***
債券保有交差項	−0.6442637***
TOPIX	0.0003231***
疑似決定係数	0.0627
対数尤度	−4047.3544
データ数	7,306

（注）　アステリスク＊，＊＊，＊＊＊はそれぞれ，10％，5％，1％有意水準で
有意であることを示す。
〔出所〕　筆者作成

なっている。年齢が5％水準で，それ以外は全て1％水準で有意である。切片
ダミーは符号が正であるが，それ以外の3つはいずれも負であり，絶対値を比
べると，全体で負のほうが勝っている。このことから，株式投信の保有確率
も，2014年税制改正によって引き下げられたと考えてよいだろう。

6．質問⑥：保有投資信託の購入額

　最後に，株式投信の保有額への影響をみてみよう。これは選択肢に序列があ
るので，分析手法は再び順序プロビットである。結果は図表6のとおりであ

図表6 質問⑥（株式投信保有額）への順序プロビットモデルの推定結果（Reduced Model）（2009年〜2016年）

切片ダミー	0.3938416***
金融総資産	0.1995237***
年収	0.025777**
年齢	0.0084382
年齢交差項	−0.0310996**
性別	−0.0959558***
株式保有	−0.2128922***
株式保有交差項	−0.4042793***
債券保有	0.4570026***
債券保有交差項	−0.7188409***
TOPIX	0.000346***
μ_1	2.241742
μ_2	2.388879
μ_3	2.609455
μ_4	3.08105
μ_5	3.38687
μ_6	3.858673
疑似決定係数	0.0544
対数尤度	−7008.2667
データ数	7,306

（注） アステリスク*，**，***はそれぞれ，10％，5％，1％有意水準で有意であることを示す。
〔出所〕 筆者作成

る。係数推定値の様相は，前項の保有確率と類似している。

税制改革関連の説明変数では，切片ダミーは係数推定値の符号が正で，1％水準で有意であるものの，年齢，株式保有，債券保有それぞれとの交差項は，

係数推定値の符号は負で，年齢は5％で，他の2つは1％水準で有意である。切片ダミーは符号が正であるが，それ以外の3つはいずれも負である。しかしながら，順序プロビットモデルでは係数推定値の絶対値の大小をそのまま比べることはできない。そこで，これら4つの限界効果を算出し，その絶対値を比べたところ，いずれのカテゴリーでも，負の係数推定値を得た3つの交差項が正の係数推定値を得た切片ダミーを凌駕した（詳細な結果は紙面の都合で割合）。このことから，株式投信の保有額も，2014年税制改正によって引き下げられたと考えてよいだろう。

Ⅶ. まとめ

　本章は，2003年の「新証券税制」で導入された，株式と株式投信の配当・分配金，譲渡益の軽減税率が廃止となった2014年税制改正が，個人投資家の意識・行動に与えた影響を実証的に分析した。この「増税」が，株式，株式投信の魅力を低め，個人投資家の需要を下げた可能性を，日本証券業協会が毎年行っている『調査』の個票データを用い，質的目的変数の解析に適した3つの分析手法を駆使して検証した。第Ⅱ節で改正に至る経過の詳しい説明を，第Ⅲ節で若干の関連する先行研究をレビューした後，第Ⅳ節で用いる目的・説明変数とそれぞれに対応した分析手法を紹介し，第Ⅴ節で分析を行った。

　得られた結果は概ね，事前の予測と整合的なものとなった。すなわち，2014年税制改正により，株式保有は減少，株式を保有したいという意向は減退，株式保有額は縮小した。また，株式投資方針も，配当狙い，譲渡益狙いという明確な方針から，「わからない」という不明確な方針へとシフトしたことが示された。株式投資信託についても株式と同様に，保有は減少し，保有額も縮小した。

　このように今回の分析では，事前予想と整合的に，2014年税制改正により，株式・株式投信への需要が減少したことが示されたが，減った需要がどこへ向かったのか，その「受け皿」までは明らかにすることはできなかった。株式・

株式投信の代替資産として何が考えられるのかによるが，同時に制度変更が行われなかった公社債や公社債投信はひとつの候補であるが，他に預貯金やRTF，REIT，デリバティブなど様々なものも考えられる。そのため，これを明らかにするのはそれほど単純ではないかもしれないが，重要な後続のテーマである。

　また，今回は『調査』の個票を用いたが，投資家の行動・意識に関するアンケート調査は他にもいくつかある。先行研究で用いた日本証券業協会の『証券投資に関する全国調査』や，貯蓄広報中央委員会の『貯蓄に関する全国調査』などがすぐに想起される[33]。これらのアンケート調査のデータが直ちに分析に適するかどうかも精査が必要だが，可能であるなら，同様な分析を試みて今回の結果を補完されるのか否か確めることも興味深い。

　本章を閉じるにあたり，若干の政策含意を述べたい。先行研究では，株式や株式投信への投資は，軽減税率を導入した「新証券税制」に敏感に反応したことが示された。これと併せて考えると，今回の分析結果は，個人投資家を株式や株式投信へ向けるには，やはり税率が重要であることを改めて確認するものと言える。確かに，10年に及ぶ軽減税率でも「貯蓄から投資へ」は十分進んだとはいいがたいが，20％に戻したことで，逆行してしまう懸念さえある。NISAという非課税制度も代わって導入されてはいるものの，時限的制度であり，まだ十分な広がりを見せていないうちに，既に制度の残存期間が半分以下になっている[34]。

　もっとも，NISAについては制度改良が現在も進行中ではあるが，制度が複雑であるため，これらがどこまで個人投資家に浸透し，期待した効果を上げるかは，全くの未知数であると言わざるを得ない[35]。バブル崩壊とそれを受けた「金融ビッグバン」から四半世紀近くを経た今，「貯蓄から投資へ」の実現に向けて，抜本的かつ長期的視点で，政策の検討が必要なときに差し掛かっていると言えないだろうか。

[注]

※　本稿の作成にあたっては草稿の段階から, 田近栄治座長を始め, 日本証券経済研究所の「証券税制研究会」の各委員から貴重なコメントを頂いた。記して謝したい。

1）　税制改正に言及する際, 施行年を冠して表現する場合と, 決定した年を冠する場合とがあり, 区別が必要である。ここで取り上げた税制改正の内容は, 2013年1月に閣議決定され, 3月に国会に上程, 可決成立した「平成25（2013）年度税制改正」案に含まれる。そこで, 今回の改正内容を2013年度決定税制改正とよぶことも可能であるが, ここでは施行年に従い, 2014年改正とよぶことにした。「決定」にしろ「施行」にしろ, これらを付けてよぶのが冗長なので, 簡潔に「2014年税制改正」とする。尚, 正式名称では和暦が用いられているが, 本章では紛らわしい場合を除き, 西暦のみを用いる。

2）　内訳は所得税7％, 住民税3％。

3）　後述するように, 2003年までは, 分離課税で35％の源泉徴収を選択することも可能であった。

4）　内訳は所得税15％, 住民税5％。

5）　但し, 後述するように, この税制改正では, 軽減税率廃止と同時に, 少額投資非課税制度（NISA）が導入されている。これを利用した投資家にとっては, 必ずしも「増税」とはならない。よって, 後の実証分析は, NISA利用者を除外して行う。

6）　公社債税制の改正は2016年1月に施行される。申告分離課税のもと, 公社債の譲渡損益, 償還差益, 利子等が, 上場株式等との損益通算が可能, 損失の3年間の繰越控除が可能となる。

7）　調査対象者は, 2014年に一度だけ投資未経験者を対象とした以外は全て, 対象は投資家に限っている。

8）　譲渡益税の軽減税率は, 当初は平成19年末（2007年12月31日）で廃止されることとなったが, その後平成20年末（2008年12月31日）まで延長された。配当税率のそれは, 当初は平成19年度末（2008年3月31日）で廃止予定だったが, その後それが平成20年度末（2009年3月31日）まで延長された。更に, 平成20年度税制改革案では軽減税率廃止に当たっては, 円滑に新制度へ移行する観点から, 特例措置として, 平成21年及び平成22年の2年間, 500万円以下の譲渡益及び100万円以下の配当について7％（住民税とあわせて10％）の税率を適用すること, 更に個人投資家の株式投資リスクを軽減するため, 平成21年より, 上場株式等の譲渡損失と配当との間の損益通算の仕組みを導入することが盛り込まれた。

9）　ただし, 特定株式投資信託（日経300株価指数連動型上場投資信託や株価指数連動型上場投資信託（ETF）など, 証券取引所に上場され, 特定の株価指数に採用されている銘柄のみに投資を行う公募・契約型の投資信託）については一般の株式と同じく, 2003年4月より新税制に移行している。

10）　その後の改正で2011年11月まで適用が延長されている。

11）　もうひとつの論点として, 金融課税一体化がある。すなわち, 金融所得を全て損益通算可能としてひとまとめにし, 同じ税率で課税しようというものである。そのため, 利子課税に合わせて軽減税率を廃止しようというものである。実際, 2013年の通常国会の委員会審議で, 金融担当大臣はそれに言及している。但し, 利子との損益通算は2016年施行の税制改正までなされていない。そのため, 株・株式投信に限っては, 2014年は「増税」と言える。

12)　日本証券業協会調べ。「資算の形成・円滑な世代間移転と税制の関係に関する研究会」［2017］45 頁参照。

13)　2016年 1 月より一般 NISA の年間投資額が100万円から120万円に拡大された。同じ年に「ジュニ ア NISA」が，2018年 1 月には「つみたて NISA」が新設されている（2018年から最長20年）。また，2019年（令和元年）度税制改正では，NISA が廃止される2023年の翌年から，積立額が最大 510万円になる「新 NISA」なるものも創設されることが決まった（2028年まで）ほか，「つみたて NISA」が 5 年延長されている。尚，「ジュニア NISA」は廃止される。

14)　国立情報学研究所が運営する日本語論文検索サイト CiNii を用いて，「軽減税率」，「廃止」をキーワードに検索したところ，松尾［2013］のみがヒットした。

15)　筆者は他に，NISA に関する研究である，大野・林田・安岡［2019，2020］も手掛けている。

16)　今回は使用していないが，2017年以降の調査はインターネットを用いている。

17)　日本証券業協会ホームページから引用すると，NOS データベースとは，「日本リサーチセンターが毎月行っている訪問調査（1,200人）である NOS（日本リサーチセンター・オムニバス・サーベイ）の協力者から希望者を郵送調査パネルとしてデータベース化したもの。NOS は，地域ブロックごとの都市規模の人口の割合に応じて，無作為に200地点を選び，各地点での訪問世帯は住宅地図を用いて無作為に抽出し，男女個人を性年代別の人口構成比に合わせて回収している訪問調査であり，毎月実施している。標本調査の代表性を保つ方法を用いていることから，日本全国の意見を代表する調査として世論調査等で使用されている。」とのことである。

18)　実際の質問番号は調査年によって異なる。

19)　目的変数についても，次項で取り上げる説明変数についても，紙面の都合で詳しい記述統計は載せられない。幸い，それらは日本証券業協会ホームページに掲載されている報告書にあるので，それらを参考にされたい。

20)　これは2016年の回答選択肢である。2009年からの 8 年間の間に，順番や表現に多少の変更がある。但し，「株式」と「公社債」は必ずあり，選択肢の数も 9 で統一されている。

21)　正確に言うと，2009年〜2012年までは，「新たに保有したい」と「金額を増やしたい」を別々に尋ねていた。2013年以降は本文中の形式なり，その前に「保有していますか」を問うて，「保有している」と答えた者のみが，答える形式に変わっている。

22)　しかしながら，モデルの推定上は 5 択が 6 択になっているのは些末な問題ではない。後述するように，2013年以降は 4 を欠損値として扱って解析を行う。

23)　前述のとおり各年の調査の回答期間，および発送から締め切りまでの期間にもかなりばらつきがある。こうした差異がなぜあるのか定かではないが，いずれにしても各回答者がいつの時点で回答したかを知る術はない。本文にあるとおり，そもそもこの TOPIX という変数は，各年の株式市況，すなわち投資環境を示すための変数であるので，厳密に回答時点に合わせて値を計算する必要はないと考えた。因みに，各年の回収締め切り日と今回用いた，月末終値の年間平均の相関係数は 0.984，回答期間の中間日の終値と月末終値の年間平均の相関係数は0.974であり，仮にこれらに代えて推計を行ったとしても，結果の定性的な変化はほとんど現れないと思料される。

24)　郵送調査であるため，実際には発送日の 2 日後から回収日の 2 日前までの期間で平均をとっている。これらの日が日曜・祝日にあたる場合は，直後の平日で代用している。

25)　他に，「問　あなたは，これまでに NISA 口座で金融商品を購入したことがありますか。（ 1 つだ

け）　1　購入したことがある　2　購入したことがない」という問もあり，この問を使うことも考えられ得る。しかし，口座を開設したということは，実際に購入をしていなくても増税を回避できる可能性を既に得ているということなので，開設の有無の問を使うほうが適切だと判断した。

26)　質問①，②では，回答者は9個の選択肢を同時に視認して選択することから，独立の仮定を採らず，各推定式を1セットとみなし，それらの攪乱項の非対角要素に非ゼロの仮定を用いたmultivariate プロビットを推定することも考えられる。しかし，選択肢の数が9個にも及ぶため収束しない可能性が高いので，今回はこうした手法を用いなかった。

27)　さらに詳しい説明は，例えば，Cameron and Trivedi [2005]，Greene [2007]，蓑谷 [2007] 等などを参照せよ。

28)　Independence of Irrelevant Alternatives の略である。例えば，交通手段の選択で，電車，車，赤いバス，青いバスがあったとしよう。赤いバスと青いバスとの効用には相関があるはずであるが，多項プロビットモデルでは，これを無視していることを言う。

29)　この点を若干敷衍する。プロビットモデルを推定する多くの論文で，プロビットモデル $P(Y=1) = \Phi(x'\beta) = \int_{-\infty}^{z} \phi(t)dt$，$z = x'\beta$ の β の推定結果 $\hat{\beta}$ だけを報告している。二値選択の場合，一方の選択肢の選択確率の上昇は，そのまま，他方の選択肢が同じ絶対値で減少することを意味する。この場合，選択確率の増減の「大きさ」はそれほど重要でなく，増えるか減るかという係数推定値の符号と統計的有意性だけが関心事項であることが多い。順序プロビットモデルにおいても，多くの場合，y 全体の分布がどちらにシフトするかが関心の中心であることが多い。一方，非線形モデルである多項ロジットモデルでは，増減の「大きさ」たる $\dfrac{\partial \Phi(x'\beta)}{\partial x_{ij}} = \Phi'(x'\beta) \, \beta_j$ の値は x_{ij} に依存し一意に決まらない（但し $i = 1, 2, \cdots, N$ は観測番号を，j は説明変数が j 番目であることを表す）。そこで本研究では，プロビットモデル，順序プロビットモデルについては係数の推定結果だけを，多項ロジットモデルは前掲 Cameron and Trivedi [2005]，p467に倣い，限界効果 $N^{-1} \Phi'(x_i' \hat{\beta}) \, \hat{\beta}_j$ を算出し，論ずることとした。

30)　プロビットモデル，順序プロビットモデルについても限界効果を算出することは可能であるし，順序プロビットについては一般的にはそのように行われているが，各説明変数が目的変数に与える定性的な性質を見るには，それらの係数推定値でも直感的に理解できるため，限界効果は必ずしも必要とは言えないので，紙面の都合から割愛する。一方，多項ロジットモデルについては，オッズ比のみでは直感的にわかりにくいので，限界効果のみを報告することとした。

31)　順序プロビットモデルでは，係数推定値は符号のみが意味を持ち，絶対値は OLS などとは異なってそのままの解釈はできないことを想起せよ。

32)　切片ダミー，年収との交差項，債券保有との交差項の3つについて限界効果を算出したところ，年収との交差項は選択肢1〜4で符号は負，5〜9で正であり，切片ダミーと債券保有との交差項はともにその真逆であった。そして，1〜9のすべてのカテゴリーで，切片ダミーと債券ダミーの絶対値の和が，年収との交差項の絶対値を上回った。

33)　他には，総務省『家計調査―貯蓄負再編』（「株式・株式投信」あり）や日経 NEEDS 社の Financial Quest や金融 RADER も考えられる。

34)　一般 NISA による株式・株式投信の年間取引総額は，通常の株式取引総額のおおよそ1日分である。

35)　脚注13を参照せよ。

［参考文献］

大野裕之・林田実［2008］「配当課税が家計の株式投資行動に与える影響—『証券貯蓄に関する全国調査』個票データに基づく実証分析—」，『証券経済研究』第64号，日本証券経済研究所，89-104頁。

————————————［2010］「配当課税と株式投資—多年度マイクロデータによる家計の分析—」，『証券経済研究』第70号，日本証券経済研究所，67-84頁。

————————————［2012］「税制と投資信託の取引・保有」『株式投資の計量経済分析』第 7 章，勁草書房，151-172頁。

大野裕之・林田実・安岡匡也［2019］「少額投資非課税制度（NISA）の計量経済学分析〜2014年『個人投資家の証券投資に関する意識調査』を用いた限界効果の分析〜」『証券経済研究』第107号，日本証券経済研究所，33-46頁。

————————————［2020］，「少額投資非課税制度（NISA）の計量経済学分析」〜多年度アンケート調査による意見・行動の実証分析〜」『証券経済研究』第111号，日本証券経済研究所，刊行予定。

資産の形成・円滑な世代間移転と税制の関係に関する研究会［2017］「資産の形成・円滑な世代間移転と税制の関係に関する研究会」中間報告，日本証券経済研究所，（http://www.jsri.or.jp/society/society_16.html）。

松尾健治［2013］「Strategic Vistas 税制改正を追い風に，貯蓄から投資へ，再び⁉：上場株式等の10％軽減税率廃止，上場株式等の日本版 ISA 開始，公社債等も含めた損益通算拡大，日本版 ISA が公社債等にも対象拡大など，大きな税制の変化が転機に‼」『投資信託事情』第56号第 5 巻，イボットソン・アソシエイツ・ジャパン株式会社，14-17頁。

蓑谷千凰彦［2007］『計量経済学大全』，東洋経済新報社。

Hayashida, Minoru and H. Ono［2010］"Capital Gains Tax and Individual Trading : the Case of Japan," *Japan and the World Economy*, Vol. X, pp.243-253.

Cameron, A.C. and P.K. Trivedi［2005］*Microeconometrics : Methods and Application*, Cambridge University Press.

Greene, William H.［2007］*Econometric Analysis*, Pearson Education.

第10章　税制と企業統治*
——企業金融・ファイナンス論の視点——

折　原　正　訓

I．はじめに

1．税制と企業統治との関係はなぜ重要か？

　税制は複数の経路を通じて企業統治（コーポレートガバナンス）の改善ある
いは悪化をもたらす。企業統治とは，投資家と経営者間の利害対立それ自体あ
るいは利害対立を緩和するメカニズムを意味する。投資家には株主と債権者の
双方が含まれる。企業統治の文脈では前者が想定されることが一般的である。
企業統治改革に関する近年の活発な政策議論にも関わらず，税制とのつながり
が意識されることは少ない。

　学術的には，2000年頃から税制と企業統治に関する理論・実証研究の蓄積が
進んでいる。Desai and Dharmapala［2008］は既存研究を整理したサーベイ
論文である。この論文がカバーしているのは主に米国を対象とした研究であ
る。税制や企業の意思決定メカニズムの日米間の違いを踏まえると，その議論
をそのまま日本に応用できるとは限らない。本論文では，理論・実証研究の成
果を踏まえ，企業統治への影響を考慮した望ましい税制のあり方を日本の文脈
で議論する。

　2013年6月の日本再興戦略の閣議決定以降，アベノミクスの成長戦略の一貫
として企業統治の変容を求める様々な非税制分野での政策がとられている。代
表的な政策として，2014年度スチュワードシップコード導入，2015年度コーポ

レートガバナンスコード導入が挙げられる。前者は機関投資家による議決権行使結果の公表など，後者は企業に対して2名以上の社外取締役選任などを求めている。いずれも法的拘束力のない指針とはいえ，企業統治のあり方を大きく変えている（たとえばOrihara and Eshraghi [2019]）。日本に限らず，国際的にも企業統治は重要な政策課題と捉えられている。たとえば，OECDは1999年にコーポレートガバナンス原則を策定し，2015年にこの原則を改訂している。

　企業統治改革を目的としたこうした政策は，税制と密接な関係を有する。たとえば，2014年1月の株式譲渡益への軽減税率終了に伴う増税は株式の売買を不活発にしたと考えられる。この結果，機関投資家が株式を取得しにくくなったはずである。したがって，株式譲渡益への増税はスチュワードシップコードの機能を弱める可能性がある。また，コーポレートガバナンスコードは業績連動報酬の適切な設定を求めている。Desai and Dharmapala [2006] は，業績連動報酬が租税回避と経営者の私的利益追求の双方をもたらし得ることを理論的および実証的に示している。結果として，租税回避は企業の税引後利益を増やすにも関わらず企業価値を損なう可能性がある（Desai and Dharmapala [2009]）。すなわち，コーポレートガバナンスコードは税制を通じて企業価値に対する副作用を生じ得る。このように，税制と企業統治関連の政策とは実は別個のものではない。

2．企業金融論からのアプローチ

　本論文の特徴は，財政学や公共経済学の視点ではなく，企業金融（コーポレートファイナンス）論の視点から税制と企業統治との関係を分析することである。企業金融論とは，資金の流れを中心に企業の意思決定を分析する学問分野である。財政学や公共経済学の視点からの企業税制研究との大きな違いとして，企業金融論が投資家と経営者間の利害対立や情報の非対称性をとりわけ重視することが挙げられる。企業金融論が契約理論の発展を意欲的に取り込んできた結果である。契約理論では，プリンシパルがエージェントに契約を提示し

仕事を依頼する状況を分析する。どういった契約を用いてプリンシパルにとって望ましい成果をもたらすかが契約理論の主眼である。こうした理論的基礎付を踏まえ，企業金融論は企業が様々なインセンティブにどう反応するかを理論的・実証的に明らかにしてきた。税務インセンティブも同様の枠組みで分析できる。

　企業金融論は経営学やビジネスエコノミクスの脇役であり主役ではない。契約理論の助けを借りて，企業が投資活動を円滑に行う方法を分析する学問分野である。学術的な企業金融論では，経営者が優れた経営戦略と投資計画を有していることを前提に議論を始める。その経営戦略・投資計画をどう策定するかが企業経営にとって最も重要である。しかし，学術的な企業金融論の研究対象ではない。企業金融論が問題とするのは，プリンシパルである投資家とエージェントである経営者間の利害対立や情報の非対称性が存在する場合に企業が経営戦略・投資計画遂行に必要な資金を調達できるかどうかである。

　企業統治は企業金融が機能する前提条件である。企業統治が機能しない場合，企業が投資を通じて価値を創造しない，あるいは価値を創造したとしても投資家に資金を還元しない傾向がある。こうした状況を予想し，投資家は資金を提供しなくなる。この結果，経営者が優れた経営戦略・投資計画を有していたとしても必要な資金を調達できなくなる。すなわち，企業統治の弱体化は企業金融機能を崩壊させ，企業による価値創造を妨げる。

　企業金融論の主たる分析対象は上場企業である。日本の証券取引所に株式を上場している企業数は新規上場企業や上場廃止企業の存在により変動するが，国内法人数の0.1％程度に過ぎない。非上場企業では株主と経営者は一致していることが一般的である。経営者と利害が対立する投資家が存在するとすれば，銀行などの債権者である。このため，少なくとも株主と経営者間の利害対立は非上場企業では想定しにくい。したがって，本研究目的との関連では上場企業に対象を限定して支障ない。また，上場企業は非上場企業に比べて公益性が高い。すなわち，年金積立金管理運用独立行政法人（GPIF）などの年金基金は上場企業への株式投資を通じて資金を運用している。このため，上場企業

の企業統治は単に一企業に経営問題にとどまらず国民全体の厚生に影響する。この視点からも上場企業の企業統治の分析は重要である。

３．税制と企業統治との関係概観

　企業金融論を踏まえると，税制と企業統治は具体的にどう関係するだろうか。ここでは本論文の議論を概観する。両者をつなぐ第１の経路は，税制を契機とした企業の株式保有構造の変化である。株式保有構造は，株主と経営者間の利害対立および株主が経営者を監視するインセンティブに影響する。企業統治の中核に位置する要素である。税制の中でも，配当税制や株式譲渡益税制などの証券税制は投資家や経営者の株式保有インセンティブを変える。たとえば，現行の日本の配当税制では３％以上の比率の株式を保有する個人株主の配当所得への税率が高くなる傾向がある。このため，配当所得への税率を引き下げるため個人株主は株式保有を減らそうとするはずである。また，2014年１月から株式譲渡益への税率が約10％から約20％に引き上げられた。この結果，含み益を抱える株主は譲渡益課税を先延ばしするために株式売却を税制改正前に比べて税制改正後には避けるようになる可能性がある。

　こうした株式保有構造の変化は企業統治に影響する。たとえば，株主が配当税率を引き下げるために株式保有を減らす場合，その株主は当該企業に対して以前ほどは強い利害関係を持たなくなる。また，株式保有比率が高い個人株主は経営者やその親族であることが多い。このため，株式売却前後で経営者のインセンティブ構造が変化し，結果として経営自体も変化する可能性がある。また，株式譲渡益の増税によって株式売買が不活発になる場合，ファンドなどの機関投資家が企業の株式を取得しにくくなる。機関投資家は，株式保有を通じた経営関与を行う。したがって，証券税制が機関投資家による経営監視機能を弱める可能性がある。配当税制と株式譲渡益税制以外にも，相続税制も株式保有に影響する。たとえば，生前に後継経営者に株式を譲渡する場合，譲渡益課税が生じるタイミングを考慮する必要があることから，後継経営者が株式を保有する時期に歪みが生じる可能性がある。結果として，相続税制と株式譲渡益

税制が相まって後継者の経営インセンティブにも影響する。

　税制と企業統治が関係する第2の経路は，経営者報酬を通じた影響である。近年の企業統治をめぐる政策議論では，日本の経営者報酬の株価や業績への連動性が低いことがしばしば問題視される。たとえば，ウイリス・タワーズワトソン社の『日米欧CEO報酬比較』2019年調査によれば，売上高1兆円以上の企業における米国経営者の報酬に占めるインセンティブ報酬の比率は90％，英国では76％，ドイツでは75％，フランスでは72％であるのに対して，日本では58％にとどまっている。また，日本の経営者報酬の水準は米国の経営者報酬の1割弱である。

　契約理論や企業統治論の標準的議論に基づけば，経営者報酬の株価や業績への連動性は高いほど良い。株主と経営者間の利害が一致しやすくなるためである。近年の政策も株式連動型報酬を後押ししている。たとえば，2016年度税制改正では損金参入できる株式報酬の範囲が拡大された。一定の株式連動報酬を採用することで法人税負担を減らすことができる。

　米国企業を対象とした2000年以降の研究は，業績連動報酬が租税回避を通じた経営者の私的利益追求を引き起こすことを明らかにしている。すなわち，業績連動報酬の採用は経営者に業績向上のインセンティブを与える。その方法の1つとして，租税回避を通じて税引後利益を増やすことが考えられる。これは租税回避の直接的効果である。租税回避の副次的効果として，租税回避スキーム構築に伴う取引の不透明さが挙げられる。Desai and Dharmapala［2006］などの研究は，この取引の過程で経営者が自身を利する取引を行う可能性を指摘している。この結果，租税回避自体は企業利益増加を通じて企業価値を高めたとしても，この効果を打ち消すほどに大きな負の効果が生じ得ることが明らかになっている。

　この議論は税収へも含意を持つ（Desai, Dyck, and Zingales［2007］）。株主は企業の残余利益に対する請求者である。すなわち，企業が売上から様々な利害関係者に支払いを済ませ，最終的に残った価値が配当あるいは利益剰余金として株主に帰属する。一方で，企業が租税回避を行うことで株主にとっての

残余価値は増える。税収はもちろん減る。他方で，租税回避と経営者の私的利益追求との補完関係を踏まえると，租税回避によって株主に帰属する価値は小さくなる。税収も減る。企業統治の質が低い場合にはこの状況が生じやすい。このため，株主と政府は経営者の私的利益追求を防ぐという共通の目的を持つ。税収の面でも企業統治の質の向上は重要である。

　第3の経路は，負債調達に伴う利払いと株式調達に伴う配当支払いとの税務上の扱いの違いに関するものである。すなわち，利子は損金参入できるのに対して配当は損金参入できない。したがって，法人税を考慮すると負債調達の方が株式調達よりも税務上有利である。この結果，法人税率が高いほど企業は株式調達よりも負債調達を用いることになる。

　負債調達と企業統治とはどう関わるか。Jensen［1986］以降，負債は企業統治に有効であることが知られている。負債調達に伴う利払いは金額も時期も事前に決められているため，企業に規律を与えることができるためである。しかし，この点については複数の視点から疑問が提起されている。このため，企業金融論の典型論点であるこの税便益の政策的含意には慎重である必要がある。

　以上の議論を踏まえ，日本の代表的な証券税制である配当税制および株式譲渡益税制，近年の高齢化を踏まえて重要性が増すと考えられる相続税制，および企業関連税制の中心に位置する法人税と企業統治との関係を本論文の対象とする。Ⅱでは企業金融論および企業統治論を概観する。Ⅲでは本論文が対象とする税制について説明する。Ⅳでは税制と企業統治との関係を議論する。Ⅴでは結論と政策的含意をまとめる。

Ⅱ．企業金融論と企業統治論

1．企業金融論

（1）　学術的な企業金融論

　学術的な企業金融論と企業実務家を主な対象とした書籍などで扱われる「企

業金融（コーポレートファイナンス）論」とを比べると，前者の方が広い対象を扱っており方法論上の一貫性も強い。また，公共政策研究との親和性も高い。本論文では前者の企業金融論と税制の関係を議論する。企業金融論の分析対象は3つに大別される。①資金調達，②投資決定と価値創造，③投資家への価値の還元の3つである。企業金融論では，企業を中心にこれらの要素を1つのサイクルと捉える。すなわち，企業は投資家から資金を調達し，調達した資金を投資に向けて価値を創造し，その価値の一部を投資家に還元する。このサイクルを繰り返すことで企業は社会に価値を提供する。これが企業金融論の発想である。

　第1の要素である資金調達は，負債調達と株式調達に分類できる。負債調達では，企業が利子を投資家である債権者に支払う代わりに元本分の資金を調達する。日本における伝統的な債権者は銀行である。社債市場での社債権者からの調達も増えてきている。株式で資金を調達する場合，企業は投資家である株主に配当を支払うことができる。株主は配当を受け取る権利以外に企業経営に関与する権利を持つ。株主総会における議決権行使がその一例である。他方，債権者は経営に関与する権利を明示的に有しているわけではない。

　企業の投資決定の典型例は設備投資である。工場の新設が一例である。研究開発投資も企業が行う投資決定に含まれる。設備投資に比べて，新しい製品・サービスの開発・提供が重視される傾向にある。他企業の買収や出資を通じた投資も増えてきている。すなわち，自社で生産設備を準備するのが設備投資であるのに対して，既に生産活動を行なっている他社の株式を取得することで他社の経営資源を利用するのが買収である。他社の株式の数パーセントの取得にとどまる場合には資本参加と呼ばれる。

　投資家還元は債権者に対する還元と株主に対する還元に分類できる。債権者に対する還元は利子の支払いである。利子の特徴は，資金提供時に決められた時期に決められた金額を支払うことである。したがって，企業の立場から見ると還元の額や時期に関して柔軟性が低い。株主に対する還元は配当あるいは自社株買いである。配当は株主に対する主に現金での還元である。利払いとは異

なり，支払う額や時期が事前に契約で決められているわけではない。日本企業の場合，1割程度の企業は配当を支払っていない無配企業である。自社株買いとは企業による株主からの株式の買い戻しである。配当と同様に，自社株買いを行う時期やその額は事前に決められていない。このため，利払いに比べて配当や自社株買いの柔軟性は高い。自社株買いの柔軟性は配当に比べて高い。日本企業の配当は毎期安定的に行われる傾向が強く，利払いに近い性質を持っている。

（2）　企業金融論の停滞と契約理論による再生

1970年頃まで，企業金融研究は停滞を経験した。その理由は，この分野での革新的貢献によりノーベル経済学賞を受けたモディリアーニとミラー自身の研究成果によるものである。1958年の論文（Modigliani and Miller [1958]）において，彼らは資金調達が企業価値に影響しないことを示した。どのように資金調達をしても，企業価値が投資家である債権者と株主に分割されるだけである。したがって，その分割の仕方は企業価値に影響しない。1961年の論文（Miller and Modigliani [1961]）では，投資家還元が企業価値に影響しないことを示している。今期の企業価値は，来期の配当総額と来期の企業価値に分割される。しかし，単純なモデルを用いると来期の配当総額は来期の利益と投資額の差分で定義される。来期の利益はこれまでの投資に依存して決まり，来期の投資額は今期の企業価値に影響しない。このため，配当自体は企業価値に影響しない。これら2本の論文が公表された結果，企業金融論の3つの対象の内の2つが企業価値に影響しないことが明らかになった。

企業金融論の対象の内で残る投資決定は，学術的な企業金融論の主たる対象ではない。もちろん，投資は企業価値と無関係ではなく，投資こそが企業価値を創造する。しかし，投資決定自体は金融・ファイナンス上の意思決定というよりも，経営上の意思決定そのものである。企業金融の範疇では，NPV（Net Present Value）法の視点からの議論は可能である。NPV法は，企業が生み出す利益（正確にはキャッシュフロー）を現時点で評価し，その価値が投資費用

を上回る場合に投資を行うという考え方である。この計算過程で，将来の利益・キャッシュフローなどいくつかの要素の予測や推定が必要である。実務家向けの企業金融論では中心的論点である。しかし，学術的な企業金融論の主たる対象ではない。このため，モディリアーニとミラーの貢献以降，企業金融論固有の論点は残っていないと考えられていた。すなわち，企業金融論はその誕生とともに学術的な存在価値が否定されたと言える。

　モディリアーニとミラーの議論は現実的であろうか。彼らの議論は極端に強い仮定に依拠している。たとえば，投資家や経営者を含む経済主体間に情報の非対称性が存在しないことが仮定されている。非現実的である。しかし，当時の多くの研究者はこうした仮定を受け入れていたようである。その背景として，仮定の妥当性を吟味する理論的基礎づけが存在していなかったことが指摘できる。

　企業金融論を再生させ一貫した分析枠組みを提示したのは，契約理論や情報の経済学などのインセンティブ理論である。契約理論では，プリンシパルとエージェントが契約を締結し，前者が後者に仕事を依頼する状況を分析対象としている。契約前にエージェントの性質がプリンシパルには分からない状況は逆選択（アドバースセレクション），契約後のエージェントの行動が分からない状況はモラルハザードと呼ばれる。これらの分析枠組みを応用することで，投資家と経営者間の情報の非対称性や利害対立から生じる問題を扱うことができるようになった。すなわち，モディリアーニとミラーの理論の問題を理論的に扱える基礎付けを契約理論は提供している。この視点から企業金融論を体系的に整理した書籍として Tirole［2005］が挙げられる。企業金融論のこうした学術的発展の結果，企業が様々なインセンティブにどう反応するかを一貫した枠組みで分析できるようになった。税務インセンティブもその対象の１つである。Graham［2003］や Hanlon and Heitzman［2010］はこの分野の研究を包括的にまとめている。

２．企業統治論

（１）　所有と経営の分離

　企業統治が問題となる根本的原因は所有と経営の分離である（Berle and Means［1932］）。ほとんどの中小企業において，株式所有者である株主と経営者は一致する。株式保有が分散していたとしても，その保有者は経営者の親族の範囲にとどまるのが通常である。他方，上場企業の株式保有は程度の差こそあれ分散している。このため，所有と経営の分離に伴う企業統治が問題となるのは主に上場企業である。また，上場企業が成熟する過程で株式保有は一層分散する傾向がある。

　所有と経営の分離はなぜ重要か。第１に，株主と経営者間に利害対立が生じるためである。株主の目的は企業価値の最大化である。すなわち，企業が将来にわたって生み出す利益・キャッシュフローを現時点で評価した値の総和に株主は関心を持つ。他方，経営者は企業価値最大化とは異なる要素にも関心を持つことがある。企業統治論では経営者による私的利益追求などと呼ばれる。株主と経営者間の利害対立は企業経営上の様々な問題を引き起こす。たとえば，経営者が企業の存続に関心を払う結果として過度に見える水準の現金を手元に持ち続けることが挙げられる。この結果，中長期的な利益をもたらす積極的な投資を行わずに企業価値は低下する可能性がある（Faulkender and Wang［2006］）。この場合，企業存続への経営者による過度な懸念は私的利益と分類できる。

　第２に，株主間のフリーライダー問題が挙げられる。株主と経営者の利害は対立していても株主間では利害対立が存在しない場合，各株主が経営改善のために経営監視を行うことが望ましい。しかし，各株主が必要な行動を起こすインセンティブを持つとは限らない。経営改善から得られる便益は株式保有を通じた一定比率にとどまるのに対して，経営改善のための行動に必要な時間などのコストはその株主のみが負う。この結果，各株主が経営改善に向けた行動を起こすとは限らない。株主間のフリーライダー問題である。特に，株式保有が

分散しており各株主の保有比率が低い場合にはフリーライダー問題がより深刻になる。

（2）　企業統治メカニズム：機関投資家と社外取締役

企業統治論では投資家と経営者間の利害対立を緩和するメカニズムを扱う。そのメカニズムは2つに大別される。第1のメカニズムは機関投資家による経営監視である。機関投資家とは株式保有比率の高い法人株主の総称である。年金基金やヘッジファンドが典型例である。株式保有比率が高いことからフリーライダー問題が生じにくい。このため，機関投資家は経営者に経営改善を求めるインセンティブを持ちやすい。

第2のメカニズムは，社外取締役選任である。内部昇進の取締役に比べて社外取締役の方が経営者との利害関係が弱いことが多いことから，株主の利益のために経営監視しやすいと考えられる。このため，社外取締役増加は企業統治の強化につながると考えられている。

（3）　企業統治に関する政策

多くの国で企業統治に関する政策が実施されている。たとえば，2015年に公表されたOECDコーポレートガバナンス原則の改訂版は，OECD加盟各国が企業統治関連の政策を評価・改善するために用いることを意図して作成された。すなわち，企業統治分野で各国政府が一定の役割を果たすことが期待されている。また，OECDコーポレートガバナンス原則は，株主・取締役・経営者・金融機関等へ適切なインセンティブを与えることが重要であると述べている。インセンティブを重視するこうした政策議論は，契約理論に基づく企業金融論の枠組みでの分析と相性が良い。

企業統治に関する国内政策として，2014年2月のスチュワードシップコード導入や2015年6月のコーポレートガバナンスコード導入，およびその後の各コードの改訂が挙げられる。スチュワードシップコードは，機関投資家に対して経営者との対話を通じた経営監視や議決権行使結果の開示を求めている。

コーポレートガバナンスコードは，企業に対して社外取締役選任など企業統治
促進に資する戦略の採用を求めている。これらのコードの遵守に法的強制力は
なく，遵守自体は任意である。ただし，不遵守の場合にはその理由を説明する
必要がある。より正確には，スチュワードシップコードへの遵守あるいは説明
が求められる機関投資家はコードを受け入れた機関のみである。また，コーポ
レートガバナンスコードの全原則の適用対象は東京証券取引所一部あるいは二
部上場企業のみである。

　こうした活発な政策対応にも関わらず，税制と企業統治との関係には十分な
関心が払われていない。たとえば，日本のコーポレートガバナンスコードとス
チュワードシップコードはいずれも税制に言及していない。OECD コーポレー
トガバナンス原則の VI.C. では，企業や株主の長期的利益に反する過度な租
税回避を行わないように求めている。しかし，税制への言及は限定的なものに
とどまっている。本論文では，税制との関係を踏まえてより包括的に公共政策
と企業統治との関係を議論することを通じて今後の政策形成への示唆を導く。

Ⅲ．企業関連税制

1．証券税制：配当税制と株式譲渡益税制

（1）　証券税制

　証券税制は配当税制および株式譲渡益税制から主に構成される。企業は法人
税支払い後の利益から株主に配当を支払うことができる。この配当に対する株
主側での課税が配当課税である。すなわち，配当を支払う場合には企業収益は
二重に課税される。

　株式譲渡益課税は，株式を売却して利益が生じた際に売却益に対して課され
る税である。たとえば，100円で購入した株式の価格が120円になったタイミン
グで株式を売却した場合，課税対象の売却益は20円である。株価が130円に
なった時点で株式を売却しなければ株式譲渡益課税は発生しない。すなわち，

株式に含み益が生じていたとしても株式売却まで課税が繰り延べられる。株価が90円になった時点で株式を売却した場合，10円の損失が発生する。この損失は 3 年間繰り越すことが可能である。たとえば，翌年別の株式売却を通じて30円の売却益が生じた場合，前年度の損失10円と相殺されその年の売却益は20円として課税される。

（2）　証券税制改正

2003年度以降，配当税制および株式譲渡益税制の大幅な改正が複数回行なわれている。金融庁の HP によれば，貯蓄から投資への流れの加速および一般投資家の株式市場への参加促進が政策目的である（<https://www.fsa.go.jp/ordinary/zeisei/index2.html>2020年 3 月20日取得）。この目的を達成するため，株式投資から得られる所得である配当所得と株式譲渡所得への減税措置導入および税制の簡素化が行われた。

（ⅰ）　配当税制

2003年度税制改正以前は，配当所得への課税は総合課税を基本としながら，一定以下の配当所得に対しては確定申告不要の源泉徴収が行われていた。総合課税では，給与所得など各種所得を合算して所得金額を計算する。所得税率は累進的であり所得が高いほど税率が高い。たとえば，2003年度時点に最高税率が適用される所得は1,800万円，その税率は37％であった。所得税以外に住民税が10％ 程度上乗せされる。

2003年度税制改正によって，配当所得への源泉税率は原則10％（住民税 3 ％含む）となった。2003年度時点では，この軽減税率は2003年 4 月から 5 年間の時限措置であり，その後源泉税率が20％（住民税 5 ％含む）になる予定であった。この時限措置は延長が繰り返され，2013年12月に廃止された。すなわち，配当所得への税率は2003年 4 月から12年12月までは10％，13年 1 月から12月までは10.147％，14年 1 月以降は20.315％である。また，源泉徴収での課税は税制の簡素化を意味する。

配当所得に関しては重要な例外が存在する。すなわち，「大口株主等」に該

当する個人株主の配当所得は総合課税の対象である。大口株主等とは，2003年
4月から11年9月までは5％以上株式を保有する個人，2011年度税制改正に
よって2011年10月以降はこの閾値が3％に引き下げられた。日経 NEEDS
FinancialQUEST から取得した企業財務・大株主データによると，2003年度時
点の大口株主等の配当所得は平均で1,800万円を大きく超える。したがって，
平均的な大口株主等には所得税の最高税率が適用され，大口株主等に該当しな
い個人株主に比べて大幅に高い配当税率に直面する。

（ⅱ）　株式譲渡益税制

2003年度には，株式譲渡益に関しても同様に税率引き下げが行われた。この
税制改正以前は，申告分離課税として売却益に対して26％（住民税6％含む）
あるいは源泉分離課税として売却額の1.05％の課税であった。また，1年超保
有している株式を売却した場合には譲渡所得金額から100万円を控除できる制
度などが存在していた。

2003年度およびそれ以降の税制改正の結果，株式譲渡益への税率は2003年1
月から12年12月までは10％（住民税3％含む），13年1月から12月までは
10.147％，14年1月からは20.315％となった。配当課税とは異なり，大口株主
等に分類されるか否かで株式譲渡益への税率は変わらない。また，特定口座制
度が導入された。（源泉徴収ありの）特定口座を用いると，証券会社等が納税
を代行してくれる。この制度改正は税務手続の簡素化に資する。

2．相続税

本研究には相続税も関わる。相続税は，相続や遺贈によって取得した財産等
の価額の合計が基礎控除額を超える場合にその超過分に対して課税される。基
礎控除額は「3,000万円＋600万円×法定相続人の数」で計算される。相続税の
最高税率は55％，対象となる取得金額は6億円超である。対象財産等には株式
も含まれる。2015年1月に相続税制が改正されており，基礎控除額が「5,000
万円＋1,000万円×法定相続人の数」から上記に削減された。最高税率を含め
て税率の引き上げも行われた。

　上場企業の大株主には高齢の個人も多い。こうした株主は近い将来相続に直面する可能性が高い。時価総額1,000億円の企業の株式を5％保有する個人大株主を考えると，その保有株式の価値は50億円である。概算で25億円以上の相続税負担が生じる。相続税の納付期限は10ヶ月と短い。こうした相続税負担を考慮して，株式を生前に資産管理会社などに移転する個人大株主は多い。株式を移転する際には株式譲渡益課税が生じる。この意味で相続税制は証券税制とも関連する。

3．法人税

　企業は様々な税制と関わり合う。政策議論においても学術研究においても，もっとも基本的な企業税制は法人税である。法人税の課税ベースは法人所得である。これは会計上の税引前利益とは異なる。税引前利益は収益から様々な費用を引いた金額である。他方，法人所得は益金から損金を引いた金額である。収益と益金，費用と損金はそれぞれ対応することも多い。しかし異なることもある。たとえば，会計上の費用と認識される交際費の一部のみが税務上の損金として扱われる。この結果，法人所得は税引前利益よりも大きくなる。この例のように，法人所得は税引前利益から加減を行い計算される。

　法人所得に法人税率を掛けると法人税額が計算できる。現行の税制上，国税としての法人税率は23.2％である。1980年代半ばの40％強から，法人税率は徐々に引き下げられてきた。資本金1億円超の大法人に対する地方税を含めた法人実効税率は30％弱である。

Ⅳ．税制の企業統治への影響

1．証券税制と企業統治

（1）配当税制と企業統治

日本の配当税制は株式保有にどう影響するか。大口株主等を基準とした配当

税率の区分は，個人投資家の株式保有に影響することが予想される。すなわ
ち，大口株主等の配当所得は総合課税の対象，大口株主等ではない個人株主の
配当所得は源泉徴収課税の対象である。多くの大口株主等は多額の配当を受け
取っていることから，後者の税率の方が低い傾向がある。したがって，個人株
主は閾値未満に株式保有比率を下げるインセンティブを持つ。

　大株主の内，個人株主はどの程度の比率を占めるのであろうか。仮に個人大
株主数が少なければ，配当税制を通じた株式保有の変化が生じたとしても経済
的には重要ではない。日経 NEEDS FinancialQUEST の大株主データによる
と，2000年度以降の上場企業の上位10大株主に占める個人大株主の比率は約
20％である。この比率は，データ取得可能な2000年度以降概ね安定的である。
個人大株主の保有比率の平均は約6％，中央値は約3％である。したがって，
配当税制は多くの個人大株主の株式保有インセンティブに影響を与える。

　Orihara［2019］は，2003年度および2011年度配当税制改正の株式保有への
影響を実証的に検証している。まず，税制改正に影響を受ける個人を定義する
必要がある。2011年度税制改正の直近1年間で評価して保有比率が3％以上
5％未満の個人株主は，株式を売却しなければ2011年10月以降総合課税の対象
となる。多くの場合配当所得への増税に直面する。他方，2003年度税制改正の
直近1年間で評価して保有比率が5％以上の個人株主は，株式を売却しなくて
も税制改正前後で原則総合課税の対象となる。このため，増税に直面するわけ
ではない。しかし，株式を売却することで源泉徴収課税の対象となる。2003年
4月の税率は10％であることから，株式を売却することで配当への税率を引き
下げることができる。したがって，これらの個人株主も株式売却インセンティ
ブを持つ。

　Orihara［2019］は，これら個人大株主の半数程度が株式保有比率を5％あ
るいは3％の閾値未満に引き下げたことを示している。また，4.99％や2.99％
のように閾値近辺に保有比率を変更する傾向も明らかにしている。こうした売
却行動は，2011年度税制改正の場合の方が2003年度よりも顕著である。2011年
度改正の場合には株式を売却しないと増税となることから，税務インセンティ

ブへの反応として理論と整合的である。

　しかし，この結果だけからでは配当税制が株式保有に実質的に影響したと判断できない。日本の配当税制では，個人株主の直接的な保有比率のみを対象としてその個人が大口株主等に該当するかを決めている。たとえば，2011年度税制改正前の保有比率が4％であった個人株主の場合，2011年10月までに1.01パーセントポイント分の株式を資産管理会社や親族に移転すれば大口株主等への分類を避けることができる。Orihara［2019］は，配当税制改正を契機に売却された株式の内半分程度が資産管理会社等に移転されていたことを示している。資産管理会社の株式は，個人大株主自身あるいは親族が保有していることが一般的である。したがって，資産管理会社等への株式移転は形式的な株式保有の変化であり実質的な保有は株式移転前と変わらないと言える。これらの分析の結果，税制改正を契機に現に手放された株式は売却インセンティブを持つ株主が保有していた株式の4分の1程度であることが明らかになった。

　この株式保有構造の変化は企業統治にどういった影響を及ぼすであろうか。株式を5％あるいは3％以上保有している株主は大株主に分類されるのが一般的である。もちろん，その個人単独で株式の過半数を有しているわけではない以上，重要な経営上の意思決定を単独で行えるわけではない。とはいえ，同程度の比率の株式を保有する機関投資家による経営関与は一般的である。このため，株式を5％あるいは3％以上保有する個人株主は企業経営に十分な利害と影響力を持つと考えられる。

　配当増税を通じた個人大株主の株式保有比率の低下を通じて，企業統治の質が低くなる可能性がある。第1の理由は，フリーライダー問題と関わる。すなわち，以前よりも個人大株主の株式保有比率が低下するため，その株主が企業価値向上から受ける便益は小さくなる。このため，株主の経営監視インセンティブが弱くなる。企業統治が弱まる第2の理由は，これらの個人大株主の属性による。すなわち，個人大株主は同族企業の創業一族に属していることが多い。こうした株主の多くはその企業の経営も担っている。このため，配当税制改正は所有と経営の一層の分離を引き起こし，株式を通じたインセンティブの

変化を通じて経営自体に影響を与える。もっとも，個人大株主が売却した株式を機関投資家など他の大株主が購入した可能性はある。この場合には企業統治の質は必ずしも低下しない。少なくとも，配当増税が企業統治に影響すると評価できる。

（2）　株式譲渡益税制と企業統治

　配当増税にも関わらず，なぜ株式を売却しない投資家が存在するのであろうか。Orihara［2019］は譲渡益ロックイン効果の視点から説明を行っている。すなわち，含み益の大きな株式を保有する投資家ほど株式を売却しない傾向がある。株式を売却すると多額の株式譲渡益課税が生じるためである。ロックイン効果は税率が高いほど大きくなる。

　この議論は，株式譲渡益への増税が株式の流動性を低下させることを意味する。流動性とは，資産の現金化のしやすさを意味する。株式売買が頻繁に行われるほど株式の流動性は高い。ロックイン効果の存在により，株式譲渡益への税率が高いほど株式の流動性が低く，税率が低いほど流動性が高くなる。

　流動性と企業統治との関係については，2つの対立する見方が存在する。第1の見方は，株式の流動性が低いほど企業統治にとって望ましいというものである。株を売りにくい場合にはその企業の株を持ち続けざるを得ず，大株主の経営監視インセンティブが強まるためである。Dimmock et al.［2018］はこの見方を支持する実証結果を提示している。すなわち，含み益が大きなファンドほど株主総会で反対票を投じることを通じて経営監視をより積極的に行うことを明らかにしている。

　第2の見方は，そもそも大株主を形成するためには流動性が必要であるため，株式の流動性が高い方が企業統治にとって望ましいというものである（Maug［1998］）。すなわち，十分な資金を持つ投資家が過小評価されている企業の株式を購入しようとする場合，そもそも売り手が少なければ大株主になるために必要な株式を取得することができない。このため，流動性は企業統治強化の前提条件とも考えられる。

どちらの見方が現実に成り立っているか。実証的な問題である。Edmans, Fang, and Zur［2013］は1995年から2010年までの米国のデータを用いて，後者の見方を支持する実証結果を提示している。すなわち，流動性が高まることでアクティビストが株式を保有しやすくなる結果，企業統治が強化される。Edmans, Fang, and Zur［2013］の分析結果を踏まえると，株式譲渡益への増税は企業統治に負の影響を及ぼすことになる。今後のスチュワードシップコード改訂に示唆をもたらす結果である。

２．相続税と企業統治

　大株主が死亡すれば株式の相続が生じる。その大株主が経営者であれば経営権の移転も同時に生じる。もっとも，大株主や経営者が株式や経営権を死亡まで保持し続けるとは限らない。生前，株式の譲渡が起きることは標準的である。また，経営者が自身の経営判断能力が低下する前に経営権を移転することも多い。

　経営権の移転に際しては税制が問題とならないのに対して，株式の移転には税制が関わる。この結果，株式と経営権の移転パターンに税制が影響する。所有と経営の一致という視点からは，両者をできるだけ同じタイミングで移転することが望ましい。しかし，株式移転に多額の譲渡益課税が生じることから，そのタイミングを税務インセンティブの見地から戦略的に選ぶ可能性が生じる。

　多くの個人大株主が，資産管理会社に株式を生前移転するという戦略を採用している。この方法の利点は，生前どの時期に株式譲渡益を実現させるかを株主が選べることである。他方，いくつか問題点が生じる。第１に，資産管理会社の株式を誰が持つかによって所有と経営の一致度合いが決まってくる。経営権の承継の視点からは，資産管理会社の株式を新たな経営者が持つことが望ましい。しかし，たとえば前経営者が一定の配当所得を維持したい場合には資産管理会社の株式保有が分散せざるを得ない。この結果，所有と経営の分離のタイミングが最適に決められるとは限らない。また，前経営者が資産管理会社の

株式を保有する場合，前経営者死亡後にこの株式の相続が生じる。株式市場の動向によっては予期していなかった水準の相続税負担が発生する。

第2に，資産管理会社が上場企業から受け取った配当を資産管理会社の株主に配当として支払う場合，三重課税の問題が生じる。まず，企業収益が上場企業側で法人所得として課税される。次に，上場企業から資産管理会社への配当は，資産管理会社側の法人所得として一定の税負担軽減措置のもとで課税される。最後に，資産管理会社の株主が配当を受け取る段階で配当所得への課税がなされる。したがって，税制改正を契機に株式を資産管理会社に移転することで総合課税よりも配当税率が下がるとしても，その減税幅は三重課税が生じない場合に比べると小さくなる。この結果，資産管理会社からその株主への配当が支払われにくくなる可能性がある。

3．租税回避と企業統治

（1）　租税回避は企業価値を高めるか？

米国を中心とする近年の研究では，租税回避と企業統治との関わりに関心が集まっている。租税回避（tax avoidance）とは，合法的に税負担を減らす意思決定を意味する。違法な脱税（tax evasion）とは異なり，あくまで節税（tax saving）の一種である。

租税回避は企業価値を高めるか。伝統的な企業金融論は，この主張を当然に受け入れてきた。租税回避を通じて企業の税引後利益が増える以上，他の条件を一定とすれば企業価値は高まるためである。

租税回避が企業価値を下げる理由の1つは評判の低下である。たとえば，スターバックスの英国法人は低税率国のスイスやオランダに利益を移転することで租税回避を行っていた。2012年のロイター通信による報道をきっかけに，英国でスターバックスに対する不買運動が起きた。こうした批判に対応するため，スターバックスは2013年から2年間，2千万ポンドの法人税を自発的に払うことを決めた。その後，欧州本社をオランダからロンドンに移転した。租税回避への批判を避ける目的であったと考えられる。

　租税回避を通じた評判の低下への懸念は日本企業にも広がってきている。たとえば，2017年度に三菱ケミカルホールディングスや資生堂など約20社が納税の基本方針を公表した（日本経済新聞朝刊「租税回避の批判に備え，三菱ケミや資生堂など方針明文化」2018年3月1日）。記事によれば，セブン＆アイ・ホールディングスや味の素は地域別納税額を開示，コニカミノルタ，第一三共，KDDI，ニトリホールディングスは租税回避地の利用制限などの方針を明文化している。

　近年の企業金融分野の研究は評判以外の要因をより重視している。租税回避と企業統治の関係は，租税回避スキーム構築に伴う不透明な取引に起因する（Desai and Dharmapala [2008]）。たとえば，租税回避地への特別目的会社設立は広く用いられている租税回避スキームである。特別目的会社の情報開示は限定的である。このため，租税回避に付随する取引の監視を機関投資家や社外取締役に委ねるのは困難である。近年の研究は，こうした不透明な取引の過程で経営者が企業価値を犠牲にして私的利益を追求する行動をとる可能性を指摘している。すなわち，租税回避と私的利益追求は補完関係にあると考えられている。

　日本でもこうした例は報告されている。たとえば，日産自動車のカルロス・ゴーン氏は，取引実態を隠蔽するために租税回避地に設立した会社を利用して自宅を購入したと報道されている（日本経済新聞夕刊「租税回避地へ資金，ゴーン会長「自宅」購入で」2018年11月22日）。記事によれば，日産は2010年頃にベンチャービジネスへの投資名目でオランダに子会社を設立した。その後，租税回避地であるバージン諸島の孫会社に資金を一部移し，その孫会社がブラジルのリゾート地にあるマンションを5億円超で購入したとのことである。また，日産は租税回避地の子会社に関して約200億円の申告漏れを指摘されている。2011年のオリンパスの不正会計においても，租税回避地であるケイマン諸島経由での取引が行われていた。

（2）　租税回避と経営者報酬を通じた企業統治

　租税回避と経営者の私的利益追求のこうした補完関係の存在は2000年以降の研究で明らかになってきている。Desai and Dharmapala［2006］が先駆的研究である。伝統的な理論にしたがえば，経営者報酬の業績連動性強化は租税回避を促すことで積極的に企業価値を向上させると同時に経営者の私的利益追求を思いとどまらせるはずである。しかし，租税回避と私的利益追求の補完関係を踏まえると，業績連動報酬が租税回避と同時に経営者の私的利益追求を促してしまう可能性がある。

　Desai and Dharmapala［2006］は1993年から2001年の米国企業のデータを用いて，業績連動報酬の強化は租税回避を減らすことを示した。この負の関係は，機関投資家の株式保有比率が低いなどの理由で企業統治が弱い企業において明確であった。経営監視が十分ではなく，租税回避に伴う私的利益追求が起きていることを示唆している。他方，企業統治の質が高い企業ではこうした関係は見られなかった。Desai and Dharmapala［2009］は，企業統治の質が高い企業が行う租税回避は企業価値を向上させることを明らかにした。こうした企業の租税回避は企業の税引後利益を増やすのみで，経営者の私的利益追求は生じにくいと考えられるためである。Hanlon and Slemrod［2009］は1990年から2004年の米国企業のデータを用いて，企業が租税回避を行っているというニュースが公表されると株価は平均的に下がることを明らかにしている。租税回避と私的利益追求の補完関係が生じていると市場が判断しているためである。

　近年の国内での企業統治改革議論では，経営者報酬の業績連動が推進されている。標準的な契約理論に基づく企業金融論にしたがえば，この方向性に疑問の余地はほとんどない。しかし，租税回避と経営者の私的利益追求との補完関係を考慮すると，業績連動報酬の副作用への配慮が必要となる。もっとも，法人税率の引き下げは租税回避の便益を小さくする。結果として，この補完関係から生じる問題も小さくなる可能性はある。とはいえ，国内の企業統治議論でほとんど関心が払われていないこの点への配慮は必要と考えられる。

4．法人税

（1）　負債調達の税便益

　企業金融論における企業関連税制の伝統的論点は，株式調達に対する負債調達の法人税上の税務便益である（Modigliani and Miller［1963］）。すなわち，負債調達に伴う債権者への利払いは損金に参入できる。このため，利払いを通じて法人所得を減らすことができる。他方，株式調達に伴う配当支払いは損金に参入できない。この税務上の取り扱いの違いを踏まえると，同額の資金を調達するのであれば負債を用いる方が株式を用いるよりも株主に配分可能な額が増え企業価値が高まる。

　負債の税務便益は次の数値例で説明できる。たとえば，ある企業が負債と株式の両方で資金調達する状況を考える。営業利益100万円，負債調達に伴う利払い20万円，法人税率30％，税引後利益はすべて配当に回されると仮定する。この場合，投資家に還元される金額は利払い20万円と配当支払額56万円（＝［100万円－20万円］×70％）の合計76万円である。他方，負債を用いずに全て株式で調達して同じビジネスを行う場合にはどうなるか。利払いは生じず，配当支払額は70万円（＝100万円×70％）となる。したがって，負債調達を用いる方が株式調達だけ用いるよりも6万円分投資家に配分できる金額が増える。

　この負債の税務便益は法人税率が高いほど大きい。たとえば上記の例で，法人税率が40％になれば投資家に還元される合計金額は68万円（＝20万円＋［100万円－20万円］×60％），負債を用いない場合には60万円（＝100万円×60％）である。すなわち，負債調達を用いる方が株式調達だけ用いるよりも8万円分投資家に配分できる金額が増える。法人税率が30％である場合よりも税務便益が2万円分大きくなっている。

　負債調達の税便益は，投資ではなく資金調達によって価値が創造される数少ない例である。すなわち，経営戦略を変えずとも資金調達方法を株式から負債に切り替えるだけで投資家に配分可能な金額が増える。企業価値は投資家が受け取れる価値に依存して決まる。したがって，企業価値最大化の視点からは負

債調達の方が好ましい。

（2）　負債調達による規律付け

　負債調達と株式調達とでは企業統治への含意が異なる。すなわち，負債調達は企業統治を強化することが理論的に知られている。両調達手法の大きな違いとして，投資家への資金還元方法の柔軟性が挙げられる。すなわち，負債調達に伴う利払いの柔軟性は株式調達に伴う配当や自社株買いに比べて低い。利払いについては原則として事前に決められた額を事前に決められた時期に支払う必要があるのに対して，後者の方法をとるか否かおよびその時期については企業の任意であるためである。

　企業統治の文脈では，企業にとっての柔軟性は低い方が良いと考えられている。標準的な企業金融論は経営者に関して性悪説に立つためである。すなわち，企業が当面の投資活動に必要な額より多い資金を持つとその資金を経営者が私的利益追求など企業価値を損なう目的で使う可能性があると仮定されている（Jensen［1986］）。フリーキャッシュフロー理論と呼ばれる。この理論に基づくと，株式調達よりも柔軟性が低い負債調達の方が企業統治上望ましい。負債の規律付けなどと呼ばれる。

（3）　企業統治への含意と限界

　日本で現在進められている法人税率の低下は，負債調達に伴う税務便益を減少させる。結果として，負債調達は株式調達よりも減るはずである。負債の規律付けを踏まえると，法人税率引き下げによって企業統治の質が低下する可能性がある。もっとも，この議論にはいくつか留保を要する。

　第1に，株式で資金を調達する場合，投資家である株主は議決権行使など経営に影響を及ぼす法的権利を有している。また，議決権行使以外にも機関投資家は様々な方法で経営に影響を及ぼしている。たとえば，Brav, et al.［2008］は機関投資家の一種であるヘッジファンドが定期的に経営者と意思疎通を行うことで，企業経営の様々な側面に関して建設的提言を行っていることを実証的

に示している。また，ヘッジファンドによる米国企業の株式取得は企業価値を高めることも示されている。株主を通じた企業統治の強化は今後も続くと考えられる。このため，負債の規律付けの弱体化が企業統治に有意な影響を及ぼすか定かではない。

第2に，利払いに関する契約内容は事後的な再交渉を通じて変更されることが多い。たとえば，Roberts and Sufi［2009］は米国企業の取引データを用いて，75％の契約で再交渉が行われたことを示している。再交渉は，返済期限および返済額の双方に関して行われていることも明らかになっている。このため，柔軟性の低さに伴う負債契約の企業統治上の便益は伝統的な企業金融理論が想定するよりも小さいと考えられる。この視点からも，法人税率引き下げを通じた企業統治の潜在的弱体化は必ずしも問題となるわけではない。

V. 結　論

1．議論のまとめ

企業統治に対する複数の政策が国内外でとられている。しかし，筆者自身が進めている研究によればその効果は限定的である。たとえば，Orihara and Eshraghi［2019］は2015年度コーポレートガバナンスコード導入を契機とした社外取締役選任は企業価値を低下させたことを実証的に明らかにしている。コーポレートガバナンスコードの遵守は強制されていないにも関わらず，日本の文化的背景から企業は過度な遵守を行ったと解釈している。もっとも，企業統治改革の成果が得られるまでには長い期間を要する。したがって，こうした短期的な分析期間に留まる結果は保守的に捉えるべきではある。しかし，少なくとも企業統治改革で意図されていた政策効果が生じている明確な証拠はない。

本論文では，税制の企業統治への影響を探った。スチュワードシップコードやコーポレートガバナンスコードとは異なり，税制改正の直接の目的は企業統

治改革ではない。また，国内の企業統治改革に関する議論で税制の影響はほとんど考慮されてこなかった。しかし，契約理論を背景に発展を遂げてきた学術的な企業金融論の知見を踏まえると，税制は企業統治に複数の経路を通じて間接的な影響を及ぼすはずである。

　現行の証券税制は企業統治にいくつかの問題を引き起こす。日本の配当税制は，企業の株式保有構造の変化を通じて企業統治を現に変えている。具体的には，個人大株主の株式保有比率を低下させることで大株主の経営監視を通じた企業統治の質を下げている可能性がある。また，こうした株主は同族企業の経営者であることも多いことから，配当税制が経営者の企業価値への関心を弱めている。

　株式譲渡益への増税は株式の流動性低下を通じて企業統治に悪影響を与える可能性がある。また，譲渡益増税は相続準備に伴う株式譲渡の妨げにもなる。このため，所有と経営の分離の観点から経営上の歪みを生む可能性がある。資産管理会社への株式移転は，資産管理会社の株式保有の分散や資産管理会社からの配当支払いの遅れなど複数の問題を引き起こすと考えられる。

　法人税率は，過去30年以上に渡って引き下げられてきた。法人税減税は，負債調達の税務便益の減少を通じて負債対株式比率を引き下げ負債の規律付け効果を弱める。この結果，企業統治の質の低下を引き起こし得る。他方で，法人税率が低い方が企業に残る利益は増える。株主に配分可能な利益が増えることから，他の条件を一定とすれば企業価値は高まる。また，利払いに関する再交渉の存在や株式調達に伴う株主からの経営介入の可能性を考えると，負債の規律付け低下効果が十分に大きいかは疑問である。

　法人税率引き下げは租税回避の便益も小さくする。このため，租税回避と私的便益追求との補完関係が存在していたとしても，この補完関係は比較的問題となりにくいかもしれない。また，企業統治の質が高まれば経営者の私的利益追求自体が起こりにくくなる。Desai, Dyck, and Zingales［2007］が指摘するとおり，企業統治の質の向上は株主と政府双方にとって有益である。

2．政策的含意のまとめ

　株式保有比率を基準に配当所得への税率を変えるべきではない。個人大株主の保有比率の変化を通じた経営への影響や株式売却時期の選択などを通じて，税制が経営者や投資家の意思決定に歪みをもたらしているためである。もっとも，配当所得への20％の源泉税率は一般家計などの株式投資を促すための政策措置と捉えれば，大株主にもこうした税務上の便益を与えるべきではないと思えるかもしれない。しかし，税負担の公平上への懸念は再分配で対応すべきである。税制は経済効率性を損なうべきではない。

　上場企業の事業承継にも政策的対応がなされるべきである。2018年度税制改正によって，非上場企業の株式を後継経営者に贈与・相続する際の税が全額猶予されることになった。しかし，上場企業株式や資産管理会社株式の贈与・相続は事業承継税制の対象外である。上場企業の場合，経営権と株式を同一人物に承継するケースは非上場企業に比べれば少ない。しかし，同族企業は上場企業においても多数存在している。資産管理会社が上場企業の大株主になっている例は多く，また資産管理会社は相続を意識して設立されることが一般的と考えられる。資産管理会社設立は上場企業収益の三重課税を引き起こす上，資産管理会社の株式保有の分散を通じて上場企業株式保有の分散も引き起こす。このため，後継経営者への上場株式譲渡の際に生じる株式譲渡益の課税繰延などが検討されるべきである。

　株式譲渡益課税の税率は低い方が望ましい。一般的な個人投資家の株式市場への参加を促せるのみならず，大株主が形成されやすくなることから企業統治改善にも有効である。加えて，株式譲渡に伴うコストの低下を通じて所有と経営の分離の緩和にもつながる。

　租税回避もまた企業統治に関する政策と密接に関わる。特に近年進められている経営者報酬の業績連動の強まりは，租税回避と同時に経営者の私的利益追求を引き起こす可能性がある。法人税率が引き下げられているとはいえ，税務面での企業統治の質の高めることが必要である。租税回避地の海外子会社利用

に関する情報開示が一案である。

＊増井喜一郎理事長および渡辺智之教授から本質的なコメントをいただいた。

［参考文献］

Berle, A. A. and G. C. Means [1932] *The Modern Corporation and Private Property*, Routledge.

Brav, A., W. Jiang, F. Partnoy, and R. Thomas [2008] "Hedge Fund Activism, Corporate Governance, and Firm Performance," *Journal of Finance*, 63 (4), pp. 1729-1775.

Desai, M. A. and D. Dharmapala [2006] "Corporate Tax Avoidance and High-Powered Incentives," *Journal of Financial Economics*, 79 (1), pp. 145-179.

Desai, M. A. and D. Dharmapala [2008] "Tax and Corporate Governance: An Economic Approach," in *Tax and Corporate Governance*, pp. 13-30, Springer, Berlin, Heidelberg.

Desai, M. A. and D. Dharmapala [2009] "Corporate Tax Avoidance and Firm Value," *Review of Economics and Statistics*, 91 (3), pp. 537-546.

Desai, M. A., A. Dyck, and L. Zingales [2007] "Theft and Taxes," *Journal of Financial Economics*, 84 (3), pp. 591-623.

Dimmock, S. G., W. C. Gerken, Z. Ivković, and S. J. Weisbenner [2018] "Capital Gains Lock-in and Governance Choices," *Journal of Financial Economics*, 127 (1), pp. 113-135.

Edmans, A., V. W. Fang, and E. Zur [2013] "The Effect of Liquidity on Governance," *Review of Financial Studies*, 26 (6), pp. 1443-1482.

Faulkender, M. and R. Wang. [2006] "Corporate Financial Policy and the Value of Cash," *Journal of Finance*, 61 (4), pp. 1957-1990.

Graham, J. R. [2003] "Taxes and Corporate Finance: A Review," *Review of Financial Studies*, 16 (4), pp. 1075-1129.

Hanlon, M. and S. Heitzman [2010] "A Review of Tax Research," *Journal of Accounting and Economics*, 50 (2-3), pp. 127-178.

Hanlon, M. and J. Slemrod [2009] "What Does Tax Aggressiveness Signal? Evidence from Stock Price Reactions to News about Tax Shelter Involvement," *Journal of Public Economics*, 93 (1-2), pp. 126-141.

Jensen, M. C. [1986] "Agency Costs of Free Cash Flow, Corporate Finance, and Takeovers," *American Economic Review*, 76 (2), pp. 323-329.

Maug, E. [1998] "Large Shareholders as Monitors: Is There a Tradeoff Between Liquidity and Control?," *Journal of Finance* 53 (1), pp. 65-98.

Miller, M. H. and F. Modigliani [1961] "Dividend Policy, Growth, and the Valuation of Shares," *Journal of Business*, Vol. 34, pp. 411-433.

Modigliani, F. and M. H. Miller [1958] "The Cost of Capital, Corporation Finance and the Theory of Investment," *American Economic Review*, Vol. 48 (3), pp. 261-297.

Modigliani, F. and M. H. Miller [1963] "Corporate Income Taxes and the Cost of Capital: A Correction," *American Economic Review*, 53 (3), pp. 433-443.

Orihara, M. [2019] "Do Dividend Tax Rate Spikes Cause Large Shareholders to Sell off Stocks?," Working Paper.

Orihara, M. and A. Eshraghi [2019] "Corporate Governance Compliance: A Cultural Perspective," Working Paper.

Roberts, M. R. and A. Sufi [2009] "Renegotiation of Financial Contracts: Evidence from Private Credit Agreements," *Journal of Financial Economics*, 93 (2), pp. 159-184.

Tirole, J. [2005] *The Theory of Corporate Finance*, Princeton University Press.

第11章　異質な収益率と資本所得課税
——正常収益と超過収益——

高　松　慶　裕

I．はじめに

　資本所得をどのように課税すべきかは，理論的にも実際の政策立案の観点からも非常に重要な論点である。資本所得を非課税または軽課して消費課税に近づけるのか，資本所得に課税するとしても，どの部分に課税すれば良いのだろうか。例えば，Mirrlees review（Mirrlees [2011]）は，資本所得のうち正常収益部分を控除する制度である RRA（Rate of Return Allowance）が望ましいと指摘するが，資本所得税の課税標準として，「資本所得（正常収益＋超過収益）」なのか，それとも「超過収益のみ」なのかは理論的に必ずしも明らかではない。そしてこの論点は，個人段階の資本所得税だけでなく，法人税の課税のあり方にも影響する。

　そこで，本稿では，異質な収益率，すなわち家計間で資本収益率が異なること，が存在し，資本所得が正常収益だけでなく超過収益からも構成されるといった状況を想定する。そしてその下で，資本所得のどの部分に課税すべきなのかを最適課税論の観点から理論的に分析し，その上で望ましい資本所得課税のあり方を検討する。

　本稿の構成は以下のとおりである。II．節において既存の標準的な最適資本所得税の議論を概観したうえで，資本収益の現状をマクロデータから整理する。III．節では，家計間での異質な収益率を前提とした最適資本所得税の議論をサーベイする。IV．節では，Gahvari and Micheletto [2016] のモデルを変

更して，正常収益と超過収益への課税を明示的に区分したモデルを用いて分析
を行う。そのうえで，Ⅴ．節では，上記の議論を踏まえた資本所得税のあり方
に関する政策的含意を検討する。Ⅵ．節において本稿をまとめるとともに今後
の課題を提起する。

Ⅱ．異質な収益率：研究の背景

　本節では異質な収益率という観点から資本所得の課税標準のあり方を考える
必要性について，理論的・実証的な側面からその背景を明らかにしよう。

1．最適資本所得税の議論

　本項では，簡単に最適資本所得税の既存の標準的な議論を概観しよう。

（1）　ゼロ資本所得税の結果

　最適課税論では，主に2つのモデルから資本所得課税に否定的な結果が得ら
れる（いわゆる「ゼロ資本所得税」の結果である）。1つは，複数家計モデル
の Atkinson and Stiglitz 命題の応用である。Atkinson and Stiglitz [1976]
は，"(非線形最適所得税の存在下で) 家計の効用関数が消費財と余暇間で弱分
離可能であり，消費財に関する効用が全ての家計で同一ならば，差別的な消費
税は望ましくない"ことを示している。この命題を援用し，消費を一時点の財
の組み合わせではなく異時点の消費と解釈しよう。そのとき，この命題は異時
点間の消費の価格を歪めるべきではないことを意味する。したがって，資本所
得税は非課税とすべきである。

　もう1つは，無限期間の代表的家計モデルによる Chamley [1986] や Judd
[1985] の議論である。これは，労働・資本・保険の各市場が完備市場である
と仮定し，問題の解が一定の消費と労働供給からなる定常状態へ収束するなら
ば，資本所得に対する最適税率はゼロへと収束するというものである。これ
は，微小な正の資本所得税率でも，現在と無限先の将来の消費の代替に対して

無限の歪みをもたらすためである。一方，既存資本について資本所得税は一括税として機能する。無限期間の代表的家計モデルでは，超短期ではできるだけ高く税率を設定し，長期（定常状態）ではゼロとすることが望ましくなる。

（2）　最適資本所得税：その後の展開と資本所得税の有用性

　上記のゼロ資本所得税の結果に対して，その結果を得るための仮定の妥当性の再検討がなされてきている。例えば，効用関数の弱分離可能性，同質性の仮定に対しては，高所得者ほど（割引率が低く将来を相対的に重視し）貯蓄性向は高いといった議論がある（Diamond and Spinnewijn [2011]）。また，完備市場の想定に対しては，預入金利と貸出金利の差や流動性制約・借入制約の存在を想定する（Aiyagari [1995] など），無限期間モデルではなく，ライフサイクルモデルで検討する（Erosa and Gervais [2002]，Conesa et al. [2009] など）といった研究もある。最近では，複数家計モデルで時間を通じた労働生産性（賃金率）に関する不確実性・ショックを考慮したモデル（NDPF（New Dynamic Public Finance）の議論，Kocherlakota [2010] 参照）や人的資本投資の存在（高松 [2016] のサーベイ参照）を考慮したモデルもある。

　これら代替的な仮定の下では，資本所得課税に肯定的な結果が得られる。資本所得課税の妥当性については賛否両論であるが，近年は有用性を示す結果が多い。なお，このような最適課税論からみた資本所得税の役割は効率性の観点からのものである[1]。すなわち，資本所得税で再分配を行うことではない。これらのモデルでは，所得格差は労働生産性の差に起因すると想定するため，労働所得税・所得移転で再分配を行うべきである。資本所得税は所得再分配を行う労働所得税・所得移転を効率的に行うための補完手段という位置づけになる。

2．実証研究とデータ

　前項で見たように，最適資本所得税の研究からは資本所得課税の有用性を示すものも多い。しかし，それらの研究は必ずしも資本所得が正常収益と超過収

300　　　　　　　　　第11章　異質な収益率と資本所得課税

益の合計から構成される，または超過収益のみであるといった状況を想定していない。そのような状況を想定するためには，家計間で資本収益（率）や資本所得に差があるモデルが必要となる。これは，標準的な仮定における家計間で同質な収益率（利子率）の想定と異なるものである。

（1）　異質な収益率に関する実証研究

Ⅲ．節で見るように，家計間で異質な収益率をモデル化する際には，収益率が生産性やリスクと関連すると想定する。ここでは，そのような想定が実証的にもっともらしいか検討しよう。

　異質な収益率に関連したいくつかの実証研究が存在する。Yitzhaki［1987］は，米国のデータに基づき，高所得者ほど保有株式の値上がり率が高いことから，所得により収益率に差があることを指摘している。Dynan et al.［2004］は，現在所得だけでなく生涯所得においても，高所得者の方が低所得者より貯蓄率が高く，限界貯蓄性向と生涯所得にも正の相関があることを示している。Bach et al.［2015］は，スウェーデンの税務データを用いて，金融資産の収益は富裕者ほど高いことを示しており，富裕者の高収益率をリスク・テイキング行動の違いから説明されるとしている。Fagereng et al.［2018］は，ノルウェーの税務データを用いて，金融資産の収益は個人間でかなり異なり，資産規模と正の相関があること，さらに世代間でも相関することを示している。

　このように家計間で収益率に差が生じる要因としては，（ⅰ）情報へのアクセスや投資手段についての非対称情報，（ⅱ）不確実性とリスク・テイキング，（ⅲ）資産規模の違い，（ⅳ）初期資産（遺産）の違い，の4つが考えられる。（ⅰ）に関しては，高生産性家計や高所得者の方が金融リテラシーが高く，情報の入手も容易であり，投資へのエフォートも高くなることが考えられる。（ⅱ）に関しても，資産がある人ほど余裕資金があり，リスクが取れるだろう。これらの要因を通じて，家計間で資本収益率が異なる可能性がある。

（2）　日本のマクロデータによる予備的考察

　それでは，日本においても所得階層別に資本収益率が異なることは確認でき
るだろうか。精緻な実証研究による分析は本稿の範囲を超えるが，いくつかの
マクロデータで予備的な考察を行おう。具体的には，収入階級別の貯蓄構成の
違いにより，異質な収益率の存在を類推しよう。

　図表1は総務省統計局「家計調査（貯蓄・負債編）」（2017年，二人以上世帯
のうち勤労者世帯）から年間収入五分位階級別の貯蓄の構成比を示したもので
ある。また，図表2は，金融広報中央委員会「家計の金融行動に関する世論調
査」（平成29年，二人以上世帯調査）から年間収入階級別の金融資産の構成比
を示したものである。図表1からわかるように，年間収入が増加するにつれ
て，有価証券の割合が高まる。図表2からも，年間収入が1,200万円以上の世
帯では，預貯金の割合が低くなり，株式や投資信託の割合が高まることが確認
できる。

図表1　年間収入五分位階級別の貯蓄の構成比（家計調査，2017年）

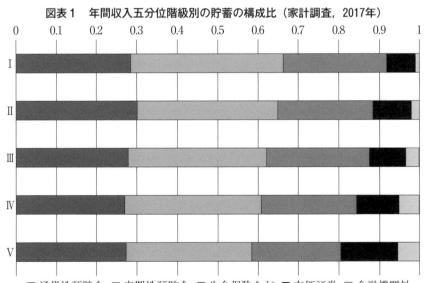

■ 通貨性預貯金　□ 定期性預貯金　■ 生命保険など　■ 有価証券　□ 金融機関外

〔出所〕　総務省統計局「家計調査（貯蓄・負債編）」（2017年，二人以上世帯のうち勤労者世帯），「第
　　　8－3表　年間収入五分位・十分位階級別貯蓄及び負債の1世帯当たり現在高」より筆者作成。

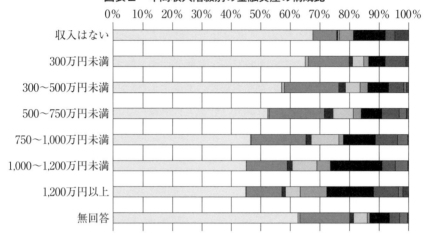

図表2　年間収入階級別の金融資産の構成比

〔出所〕　金融広報中央委員会「家計の金融行動に関する世論調査」（平成29年，二人以上世帯調査），
　　　　「7種類別金融商品保有額（金融資産を保有していない世帯を含む）」より筆者作成。

　このように，収入階級別に見ると[2]，高収入になると預貯金よりも有価証券などの割合が高くなる。近年の預貯金の利子率は０％に近い一方で，それ以外の金融商品（有価証券）の収益率はそれよりも高いと考えられる。収入や労働所得と収益率には正の相関があることが推察される。

Ⅲ．異質な収益率の下での最適資本所得税：サーベイ

　近年，異質な収益率を前提とした最適資本所得税の研究が進展してきている。それらは，主に２つの方向で異質な収益率をモデル化している（図表3参照）。１つは，資本所得が生産性や能力と関係するモデルであり，もう１つは資本所得がリスクと関係するモデルである。以下では，これらの先行研究について概観しよう。先行研究では，Atkinson and Stiglitz の弱分離可能な選好の仮定（家計間で異質な収益率が存在しなければ最適な資本所得税はゼロとな

図表3　異質な収益率の下での最適資本所得税：先行研究の比較

	資本所得税の有用性 (T/t/E)	モデルの特徴			
		資本所得の決定要因	収益率	異質性	リスク
Gahvari-Micheletto [2016]	T	労働生産性, 労働所得	外生的	労働生産性	−
Gerritsen et al. [2017]	T	投資能力	外生的	労働生産性, 投資能力	−
Kristjánsson [2016]	T	貯蓄, 投資能力, 投資エフォート	内生的	労働生産性, 投資能力	−
Saez-Stantcheva [2018]	T	異質な利子率	(外生的)	労働生産性, 選好	−
Schindler [2008]	t	リスク	外生的	代表的家計	aggregate
Spiritus-Boadway [2017]	(t)	リスク, ポートフォリオ選択	外生的	労働生産性	aggregate & idiosyncratic

〔出所〕　筆者作成。

る）の下で，異質な収益率を想定することで，資本所得課税が正当化されることが示されている。

1．資本所得が生産性や能力と関係するモデル

本稿では資本所得が生産性や能力と関係するモデルとして，Gahvari and Micheletto [2016] と Kristjánsson [2016] の研究を取り上げよう。

（1）　Gahvari and Micheletto [2016]

Gahvari and Micheletto [2016] は，家計が2期間生存し，労働生産性に関して2タイプであるようなモデルを考える。そして，資本収益率が労働生産性 w と課税前所得 I に依存すると想定している。政府の政策は，（非線形）労働所得税（課税前所得 I・課税後所得 B のペア）と（線形）資本所得税 τ，であ

る。労働生産性が w の家計の各期の予算制約は，

$$c_1(w) + a(w) = B(w),$$

$$c_2(w) = [1 + [1 - \tau] r(w, I)] a(w),$$

となる。すなわち，1期に課税後所得を1期の消費 c_1 と貯蓄 a に配分する。2期において，貯蓄からの収益率 r は労働生産性（w）と課税前所得（I）の関数であり，$\partial r / \partial I \geq 0, \partial r / \partial w \geq 0,$ と仮定される。

　家計の効用関数は $u(c_1, c_2) - v(l)$ であり，消費と余暇間で分離可能である。政府の問題は，政府の予算制約と（高生産性家計から低生産性家計に対する）自己選択制約の下での社会厚生関数の最大化である。

　その結果，Atkinson and Stiglitz の弱分離可能な選好の仮定の下でも，収益率が労働生産性と課税前所得に依存することで，正の資本所得税が望ましくなることを示している。これは，資本所得税が自己選択制約を緩和する役割を担うためである。

（2）　Kristjánsson [2016]

　Kristjánsson [2016] は2期間モデルで，資本所得 k の内生化を試みている。家計は，労働生産性だけでなく，投資能力も異なる（それぞれ2タイプと仮定する）。そして，資本所得が投資エフォート時間 e と投資能力 θ，貯蓄水準 a に依存すると想定する。家計の時間制約は，1＝労働（l）＋余暇＋投資エフォート（e），である。家計は，1期に労働し，所得を稼得する。（労働所得税）課税後所得 B を1期の消費 c_1 と貯蓄 a に配分するが，投資にどの程度エフォートを拠出するかも決定する。貯蓄からの収益は，$k(e, \theta, a)$ となる。したがって，家計の各期の予算制約は以下のようになる。

$$c_1 + a = B,$$

$$c_2 = a + [1 - \tau] k(e, \theta, a).$$

また，家計の効用関数は，$u(c_1) + \psi(c_2) + v(1 - l - e)$，で分離可能と想定する。政府は家計の労働供給と投資エフォート時間は観察できないが労働所得は観察できる。政府の政策手段は，（非線形）労働所得税と（非線形）資本所得

税 τ であり，家計の資産が観察可能であれば資産課税も利用できる。政府の問題は，政府の予算制約と自己選択制約の下での功利主義的な社会厚生関数の最大化問題である。ただし，自己選択制約は高生産性家計から低生産性家計に対するもののみを考える。

　このモデルから得られる結果は以下のとおりである[3]。第1に，政府が資産を観察できる場合は，労働所得と資本所得に正の限界税率を課す一方，資産に対して負の限界税率を課すべきことが示される。これは，労働所得課税で高生産性家計から低生産性家計への再分配を行う場合に，資本所得課税で投資エフォートの魅力を引き下げることで労働から投資エフォートへと代替することを防ぎ，自己選択制約を緩和するためである。しかし，資本所得課税は投資エフォートだけでなく，異時点間の配分も歪めるため，資産に対する負の限界税率で異時点間の配分を歪めないように調整するのである。なお，労働所得と資本所得に対する限界税率は同じではないが，正の相関を持つことも示される。

　第2に，政府が資産を観察できない場合には，資本所得に対する限界税率は正，労働所得に対する限界税率の符号は不定であることが示される。資本所得に対する限界税率が正であるのは，上述のように自己選択制約を緩和するためである。これらの結果は，Atkinson and Stiglitz の弱分離可能な選好の仮定の下でも，収益率が投資エフォートに依存する場合は，（たとえ投資能力が同質であったとしても）資本所得課税が正当化されることを示唆している。

2．資本所得がリスクと関係するモデル

　本項では資本所得がリスクと関係するモデルとして，Schindler [2008] と Spiritus and Boadway [2017] の研究を取り上げよう。

（1）　Schindler [2008]

Schindler [2008] は2期間の代表的家計モデルで分析している。家計の労働供給は外生的に与えられるが，aggregate risk と家計の資産のポートフォリオ選択が明示的に導入されているという特徴がある。そして，正常収益に対する

税と超過収益に対する税のあり方について明らかにしている。

　家計の各期の予算制約は以下のようになる：

$$c_1 + a = B_1,$$
$$c_2 = [1 - \tau^E][\delta - r]a^E + [1 + r[1 - \tau^N]][B_1 - c_1].$$

ここで，B_1は1期の課税後労働所得であり，$c_t(t = 1, 2)$ は t 期の消費である。a は貯蓄である。家計は貯蓄を，一定の収益率 r を生む安全資産と aggregate risk により収益率 $\delta(\delta \geq -1, \mathbb{E}(\delta) > r)$ が異なるリスク資産 a^E に配分する。政府は，超過収益 $\delta - r$ の部分に対して線形の資本所得税 τ^E で，正常収益部分については線形資本所得税 τ^N で，それぞれ課税し，得られた税収で公共財を供給すると想定する。

　Aggregate risk の存在により，家計の2期の消費と税収（したがって公共財の供給量）が確率的に変化することになる。代表的家計と政府の問題は，消費と公共財供給量からなる期待効用の最大化である。

　このモデルからの主たる結果は以下のとおりである。第1に正常収益に対する課税は望ましくない（$\tau^N = 0$）。このモデルでは，超過収益に対する課税は，ポートフォリオ選択には影響するが，貯蓄総額に対しては影響しない。事前の効率性は確率的に変動する2期の消費と公共財間の期待限界効用を一致させることであるが，これは（労働所得税と）超過収益に対する課税で行えばよく，正常収益に対する課税で貯蓄選択を歪めるべきではないことが示される。第2に，家計が消費と公共財消費に関して危険回避的であれば，超過収益に対する最適税率は厳密に正で，$\tau^E \in (0, 1)$ となる。これは，リスクの実現後，消費と公共財消費を効率的に配分する事後の効率性のために超過収益に対する税が用いられることを意味する。超過収益に対する税は，異時点間の歪みを生じさせることなく，2期の消費と公共財の消費を調整しリスク分散を図る保険効果に基づく。このように，所得税制としては，労働所得税，超過収益に対する資本所得税，正常収益に対する資本所得非課税という政策手段（triple income tax）が望ましいことが示唆される。

（2）　Spiritus and Boadway [2017]

Spiritus and Boadway [2017] は Schindler [2008] のモデルを拡張しており，複数家計で労働供給は内生的に決定されると想定する。さらに，aggregate risk だけでなく，idiosyncratic risk も考慮した家計のポートフォリオ選択となっている。家計の資産選択としては，リスクフリーで収益率 r が得られる債券 b，aggregate risk δ に直面する市場ファンド f，idiosyncratic risk ϵ に直面する私的な投資機会 p である。

モデルの概要は以下のとおりである。1期首に賃金率 $w \in (\underline{w}, \overline{w})$ が与えられ，家計は労働－余暇選択を行い，その課税後労働所得は B である。課税後所得 B を1期の消費 c_1 と貯蓄 a に配分する。さらにポートフォリオ選択は，$a = b + f + p$ の関係がある。この時，正常収益 y^N は $y^N = ra$ であり，超過収益 y^E は $y^E = \delta f + a(p) + \epsilon p - r[f + p]$ である。ここで，関数 $a(\cdot)$, $(a_p > 0, a_{pp} \lessgtr 0)$ は私的投資の投資規模による収益の変化を反映する。政府は，Schindler [2008] 同様，（線形）資本所得税を用いて，正常収益に対する税率 τ^N と超過収益に対する税率 τ^E で課税し，確率的な税収により公共財供給を行う[4]。この時，家計の各期の予算制約は以下のとおり書ける。

$$c_1 + a = B,$$
$$c_2 = a + [1 - \tau^N]y^N + [1 - \tau^E]y^E.$$

家計の選好は消費と余暇間で弱分離可能であると仮定し，risk がない場合は資本所得税は不要である。政府の問題は社会厚生の最大化である。なお，確率的な税収による公共財供給は家計の効用に影響を与えるが，その効用は弱分離可能と想定する。

このようなモデルの下で，risk タイプ別に正常収益に対する最適課税と超過収益に対する最適課税，それに伴う RRA の最適性について議論している。第1に，正常収益に対する最適課税に関しては，risk が aggregate risk のみ，または idiosyncratic risk のみの場合，正常収益に対する最適課税はゼロである。一方，aggregate risk と idiosyncratic risk が混在する場合，ポートフォリオ選択が平均分散分析に基づくならば，その最適税率は，私的な投資機会の

限界収益率の規模に関する収穫性に依存し，$a_{pp} \gtrless 0$ならば$\tau^n \lesseqgtr 0$の結果となる。

　第2に，超過収益に対する最適課税に関しては，idiosyncratic risk のみの場合は$t^E \to 1$であるが，それ以外の場合は$0 < \tau^E < 1$となる。したがって，正常収益を非課税として，超過収益のみに課税する RRA は，aggregate shock のみまたは idiosyncratic shock の場合に最適となる。前者の aggregate shock のみの場合の RRA の最適性は，Schindler［2008］の分析が複数家計と内生的な労働供給のもとでも成立することを示すものである。

3．まとめ

　異質な収益率の下での最適資本所得税に関する先行研究のサーベイをまとめておこう。 Atkinson and Stiglitz 命題は，消費と余暇間で弱分離可能な選好を想定し，収益率は家計間で同一である。このとき資本所得課税は望ましくない。なぜならば，資本所得課税は自己選択制約を緩和するために有用であるが，上記の設定では資本所得は労働生産性について何も顕示しないためである。

　資本収益率が労働生産性（と労働所得）や投資エフォートに関係する場合，資本所得課税が望ましい。資本所得課税は自己選択制約を緩和するために有用なためである。資本収益率が労働生産性と関係する設定の下では，弱分離可能な選好であっても，労働生産性が高い人ほど高い収益率・資本所得となるので，資本所得が労働生産性の代理指標となる。また，投資エフォートに関係する場合は，資本所得に課税することで投資エフォートの魅力を引き下げ，模倣行動を妨げ自己選択制約が緩和されるためである。

　資本所得がリスクと関係するモデルでは，超過収益部分のみに課税すべきかそれとも正常収益部分にも課税すべきかを検討している。その結果はリスクの種類や税収の使途等に依存するが，特にリスクが経済の市場全体に及ぶaggregate risk であり，超過収益に対する課税により税収が確率的に変動し，それゆえ公共財供給量も変動する場合には，超過収益のみに課税し，正常収益を非課税とすることが望ましい。

このように，資本収益率がリスクにより変化するモデルでは，超過収益のみに課税するべきか否かが検討されているが，資本所得が生産性（能力）と関係するモデルでは資本所得を正常収益や超過収益に区別しておらず，資本所得の課税標準として何が望ましいか不明である。そこで，次節では，資本所得が生産性（能力）と関係するモデルで正常収益と超過収益に関する課税のあり方を検討する。

Ⅳ．異質な収益率の下での資本所得課税に関する一考察

本節では，前節でみた Gahvari and Micheletto [2016] のモデルを変更して，家計間で収益率が異質な場合に，政府が正常収益部分と超過収益部分に別個の税率を適用できると想定し，正常収益と超過収益への課税のあり方について検討する。

1．モデル

（1）家計の問題

ここで考える経済では，労働生産性（賃金率）に関して異なる家計が2期間生存する。家計は1期首に労働生産性 w^j が外生的に与えられ，家計間では労働生産性のみが異なる。ここでは労働生産性は2タイプであると仮定し（$j=H, L$），$w^H > w^L$ とする。家計の労働生産性は私的情報であり，政府にとって観察不可能であるが，その分布 π^j は観察できる。人口を1に基準化すると $\sum_j \pi^j = 1$ である。

家計は1期に現役世代，2期に退職世代であると想定する。すなわち，1期に労働し，消費するとともに，1期の貯蓄により2期の消費をまかなう。労働を l，t 期の消費を c_t，$(t=1,2)$，貯蓄を a とし，貯蓄の収益率を r とする。家計の課税前所得は $I=wl$ となる。課税後所得を B とすると，$I-B$ が（非線形）労働所得税となる。貯蓄の収益率 r に関しては，正常収益率 $\bar{r}$ の部分と超過収益率 $r-\bar{r}$ の部分に分割できるとしよう。さらに，政府は，正常収益部分に対

して（線形）資本所得税 τ^N を，超過収益部分に対して（線形）資本所得税 τ^E をそれぞれ課税できる。すべての家計の初期資産が 0 で同一とし，遺贈もないと仮定すると，家計の 1 期と 2 期の予算制約はそれぞれ以下のようになる：

$$c_1^j + a^j = B^j,$$
$$c_2^j = [1 + [1 - \tau^N]\bar{r} + [1 - \tau^E][r(w^j, I^j) - \bar{r}]]a^j.$$

ここで，貯蓄収益率 r が労働生産性 w と課税前所得 I に依存することに注目しよう。II. 節でみたように，高生産性家計や高所得家計の方が金融リテラシーが高く，情報の入手も容易であり，収益率が高くなるだろう。したがって，収益率は課税前所得に関して増加関数である（$\partial r/\partial I \geq 0$）。また，課税前所得を一定として，労働生産性が高い家計は収益率が高いと仮定する（$r(w^H, I) > r(w^L, I), \forall I$）。

　家計の効用関数は消費と余暇間で分離可能な，$u(c_1, c_2) - v(l)$ であると特定化する。ここで，$u(\cdot)$ と $v(\cdot)$ は，増加でかつ強凹な関数であると仮定する。家計の問題は，政府の政策変数である労働所得税と資本所得税を所与として，予算制約の下での効用最大化である。この効用最大化問題から得られる労働生産性が w^j の家計の間接効用関数を $V^j(\tau^N, \tau^E, B^j, I^j)$ と表記する。

（2）　政府の問題

　上記のように家計の労働生産性は私的情報なので，政府は観察できない。したがって，労働生産性が w^j の家計は他の生産性 $w^i (i \neq j)$ の家計を模倣すること（mimicking）が可能であるし，模倣した時の効用の方が自身の本来の効用よりも高いならば模倣するであろう。労働生産性が w^j の家計が生産性 $w^i (i \neq j)$ の家計を模倣した時の間接効用を $V^{ji} = V^j(\tau^N, \tau^E, B^i, I^i)$ と表記すると，家計が自身の労働生産性に対応した本来の配分を実現（自己選択）するという政府にとっての自己選択制約は，$V^j(\tau^N, \tau^E, B^j, I^j) \geq V^j(\tau^N, \tau^E, B^i, I^i), \forall j, i,$ となる。ここでは政府が高生産性家計から低生産性家計の再分配を意図すると仮定すると，家計の自己選択制約のうち高生産性家計が低生産性家計を模倣する制約のみを考える。

政府の目的関数は間接効用の加重和からなる社会厚生関数である。労働生産性が w^j の家計に対するウェイトを δ^j とする。政府の問題は，以下のように政府の予算制約と自己選択制約の下での社会厚生関数の最大化となる：

$$\max \sum_j \delta^j V^j(\tau^N, \tau^E, B^j, I^j),$$

$$\text{s.t.} \sum_j \pi^j [I^j - B^j + \tau^N \bar{r} a^j + \tau^E [r(w^j, I^j) - \bar{r}] a^j] \geq G,$$

$$V^H(\tau^N, \tau^E, B^H, I^H) \geq V^H(\tau^N, \tau^E, B^L, I^L).$$

なお，μ と λ をそれぞれ政府の予算制約と自己選択制約に対するラグランジュ乗数とする。

２．最適な資本所得税とその解釈

以下では，議論を簡単化するために，正常収益部分に対する資本所得税をゼロと基準化した場合（$\tau^N = 0$）と基準化しない場合（$\tau^N \neq 0$）の順に議論する。そして，資本所得を正常収益と超過収益に区別した場合の最適な資本所得税に焦点を当てよう。

（1）　$\tau^N = 0$ と基準化した場合

最初に正常収益部分に対する資本所得税はゼロとする。政府問題の一階条件を導出し，整理すると（Ⅶ．節の数学補論参照），超過収益に対する最適資本所得税は以下のようになる：

$$\tau^{*E} = \frac{\lambda \left[R^L a^L - R^{HL} a^{HL} \right] \frac{\partial V^{HL}}{\partial B^L}}{\mu \sum_j \pi^j R^j \frac{\partial \tilde{a}^j}{\partial \tau^E}}. \tag{1}$$

ここで，$R^j = r(w^j, I^j) - \bar{r}$ は賃金率が w^j の家計にとっての超過収益率であり，$R^{HL} = r(w^H, I^L) - \bar{r}$ は低賃金家計を模倣する家計の超過収益率である。

（1）式より，$\partial V^{HL} / \partial B^L > 0$ で，$\partial \tilde{a}^j / \partial \tau^E \leq 0$ なので，$R^{HL} a^{HL} > R^L a^L$ の場合，すなわち，低生産性家計を模倣する高生産性家計の超過収益の方が，低生

産家計の超過収益よりも高い場合には，超過収益に対する資本所得税は正となる（$\tau^{*E} > \tau^N (= 0)$）となる。このような超過収益に対する課税が望ましい理由は，弱分離可能な選好であっても，労働生産性が高い家計は高い超過収益（資本所得）となるので，超過収益が労働生産性の代理指標となり，超過収益に課税することで自己選択制約を緩和できるためである。この結果は正常収益がゼロまたは低いならば超過収益を重課すべきことを示唆する。

（2）　$\tau^N \neq 0$とした場合

　次に，正常収益部分に対する資本所得税も政府により内生的に決定されると想定しよう。この時の超過収益に対する最適資本所得税は以下のようになる（Ⅶ．節の数学補論参照）：

$$\tau^{*E} = \frac{\lambda \left[r^L a^L - r^{HL} a^{HL} \right] \frac{\partial V^{HL}}{\partial B^L}}{\mu \sum_j \pi^j R^j \frac{\partial \tilde{a}^j}{\partial \tau}} - \tau^N \frac{\bar{r} \sum_j \pi^j \frac{\partial \tilde{a}^j}{\partial \tau}}{\sum_j \pi^j R^j \frac{\partial \tilde{a}^j}{\partial \tau}}. \tag{2}$$

ここで，r^jは賃金率がw^jの家計にとっての資本収益（超過収益＋正常収益）率であり，$r^{HL} = r(w^H, I^L)$は低賃金家計を模倣する家計の資本収益率である。低生産性家計を模倣する高生産性家計の資本収益の方が，低生産家計の資本収益よりも高い（$r^{HL} a^{HL} > r^L a^L$）ことが示されるが，$\tau^N (\neq 0)$の存在により，τ^{*E}の符号は不定となる。（2）式より，超過収益への課税（τ^E）と正常収益への課税（τ^N）には代替関係があることも示唆される。また，$\tau^{*N} = 0$となるのは特殊ケースである。これはτ^Nとτ^Eに相互作用があるためである。

　本節では，異質な収益率が労働生産性や所得によって決定されるモデルにおいて，政府が正常収益部分と超過収益部分に別個の税率で課税できるという想定で分析を行った。その結果，正常収益部分の課税がゼロまたは軽課されていれば超過収益部分の課税は重課すべきであるが，超過収益部分のみを課税すべきとは必ずしも言えないことが示唆されるといえよう。

Ⅴ．資本所得の課税標準：正常収益，超過収益及び非課税

1．貯蓄への課税のあり方の整理

　ここまでで見てきた最適資本所得税の議論をまとめておこう（図表4参照）。図表4は，貯蓄行動の3つの段階（貯蓄・運用・引出）に対する最適資本所得税の研究が示す結果を表している。ここで「T」は課税を，「E」は非課税を，「t」は超過収益のみへの課税をそれぞれ表す。

　ここでは，労働所得税と資本所得税のタックス・ミックスを前提としている。貯蓄は労働所得課税後の資金を原資に行われるため，貯蓄時はいずれの場合も課税「T」となる。また，貯蓄引出時には所得税は課税されないため，いずれの場合も非課税「E」である。

　「ゼロ資本所得税」の列が示すように，Atkinson and Stiglitz 命題や無限期間の代表的家計モデルを用いると，資本所得課税は望ましくない。したがって，貯蓄行動における運用時の利子・配当や譲渡益について非課税「E」とな

図表4　最適資本所得税の議論と現行制度

	最適資本所得税の研究			Mirrlees Review の提案			日本の現行制度	
	ゼロ資本所得税	一般的なモデル	異質な収益率	安全資産	リスク資産	年金	通常の貯蓄	NISA/つみたてNISA
貯蓄（拠出・積立）時	T	T	T	T	T	E	T	T
運用時	E	T	T/t	E	t	E	T	E
引出（給付）時	E	E	E	E	E	T	E	E

（注）1)「T：課税」，「E：非課税」，「t：超過収益のみに課税」，をそれぞれ意味する。
　　　2) NISA とつみたて NISA はいずれかを選択する。
　　　3) NISA の年間投資上限額は120万円（平成26・27年は100万円）であり，非課税期間は5年間である。
　　　4) つみたて NISA の年間投資上限額は40万円であり，非課税期間は20年間である。
〔出所〕　筆者作成。

り，TEE 型の課税方法となる。一方，ゼロ資本所得税の仮定の妥当性を検討したその後の研究では，資本所得課税に肯定的な結果が得られる（TTE 型）。

　異質な収益率を考慮したモデルにおける資本所得税のあり方としては，主に効率性の観点から資本所得課税は望ましいというものである。特に，リスクにより異質な収益率が生じるモデルにおいて，超過収益のみに課税すべき否かが議論されてきた。その結果は超過収益のみへの課税が望ましい場合もあり得る事を示している。本稿の異質な収益率が労働生産性や所得によって決定されるモデルによる結果は，「T」（正常収益と超過収益への課税）と「t」（超過収益のみへの課税）の中間に位置するといえよう。

　このような貯蓄への課税のあり方は，TTE 型（包括的所得税），EET 型（古典的支出税），TEE 型（賃金税・現代的支出税），TtE 型（RRA）として整理できる。正常収益のみの場合には，TTE 型が貯蓄への二重課税を引き起こす

図表5　TTE，EET，TEE，TtE の比較（正常収益のみのケース）

	TTE	EET	TEE	TtE
拠出（資産購入）額	100	100	100	100
拠出時減税相当額	0	20	0	0
1年後の元本と運用益	105	105	105	105
運用・引出時納税額	1 =5×0.2	21 =105×0.2	0	0 =(5−5)×0.2
1年後の税引後引出額	104	84	105	105
拠出時減税額（現在価値）	0	21 =20×(1+0.05)	0	0
税額（現在価値）	1	0	0	0

（注）拠出（資産購入）額100，収益率（正常収益）5％，税率20％と仮定する。
〔出所〕 Mirrlees Review を基に筆者作成。

図表6　TTE，EET，TEE，TtE の比較（超過収益があるケース）

	TTE	EET	TEE	TtE
拠出（資産購入）額	100	100	100	100
拠出時減税相当額	0	20	0	0
1年後の元本と運用益	110	110	110	110
運用・引出時納税額	2 =10×0.2	22 =110×0.2	0	1 =(10−5)×0.2
1年後の税引後引出額	108	88	110	109
拠出時減税額（現在価値）	0	21 =20×（1+0.05）	0	0
税額（現在価値）	2	1	0	1

（注）拠出（資産購入）額100，収益率10%（正常収益5%，超過収益5%），税率20%と仮定する。
〔出所〕　Mirrlees Review を基に筆者作成。

のに対して，EET 型，TEE 型，TtE 型は，いずれの課税方法でも貯蓄に対して中立的となることが知られている（図表5参照，比例税を前提）。図表5では，拠出（資産購入）額を100，収益率を5%，所得税率を20%と仮定して，それぞれのケースを比較している。EET 型と TEE 型，TtE 型は，いずれのケースでも税額の現在価値がゼロで等しくなることが確認できる。一方，超過収益が存在する場合には影響が異なる（図表6参照）。特に，超過収益がリスクの存在により生じる場合には，EET 型・TtE 型と TEE 型では効果が異なる。税収の相違に注目すると，TEE 型では貯蓄時点で課税し税収が確定するため超過収益には課税しない。EET 型は将来課税となり，超過収益にも課税するが税収が事後的な収益率に依存する。TtE 型では貯蓄時点で一定の税収を確保しつつ，将来の超過収益に対しても課税することになる[5]。Mirrlees Review では，税収の観点からは，リスク資産により超過収益が発生するとき

は TEE ではなく，TtE が望ましいと提案されている。

２．日本の資本所得税制への政策的含意

　上記の議論を踏まえて，特に個人段階での資本所得課税の課税標準を最適課税論（最適資本所得税）の観点からどのように評価できるか，日本の現行制度への政策的含意を考察しよう。

　最適資本所得税の観点から個人段階での資本所得課税の課税標準を評価すると，（仮定に依存しつつも）資本所得は何らかの形で課税されるべきであろう。ただし，労働所得税率と資本所得税率が同じであることはほとんどないことに注意する必要があり，その意味で労働所得と資本所得を累進税率で総合課税するような包括的所得税とは異なる。むしろ，労働所得を累進税率で課税し，資本所得を比例税率で課税するような二元的所得税に近いと考えられる。一方，資本所得の課税標準が，正常収益と超過収益なのか，それとも超過収益のみであるべきなのかは未解決の問題である[6]。本稿の分析結果からも正常収益に課税すべきではないとまでは言えない。したがって，望ましい資本所得税の課税標準は，TTE 型（T と T は税率が違う）と TtE 型の中間に位置するとまとめられよう。

　このように個人段階の資本所得課税が TTE 型と TtE 型の中間に位置付けられる場合の日本の資本所得税制への政策的含意を考察しよう。図表４の現行制度の列では，日本の現行制度の概要を，特に NISA とつみたて NISA に焦点を当てて，示している[7]。NISA 制度（一般 NISA）は，2014（平成26）年１月に開始された上場株式・公募株式投資信託等に対して行われた一定額の投資から得られる配当金や譲渡益が一定期間非課税となる少額投資非課税制度である。NISA の年間投資上限額は120万円（2014・2015年は100万円）であり，非課税期間は５年間である。つみたて NISA（非課税累積投資契約に係る少額投資非課税制度）は，2018年１月より開始された，特に少額からの長期・積立・分散投資を支援するための非課税制度である。つみたて NISA の年間投資上限額は40万円であり，非課税期間は20年間である。つみたて NISA の対象となる

金融商品は，長期の積立・分散投資に適した一定の投資信託とされており，その要件は財務省・金融庁の告示で定められている（いずれも2019年1月時点）[8]。

　NISA やつみたて NISA の TEE 型の課税に注目すると，貯蓄全体の課税は「TtE」型に近くなることに注目しよう。これは上述のように，NISA やつみたて NISA はある一定の投資上限額までが非課税であり，特につみたて NISA は，積立・分散投資に適した一定の投資信託に限定されており，相対的にリスクが低い部分のみが非課税となっている。そこで，以下のような NISA とつみたて NISA の制度改革により，望ましい資本所得課税の実現が可能である。第1に，現行制度のような非課税期間を撤廃し，各個人に恒久的な非課税少額貯蓄・投資勘定を設けることである。第2に，NISA に関しても非課税範囲を安定的な資産形成に資する相対的にリスクの低い金融商品に限定していくことである。第3に，これらの個人口座以外の貯蓄またはその上限額を超えた部分に通常課税することである[9]。以上の改革提案により，正常収益の多くを非課税とする方向に近づけることができ，個人段階の資本所得課税を TTE 型と TtE 型の中間に位置づけることができる。

　2019（令和元）年12月20日に閣議決定された令和2年度税制改正の大綱によれば，令和2年度税制改正では，NISA 制度の見直し・延長として，つみたて NISA を5年延長すること，一般 NISA については，1階部分（特定累積投資勘定（仮称））で積立投資を行っている場合には2階部分（特定非課税管理勘定（仮称））で別枠の非課税投資を可能とする2階建ての制度に見直した上で，5年延長する，としている。この税制改正は，非課税期間の延長と一般 NISA でも相対的にリスクの低い積立・分散投資を支援するものと評価できる。本稿の提案はさらにこの改正を拡大・推進するものといえよう。

Ⅵ. おわりに

　本稿では，家計間で異質な収益率により資本所得が正常収益だけでなく超過収益からも構成されるといった状況を想定し，資本所得のどの部分に課税すべ

きなのかを最適課税論の観点から理論的に分析し，その上で望ましい資本所得課税のあり方を検討してきた。Ⅱ．節において既存の標準的な最適資本所得税の議論を概観したうえで，資本収益の現状をマクロデータから整理した。ゼロ資本所得税の結果が有名であるが，近年は資本所得課税の有用性を示す研究も多い。また，日本のマクロデータからは所得が増加すると，資本収益率が高まることが類推される。Ⅲ．節では，近年研究が進む家計間での異質な収益率を前提とした最適資本所得税の議論をサーベイした。資本所得がリスクと関係する研究では正常収益や超過収益に対する課税のあり方が検討されていたが，生産性や能力と関係する研究ではそのような試みがなかった。そこで，Ⅳ．節では，Gahvari and Micheletto［2016］のモデルを変更して，正常収益と超過収益への課税を明示的に区分したモデルを用いて分析を行った。その結果，正常収益部分の課税がゼロまたは軽課されていれば超過収益部分の課税は重課すべきであるが，超過収益部分のみを課税すべきとは必ずしも言えないことが示唆された。以上の議論を踏まえて，Ⅴ．節では，資本所得税の課税方法を整理したうえで，日本の資本所得税への政策的含意として，特にNISAやつみたてNISAを利用した税制改革の方向性を展望した。

　最後に，本稿では扱うことができなかったが，今後検討すべき論点についてあげておこう。第1に，日本において家計間でどの程度資本収益率が異なるのかを実証的に検討する必要があるであろう。第2に，本稿の分析では，正常収益と超過収益の課税の役割分担があいまいとなった。資本収益率が生産性に依存するモデルにおいても，正常収益に課税すべきでないのはどのような場合か，理論分析を精緻化する必要がある。最後に，Ⅱ．節でみたように，資本収益率は資産規模，特に初期資産により影響を受けるケースが考えられる。このような想定に基づいた分析は，相続税やキャピタル・ゲイン課税のあり方を考えるうえでも重要となる。資本収益率が初期資産に影響を受ける場合のモデル分析についても今後検討する必要があるだろう。

　これらの論点は理論的にも，また実際の税制改革を考察するうえでも重要な視点であり今後の研究課題としたい。

Ⅶ.　数学補論

　この数学補論では，Ⅳ.節における超過収益に対する最適資本所得税を導出する。政府の問題を再掲すると，以下のように政府の予算制約と自己選択制約の下での社会厚生関数の最大化となる：

$$\max \quad \sum_j \delta^j V^j(\tau^N, \tau^E, B^j, I^j),$$

$$\text{s.t.} \quad \sum_j \pi^j [I^j - B^j + \tau^N \bar{r} a^j + \tau^E [r(w^j, I^j) - \bar{r}] a^j] \geq G,$$

$$V^H(\tau^N, \tau^E, B^H, I^H) \geq V^H(\tau^N, \tau^E, B^L, I^L).$$

なお，μ と λ をそれぞれ政府の予算制約と自己選択制約に対するラグランジュ乗数とする。政府の問題に関するラグランジュアンは以下のようになる：

$$\mathcal{L} = \sum_j \delta^j V^j(\tau^N, \tau^E, B^j, I^j) + \lambda [V^H - V^{HL}]$$

$$+ \mu \left[\sum_j \pi^j [I^j - B^j + \tau^N \bar{r} a^j + \tau^E [r(w^j, I^j) - \bar{r}] a^j] - G \right].$$

ここで，$V^{HL} = V^H(\tau^N, \tau^E, B^L, I^L)$ である。政府問題の一階条件は以下のようになる。

$$\frac{\partial \mathcal{L}}{\partial \tau^E} = \sum_j \delta^j \frac{\partial V^j}{\partial \tau^E} + \lambda \left[\frac{\partial V^H}{\partial \tau^E} - \frac{\partial V^{HL}}{\partial \tau^E} \right] + \mu \sum_j \pi^j \left[R^j a^j + [\tau^N \bar{r} + \tau^E R^j] \frac{\partial a^j}{\partial \tau^E} \right] = 0, \quad (3)$$

$$\frac{\partial \mathcal{L}}{\partial \tau^N} = \sum_j \delta^j \frac{\partial V^j}{\partial \tau^N} + \lambda \left[\frac{\partial V^H}{\partial \tau^N} - \frac{\partial V^{HL}}{\partial \tau^N} \right] + \mu \sum_j \pi^j \left[\bar{r} a^j + [\tau^N \bar{r} + \tau^E R^j] \frac{\partial a^j}{\partial \tau^N} \right] = 0, \quad (4)$$

$$\frac{\partial \mathcal{L}}{\partial B^H} = \delta^H \frac{\partial V^H}{\partial B^H} + \lambda \frac{\partial V^H}{\partial B^H} + \mu \pi^H \left[-1 + [\tau^N \bar{r} + \tau^E R^H] \frac{\partial a^H}{\partial B^H} \right] = 0, \quad (5)$$

$$\frac{\partial \mathcal{L}}{\partial I^H} = \delta^H \frac{\partial V^H}{\partial I^H} + \lambda \frac{\partial V^H}{\partial I^H} + \mu \pi^H \left[1 + [\tau^N \bar{r} + \tau^E R^H] \frac{\partial a^H}{\partial I^H} + \tau^E a^H \frac{\partial r^H}{\partial I^H} \right] = 0, \quad (6)$$

$$\frac{\partial \mathcal{L}}{\partial B^L} = \delta^H \frac{\partial V^L}{\partial B^L} - \lambda \frac{\partial V^{HL}}{\partial B^L} + \mu \pi^L \left[-1 + [\tau^N \bar{r} + \tau^E R^L] \frac{\partial a^L}{\partial B^L} \right] = 0, \quad (7)$$

$$\frac{\partial \mathcal{L}}{\partial I^L} = \delta^L \frac{\partial V^L}{\partial I^L} - \lambda \frac{\partial V^{HL}}{\partial I^L} + \mu \pi^L \left[1 + [\tau^N \bar{r} + \tau^E R^L] \frac{\partial a^L}{\partial I^L} + \tau^E a^L \frac{\partial r^L}{\partial I^L} \right] = 0. \quad (8)$$

ここで，$R^j = r^j - \bar{r}$ である。ロワの恒等式より，$-R^j a^j \frac{\partial V^j}{\partial B^j} = \frac{\partial V^j}{\partial \tau^E}$ と $-\bar{r} a^j \frac{\partial V^j}{\partial B^j}$ $= \frac{\partial V^j}{\partial \tau^N}$ の関係があるので，（3）式と（4）式はそれぞれ以下のように変形できる。

$$- [\delta^H + \lambda] R^H a^H \frac{\partial V^H}{\partial B^H} - \delta^L R^L a^L \frac{\partial V^L}{\partial B^L} + \lambda R^{HL} a^{HL} \frac{\partial V^{HL}}{\partial B^{HL}}$$

$$+ \mu \sum_j \pi^j \left[R^j a^j + [\tau^N \bar{r} + \tau^E R^j] \frac{\partial a^j}{\partial \tau^E} \right] = 0, \quad (9)$$

$$- [\delta^H + \lambda] \bar{r} a^H \frac{\partial V^H}{\partial B^H} - \delta^L \bar{r} a^L \frac{\partial V^L}{\partial B^L} + \lambda \bar{r} a^{HL} \frac{\partial V^{HL}}{\partial B^{HL}}$$

$$+ \mu \sum_j \pi^j \left[\bar{r} a^j + [\tau^N \bar{r} + \tau^E R^j] \frac{\partial a^j}{\partial \tau^N} \right] = 0. \quad (10)$$

さらに，（5）式両辺に $R^H a^H$ を，（7）式両辺に $R^L a^L$ をかけて，（9）式の両辺に加えて整理すると，

$$\lambda \frac{\partial V^{HL}}{\partial B^{HL}} [R^{HL} a^{HL} - R^L a^L] + \mu \sum_j \pi^j [\tau^N \bar{r} + \tau^E R^j] \frac{\partial \tilde{a}^j}{\partial \tau^E} = 0, \quad (11)$$

である。ここで，$\frac{\partial \tilde{a}^j}{\partial \tau^E} = \frac{\partial a^j}{\partial \tau^E} + \frac{\partial a^j}{\partial B^j} R^j a^j$ の関係を用いている。同様に，（5）式両辺に $\bar{r} a^H$ を，（7）式両辺に $\bar{r} a^L$ をかけて，（10）式の両辺に加えて整理すると，

$$\lambda \frac{\partial V^{HL}}{\partial B^{HL}} \bar{r} [a^{HL} - a^L] + \mu \sum_j \pi^j [\tau^N \bar{r} + \tau^E R^j] \frac{\partial \tilde{a}^j}{\partial \tau^N} = 0, \quad (12)$$

である。

　$\tau^N = 0$ と基準化した場合，$\tau^N = 0$ として（11）式を整理すれば（1）式が得られる。$\tau^N \neq 0$ の場合，（11）式に（12）式の両辺を加え整理すると，

$$\lambda \frac{\partial V^{HL}}{\partial B^{HL}} [r^{HL}a^{HL} - r^{L}a^{L}] + \mu \sum_{j} \pi^{j} [\tau^{N}\bar{r} + \tau^{E}R^{j}] \frac{\partial \tilde{a}^{j}}{\partial \tau} = 0, \tag{13}$$

となる。ここで，$\dfrac{\partial \tilde{a}^{j}}{\partial \tau} = \dfrac{\partial \tilde{a}^{j}}{\partial \tau^{N}} + \dfrac{\partial \tilde{a}^{j}}{\partial \tau^{E}}$である。(13) 式を整理すれば，（2）式が得られる。

[注]

1） 再分配の観点からも資本所得税の役割を検討した研究としては，Piketty and Saez [2012] や Saez and Stantcheva [2018] があげられる。

2） さらに，家計調査より，貯蓄現在高五分位階級別の貯蓄の構成比を見ると，貯蓄現在高が増加すると，有価証券の割合が高まることも見てとれる。

3） 労働生産性と投資能力が同時に異なる場合，2次元のスクリーニング問題を発生させ，問題が非常に複雑になる。ここでの説明は，Kristjánsson [2016] の労働生産性と投資能力のどちらかを固定した場合の議論である。

4） Spiritus and Boadway [2017] は，政府が確率的な税収により公共財供給を行う状況だけでなく，家計に（状態に応じて）一括移転する場合も考察している。Aggregate risk のみを考慮した場合，この一括移転により資本所得税の保険効果に対応できるため，（超過収益に対する）資本所得税は不要になる。一方，idiosyncratic risk もある場合には，超過収益に対する100％課税で保険効果を達成する。

5） これらの議論は八田 [2011] に詳しい。八田 [2011] は，生涯を通じた課税ベースが，正常収益のみの場合は（本稿の用語での）EET 型と TEE 型とで等しく，超過収益が存在する場合は TEE 型＜ EET 型＝ TtE 型＜ TTE 型となることを指摘している。

6） 超過収益（リスク以外のレントなど）に課税しないことは多くの議論では考えられてこなかった。正常収益にも課税するか否かが論点といえる。

7） その他の貯蓄形態としては公的年金と私的年金があげられる。いずれも EET 型である。公的年金に関しては，拠出時は社会保険料控除により非課税，運用時非課税，引出時は公的年金等控除の適用があるが課税される。私的年金のうち iDeCo（個人型確定拠出年金）に注目すると，拠出時は小規模企業共済等掛金控除により非課税，運用時非課税（特別法人税の課税は凍結中），引出時は公的年金等控除または退職所得控除の適用があるが課税される形となる。

8） その他の制度としてジュニア NISA がある。NISA 制度については日本証券業協会 [2019] が詳しい。

9） 年間投資上限額を超えた場合には，正常収益分だけ控除を認めるならば超過収益課税となり，Mirrlees Review（Mirrlees [2011, Ch.14]）の RRA の導入提案と同様になる。

[参考文献]

高松慶裕 [2016]「リスク，人的資本投資と最適所得税—労働所得税と資本所得税の

課税関係—」証券税制研究会編『リスクと税制』第1章, 1-24頁, 公益財団法人
日本証券経済研究所。

日本証券業協会［2019］『NISA（少額投資非課税制度）概論』東洋経済新報社。

八田達夫［2011］「所得税と支出税の収束」木下和夫編著『改訂版　租税構造の理論
と課題』第2章, 25-62頁, 木下和夫・金子宏監修『21世紀を支える税制の論理』
第1巻, 税務経理協会。

Aiyagari, S. R. [1995] "Optimal Capital Income Taxation with Incomplete Markets,
Borrowing Constraints, and Constant Discounting," *Journal of Political
Economy*, 103 (6), pp. 1158-1175.

Atkinson, A. B. and J. E. Stiglitz [1976] "The Design of Tax Structure: Direct
versus indirect taxation," *Journal of Public Economics*, 6, pp. 55-75.

Bach, L., Calvet, L. E. and P. Sodini [2015] "Rich Pickings? Risk, Return, and Skill in
the Portfolios of the Wealthy," mimeo.

Chamley, C. [1986] "Optimal Taxation of Capital Income in General Equilibrium
with Infinite Lives," *Econometrica*, 54, pp. 607-622.

Conesa, J. C., Kitao, S. and D. Krueger [2009] "Taxing Capital? Not a Bad Idea
After All!," *American Economic Review*, 99 (1), pp. 25-48.

Diamond, P. and J. Spinnewijn [2011] "Capital Income Taxes with Heterogeneous
Discount Rates," *American Economic Journal: Economic Policy*, 3 (4), pp. 52-
76.

Dynan, K. E., Skinner, J. and S. P. Zeldes [2004] "Do the Rich Save More?," *Journal
of Political Economy*, 112 (2), pp. 397-444.

Erosa, A. and M. Gervais [2002] "Optimal Taxation in Life-Cycle Economies",
Journal of Economic Theory, 105, pp. 338-369.

Fagereng, A., Guiso, L., Malacrino, D. and L. Pistaferri [2018] "Heterogeneity and
Persistence in Returns to Wealth," CESifo Working Papers, No.7107.

Gahvari, F. and L. Micheletto [2016] "Capital income taxation and the Atkinson-
Stiglitz theorem," *Economics Letters*, 147, pp. 86-89.

Gerritsen, A., Jacobs, B., Rusu, A. V. and K. Spiritus [2017] "Optimal Taxation of
Capital Income when Capital Returns are Heterogeneous," mimeo.

Gerritsen, A., Jacobs, B., Rusu, A. V. and K. Spiritus [2019] "Optimal Taxation of
Capital Income with Heterogeneous Rates of Return," The 75th Annual
Congress of the International Institute of Public Finance（IIPF; 国際財政学会）

報告論文.

Judd, K. L. [1985] "Redistributive Taxation in a Simple Perfect Foresight Model," *Journal of Public Economics*, 28, pp. 59-83.

Kocherlakota, N. R. [2010] *The New Dynamic Public Finance*, Princeton University Press.

Kristjánsson, A. S. [2016] "Optimal taxation with endogenous return to capital," Memorandum, Department of Economics, University of Oslo, No. 06/2016, University of Oslo, Department of Economics, Oslo.

Mirrlees, J. (Chair) [2011] *Tax by Design: The Mirrlees Review*, Institute for Fiscal Studies, Oxford: Oxford University Press.

Piketty, T. and E. Saez [2012] "A Theory of Optimal Capital Taxation," NBER Working Paper, No. 17989.

Saez, E. and S. Stantcheva [2018] "A simpler theory of optimal capital taxation," *Journal of Public Economics*, 162, pp. 120-142.

Schindler, D. [2008] "Taxing Risky Capital Income – A Commodity Taxation Approach," *FinanzArchiv/Public Finance Analysis*, 64 (3), pp. 311-333.

Spiritus, K. and R. Boadway [2017] "The Optimal Taxation of Risky Capital Income: The Rate of Return Allowance," CESifo Working Paper, No. 6297.

Yitzhaki, S. [1987] "The Relation between Return and Income," *The Quarterly Journal of Economics*, 102 (1), pp. 77-96.

索　引

企業課税をめぐる最近の展開

令和2年6月11日　発行 ©

定価（本体2,500円＋税）

編　者　　　証 券 税 制 研 究 会

発行者　公益財団法人　日本証券経済研究所

東京都中央区日本橋2-11-2
（太陽生命日本橋ビル12階）　〒103-0027

電話　03（6225）2326代表

URL：http://www.jsri.or.jp/

印刷所　奥 村 印 刷 株 式 会 社
東京都北区栄町1-1　〒114-0005

ISBN 978-4-89032-057-8